高等职业教育新形态教材

供高等职业教育药学类、中医药类、护理类、食品药品管理类、医学技术类、康复治疗类等专业使用

医药市场营销

（第五版）

主　编　沈志平　任灵梅
副主编　臧婧蕾　侯晓亮　唐敏芳　胡　伟
编　委　（按姓氏汉语拼音排序）
　　　　曹娟娟（肇庆医学院）
　　　　陈燕燕（梧州职业学院）
　　　　侯晓亮（黑龙江民族职业学院）
　　　　胡　伟（益阳医学高等专科学校）
　　　　李慧芳（山西卫生健康职业学院）
　　　　聂素然（东莞职业技术学院）
　　　　任灵梅（山西药科职业学院）
　　　　沈志平（中国药科大学）
　　　　唐敏芳（山东医学高等专科学校）
　　　　臧婧蕾（长沙卫生职业学院）
　　　　张　琳（南阳医学高等专科学校）

科学出版社

北京

内 容 简 介

本教材符合技术技能人才成长规律和学生认知特点，紧密对接国际先进职业教育理念、科技发展趋势和市场需求，突出职业教育的特色。全书共分为10章，系统阐述医药市场营销的基本概念、理论和研究分析方法，深入探讨医药市场的研究与分析理论，帮助学生把握市场机会、确定目标市场并明确市场定位。本教材着重讲解医药企业如何制定有效的市场营销策略，并强调理论与实践的统一，注重实践性。教材通过项目学习、案例学习和模块化学习等多种方式，利用真实生产项目和典型工作任务作为教学载体，增强学习的实用性和趣味性。本教材旨在贯彻药学高职教育特点，强化理论知识、思维方法和实践技能，提升读者综合素质和医药营销能力。

供高等职业教育药学类、中医药类、护理类、食品药品管理类、医学技术类、康复治疗类等专业学生及医药企业营销管理人员使用。

图书在版编目（CIP）数据

医药市场营销 / 沈志平, 任灵梅主编. -- 5 版. 北京：科学出版社, 2025.3. --（高等职业教育新形态教材）. -- ISBN 978-7-03-081154-7

Ⅰ. F724.73

中国国家版本馆 CIP 数据核字第 2025YA3982 号

责任编辑：张立丽 / 责任校对：周思梦
责任印制：赵　博 / 封面设计：涿州锦晖

版权所有，违者必究。未经本社许可，数字图书馆不得使用

科学出版社 出版
北京东黄城根北街16号
邮政编码：100717
http://www.sciencep.com

北京华宇信诺印刷有限公司印刷
科学出版社发行　各地新华书店经销
*

2004 年 9 月第　一　版　开本：850×1168　1/16
2025 年 3 月第　五　版　印张：11
2026 年 1 月第三十次印刷　字数：330 000
定价：49.80 元
（如有印装质量问题，我社负责调换）

前 言

本教材深入贯彻党的二十大精神，全面落实《关于深化现代职业教育体系建设改革的意见》等国家职业教育改革方案，致力于培养学生正确的世界观、人生观和价值观，以及良好的职业道德。党的二十大报告指出："人民健康是民族昌盛和国家强盛的重要标志。把保障人民健康放在优先发展的战略位置，完善人民健康促进政策。"贯彻落实党的二十大决策部署，积极推动健康事业发展，离不开人才队伍建设。党的二十大报告指出："培养造就大批德才兼备的高素质人才，是国家和民族长远发展大计。" 教材是教学内容的重要载体，是教学的重要依据、培养人才的重要保障。本次教材修订旨在贯彻党的二十大报告精神和党的教育方针，落实立德树人根本任务，坚持为党育人、为国育才。

本教材遵循技术技能人才成长规律和学生认知特点，与国际先进职业教育理念接轨，突出职业教育特色。专业课程内容充分反映医药产业的最新进展，对接科技发展趋势和市场需求，强调理论与实践的统一，强化实践性。教材适应项目学习、案例学习、模块化学习等多种学习方式，以真实生产项目、典型工作任务、案例等为载体组织教学单元。

新版教材充分贯彻现代医药产业理念，适应国家医疗卫生体制改革，考虑社会利益，如环境保护、循环经济和人民健康。同时，突出教材的实用性和实践性，体现药学高等职业教育的特点，贯彻专业培养目标，强调基本理论知识、思维方法和实践技能，提高读者的综合素质和医药营销技能，加强教材内容与医药人才需求的衔接，更好地服务一线营销人才。

为提高教学效率，新版教材在结构上进行完善，每章增设学习目标，包括知识目标、能力目标和素质目标。每章设置案例、链接和技能实训等内容，使教学更加生动有趣，提高课堂教学效果。教材适应数字化时代的发展，与"互联网+"深度融合，提升学生分析问题、解决问题的能力，让教学更贴近学生的就业需求。

沈志平
2025 年 1 月
于中国药科大学

配 套 资 源

欢迎登录"中科云教育"平台，**免费**数字化课程等你来！

本系列教材配有数字化资源，持续更新，欢迎选用！

"中科云教育"平台数字化课程登录路径

电脑端

- 第一步：打开网址http://www.coursegate.cn/short/B6YAD.action
- 第二步：注册、登录
- 第三步：点击上方导航栏"课程"，在右侧搜索栏搜索对应课程，开始学习

手机端

- 第一步：打开微信"扫一扫"，扫描下方二维码

- 第二步：注册、登录
- 第三步：用微信扫描上方二维码，进入课程，开始学习

PPT 课件，请在数字化课程中各章节里下载！

目 录

第1章　医药市场营销导论　/1
　第1节　市场营销学的形成与发展　/1
　第2节　医药市场营销学的基本概念　/3
　第3节　医药市场营销学的研究方法　/5
　第4节　市场营销观念的发展　/6

第2章　医药市场营销环境　/10
　第1节　医药市场营销环境概述　/10
　第2节　医药市场营销微观环境　/11
　第3节　医药市场营销宏观环境　/14
　第4节　医药市场营销环境分析与对策　/20

第3章　医药消费者市场分析与决策　/24
　第1节　医药消费者市场的概念与特征　/24
　第2节　医药消费者市场行为的分析　/26
　第3节　医药消费者购买行为模式　/28
　第4节　影响医药消费者购买行为的因素　/29
　第5节　医药消费者购买行为类型　/35
　第6节　医药消费者购买决策过程　/37

第4章　医药市场营销信息、调查与预测　/43
　第1节　医药市场营销信息　/43
　第2节　医药市场调查　/45
　第3节　医药市场预测　/52

第5章　医药市场细分、目标市场与市场定位　/60
　第1节　医药市场细分　/60
　第2节　医药目标市场　/66
　第3节　医药市场定位　/71

第6章　医药产品策略　/75
　第1节　医药产品的概念及其整体概念　/75
　第2节　医药产品组合　/77
　第3节　医药产品生命周期　/80
　第4节　医药新产品开发　/85
　第5节　医药产品品牌　/86
　第6节　医药产品包装　/91

第7章　医药产品定价　/96
　第1节　医药营销价格概述　/96
　第2节　医药企业的定价目标　/99
　第3节　医药产品定价方法　/101
　第4节　医药产品定价策略　/103

第8章　医药分销渠道策略　/110
　第1节　医药分销渠道概述　/110
　第2节　医药分销渠道的选择　/116
　第3节　医药分销渠道管理　/118
　第4节　医药批发商　/120
　第5节　医药零售商　/122
　第6节　医药产品网络营销　/125

第9章　医药市场促销策略　/129
　第1节　医药市场促销概述　/129
　第2节　医药人员推销　/132
　第3节　医药广告　/133
　第4节　医药营业推广　/136
　第5节　医药公共关系　/139

第10章　医药营销技能与实践　/144
　第1节　医药营销终端客户分析　/144
　第2节　医药营销人员分析　/149
　第3节　医药营销团队建设　/156
　第4节　医药营销实践　/159

参考文献　/166

目标检测单项选择题参考答案　/167

第1章 医药市场营销导论

> **学习目标**
> 1. **知识目标** 掌握医药市场、医药市场营销、市场营销组合等概念。熟悉市场营销学的形成与发展，市场营销观念及其演变。了解医药市场营销学的研究方法。
> 2. **能力目标** 树立以顾客为核心的现代营销理念，增强分析、解决问题的能力。
> 3. **素质目标** 理解企业与市场之间的辩证关系，提升自身修养，培养良好的职业道德。

市场营销学是随着社会生产力的发展，在市场经济条件下产生和发展起来的一门学科，是对企业营销活动实践经验的理论总结。医药市场营销学对于提高医药企业经营管理水平，以便在激烈市场竞争中取得优势，促使医药企业的营销活动向现代化方向发展，有着极其重要的意义。

第1节 市场营销学的形成与发展

市场营销学是一门独立的学科，19世纪末20世纪初在美国开始建立，随着商品经济的发展，它的发展大致经历了四个阶段。

一、萌芽阶段

从19世纪末到20世纪初，各主要资本主义国家完成了第二次工业革命。资本主义经济的迅速发展，科学管理方法的采用，生产效率的提高，极大增加了产品数量，出现产品供过于求的现象。市场竞争日趋激烈，企业为了扩大产品销售，开始重视推销技术和广告的应用。一些经济学家为企业出谋划策，研究商品销售问题，探索商品销售的规律。在此期间，第一本以《市场营销学》（Marketing）命名的教科书问世，该书与现代市场营销学有本质的区别，其主要内容包括广告术和推销术。这本书被视为市场营销学作为一门独立学科出现的标志。

二、应用阶段

1929年到1933年，资本主义国家爆发了大规模的经济危机，产品生产大量"过剩"，产品积压，影响企业生产，产品销售困难，市场经济萧条。面对严峻的市场问题，企业急需解决的问题是如何把产品卖出去，因此，在这一时期，营销理论的研究和实践应用有了很大发展，逐渐形成了市场营销的概念和理论体系。此时营销功能归纳为三大类：①交换功能，包括购买和推销；②实体分配功能，包括货物运输、储存等；③辅助功能，包括融资、风险承担、市场信息沟通和标准化等。这一时期市场营销学的研究范围，仍然局限于商品流通领域，其主要内容包括研究产品的推销术、广告术，以及商品运输和储存等。

三、变革阶段

从20世纪50年代起，市场营销学的研究内容发生了许多根本性的变化。它突破流通领域，扩展到生产领域和消费领域。这一变革，被西方称为"营销革命"，并把它与资本主义"工业革命"相媲美。同时，西方国家推行高工资、高福利、高消费的政策，大大刺激了消费购买力。市场需求在量和质两方面都发生明显的变化，使得市场供求关系发生了显著变化，由卖方市场转为买方市场，消费者对商品有充分的选择自主权。市场变化要求企业围绕消费者的需求开展一切活动，过去传统市场营销学的观念已经不能适应新形势，需要新的现代市场营销理论指导企业的活动（图 1-1）。

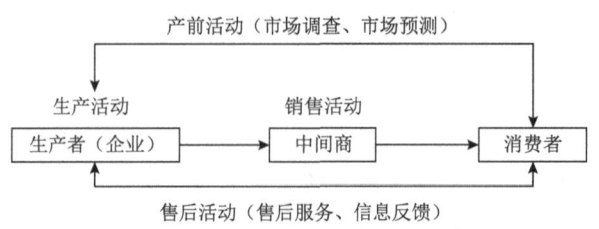

图 1-1　现代市场营销活动示意图

从图 1-1 可以看出，企业的活动包括产前活动、生产活动、销售活动和售后活动四个部分。现代市场营销活动的核心内容是满足顾客需求，企业应该以市场为起点，通过市场调查收集市场信息，寻找市场机会。企业将信息加工处理，从而研制开发并生产出市场所需要的产品。制订相应的产品策略、价格策略、分销渠道策略以及促销策略，并将产品推向市场，用以满足顾客需求。此外企业还需做好售后活动工作。售后活动包括两个方面，一是售后服务，二是信息反馈。由此不难发现市场营销不仅仅局限于流通领域，还包括生产领域和消费领域。

四、创 新 阶 段

20 世纪 70 年代以后，市场营销学与消费经济学、管理科学、心理学、社会学、统计学等应用科学相结合，发展成一门新兴的综合性的经济管理学科。能源危机、环境污染等问题使市场营销学面临新的挑战，同时也带来了新的发展动力。一系列新的市场营销学著作在此期间出版，并得到企业界广泛重视和应用。在全球经济一体化加速发展的形势下，市场竞争异常激烈，政府干预不断加强，贸易保护主义愈演愈烈，"大市场营销"和"全球营销"新概念相继产生，此后陆续出现了"关系营销""服务营销""绿色营销""旅游营销"等理论。

1979 年以来，我国以经济建设为中心，实行改革开放政策，市场营销学随之被我国企业所重视。随着经济体制改革的不断深化，由过去的计划经济过渡到有计划的商品经济，再到现在的市场经济。市场营销学在我国已不单纯是理论教学研究，开始逐渐与我国市场行情和企业实际相结合。目前，我国大中专院校经济学类专业都开设了市场营销学课程。企业需要越来越多的市场营销专业人才。

考点：市场营销的产生与发展过程

案例 1-1

20 世纪 70 年代中期之前，D 集团同全国其他阿胶生产厂家并无多少差别。冬天工人在河里泡皮，在烟雾弥漫的厂房里，一边大汗淋漓地加煤添炭，一边挥动铁叉大铲洗皮、焯皮、化皮、熬胶，对周围的环境造成很大的污染。改革开放以后，该企业工人进行工艺技术创新，他们首先推出蒸汽熬胶新工艺，胶剂车间 GMP 改造等项目，还增添了微波干燥、离心分离杂质与胶液、三效蒸发、激光喷码、微机控制自动化等数项现代新工艺新技术。正是这些工艺技术使 D 集团有了独特的知识产权和核心竞争能力，D 集团才成了阿胶产量、出口量占全国 70%和 90%的"胶中状元"。这一举措不仅提高了阿胶的品质，而且还净化了空气，保护了当地的环境。

问题：随着我国经济体制的改革，D 集团经营理念发生了怎样的变化？

第 2 节　医药市场营销学的基本概念

一、市场营销学

市场营销学是由英文 marketing 一词翻译而来的。marketing 主要有两重含义：一是指一门学科，即市场营销学；二是指企业营销活动，即市场营销。因此 marketing 在不同的场合使用有着不同的含义。自从 Marketing 概念进入中国以后，国内学者先后将此类书名翻译为《市场营销学》《销售学》《市场学》《行销学》等。市场营销学是一门独立的综合的学科，与经济学、统计学、消费心理学、公共关系、社会学等学科有着密切的联系。

二、医药市场营销学

医药市场营销学的研究对象与一般的营销学是一致的，即企业的营销活动及其规律性，因而它的理论框架与一般的营销学是相似的。但医药市场营销学在阐述市场营销原理、方法、策略时带有医药行业的特色，它的理论总结来源于医药生产经营企业的实践。医药市场营销学是专门研究医药市场营销活动及其发展变化规律的学科。具体地讲，就是医药企业研究营销活动中的医药市场、医药产品、价格、分销渠道、促销手段、销售服务等内容，促进医药市场经济的发展，适应人们防病、治病、医疗保健等多方面的需要，为人类健康服务的一门新兴的、综合性的医药经营管理科学。

三、医 药 市 场

医药市场是指某种医药产品的现实和潜在顾客的总和。即医药市场是指具有购买力、购买欲望的消费者群。人口是医药需求的基础，购买力是消费者购买医药产品的实际支付能力，购买欲望是消费者购买医药产品的愿望，三者之间相互制约、缺一不可。只有三要素结合起来才能构成现实市场，才能决定医药市场的规模和容量。当然，随着医药市场竞争的加剧，规模和容量易被众多医药企业分割，因此企业在考核医药市场时不仅要分析三个基本要素，还要考察竞争者状况。

四、市 场 营 销

市场营销包括宏观市场营销和微观市场营销。本书着重研究微观市场营销，即企业的市场营销。它是指企业为了实现经营目标，满足消费者现实和潜在需求，以交换为中心的一种综合活动。此活动包括市场调查、市场预测、市场细分和选择目标市场，制订"4P"策略（产品策略、价格策略、渠道策略、促销策略），以及提供售后服务等。

五、医药市场营销

医药市场营销是指医药企业为了满足顾客现实或潜在医药需求，以交换为中心而开展的一切活动。对于医药市场营销定义的认识，可从以下几个方面来理解。

1. 医药市场营销的目的是满足顾客现实或潜在的医药需求　医药企业不仅要善于发现顾客的需求，并以此作为市场营销的起点，还应该考虑顾客的购买力，研发出顾客需要的医药产品，并采取恰当的营销策略，充分满足顾客需求，从中获利，从而实现医药企业的经营目标。

2. 医药市场营销与推销的区别　现代医药市场营销的起点是市场，推销的起点是企业；医药市场营销的中心是顾客医药需求，推销的中心是医药产品；医药市场营销活动包括市场调查和预测、医药产品研发、定价、分销、促销、售后服务等，而推销仅仅是企业促销活动的一部分，而且不是最重要的部分。

3. 医药市场营销的核心观念是交换 企业的一切市场营销活动都与市场商品交换有关，交换是医药企业主动、积极发现机会，满足顾客医药需求的过程。交换是构成医药市场营销基础的核心概念。

六、绿色营销

绿色营销是指以促进可持续发展为目标，为实现经济利益、消费者需求和环境利益的统一，市场主体根据科学性和规范性的原则，通过有目的、有计划地开发及同其他市场主体交换产品价值来满足市场需求的一种管理过程。由市场营销观念向绿色营销观念转变始于20世纪90年代，营销观念的转变对企业、消费者、社会、经济都产生了深刻影响。绿色营销观念要求企业顺应可持续发展，注重地球生态环境保护，促进经济与生态协调发展，以实现企业利益、消费者利益、社会利益及生态环境利益的统一。

> **链接** ISO14000 环境管理体系
>
> 通过强化绿色观念，重视绿色设计，推行清洁生产，强化绿色包装，积极争取ISO14000认证等措施来实施绿色营销，树立绿色企业形象。其中，争取ISO14000认证是我国企业与国际市场接轨，树立绿色企业形象的一项重要措施，是突破"绿色壁垒"的一个重要条件。ISO14000是国际性的标准，适用于一切企业的新环境管理体系，它是一张企业进入国际市场的通行证。取得ISO14000认证证书，成为国际公认的绿色企业，就等于取得了一张国际贸易的绿色通行证。我国海尔集团通过ISO14000认证后，产品有机会出口到欧洲市场，受到欧洲各国消费者的欢迎，而且在美国及一些欧洲国家建立了生产基地，成为一个具有绿色企业形象的大型跨国公司。

七、市场营销组合

市场营销组合是企业为了满足目标市场需要而加以组合的可控制变量。这些影响企业市场营销活动的因素很多，包括4个基本变数：产品（product）、价格（price）、渠道（place）和促销（promotion），故称为市场营销战术"4P"，简称为"4P"。这四个要素具有可控性、复合性、动态性、整体性的特点。企业就是通过想方设法地控制这些变数，使营销活动与外部不可控制因素迅速相适应，实现企业的经营目标。

八、大市场营销

大市场营销是在1986年首次提出的。在贸易保护政策的背景下，面对封闭的或保护型的市场，企业除了市场营销战术"4P"以外，还要增加两个"P"，即政治力量（political power）和公共关系（public relations），共同构成"6P"组合策略。

九、市场营销战略

市场营销战略如下。①探索：就是市场调查研究。企业通过市场调查研究和预测，分析企业内外部因素，发现和分析市场机会。它是市场营销活动的起点。②划分：即市场细分，分析不同类型的消费者群，为进一步正确选择目标市场做准备。③择优：即选择那些最能发挥企业优势，能最大限度满足消费需求的市场作为企业的目标市场。④定位：在确定目标市场后，企业为自己的产品或服务甚至企业本身树立市场形象。

十、市场占有率

衡量企业经营好坏的指标有市场占有率、销售增长率、利润率等。市场占有率包括绝对市场占有率和相对市场占有率。绝对市场占有率是企业市场营销战略的一个重要指标，又称为市场份额或市场覆盖率，是指一定时期内企业某种产品的销售额（或销售量）在市场同类产品销售额（或销售总量）中所占的比例，用百分比表示。绝对市场占有率反映企业的市场营销态势，表明企业在市场上所占的地位，其增减变化反映企业市场地位的变化。

相对市场占有率是指企业的绝对市场占有率与同行业最大竞争对手绝对市场占有率之比。它反映企业的市场竞争增减变化以及企业竞争能力的变化。

十一、销售增长率

销售增长率是企业的重要战略指标之一，反映了市场营销活动成效。销售增长率是指当期产品销售增加额与前期产品销售额的占比关系。销售增长率越高意味着企业经营状况越好。其计算公式如下：

销售增长率=（当期销售额−前期销售额）/前期销售额×100%

考点：医药市场营销、大市场营销、4P、绿色营销和市场占有率等概念

案例 1-2

西地碘含片是某制药厂生产的一种治疗口腔咽喉疾病的西药，西地碘含片从适应证上讲，既治口腔疾病又治咽喉疾病。在西地碘含片推出之前，市场上已经有许多同类药品了。那么西地碘含片的目标市场在哪里呢？该厂针对口腔药品市场和咽喉药品市场进行认真市场调查，发现咽喉类药品市场上草珊瑚含片和咽喉片等药品已经成熟，广告投入较大，在消费者中知名度相当高。而口腔类药品市场还没有形成有影响力的品牌。如果西地碘含片进入咽喉类市场，面对的竞争对手强，企业可能在竞争中处于不利地位。显然，在咽喉类药品市场竞争激烈，而口腔类药品市场竞争相对较小的状况下，西地碘含片的市场机会就是：定位于口腔类药，选择口腔类药品市场。

问题：该制药厂是怎样选择目标市场的？

第3节 医药市场营销学的研究方法

市场营销学在发展过程中，研究对象不断改变，研究内容不断充实，其研究方法也在不断发展变化。下面介绍几种医药市场营销学的研究方法。

1. 医药产品研究法 以医药产品为中心的研究方法，是对各类医药产品的市场营销分别进行分析研究。此方法优点是能较详细地分析各种产品在营销中所遇到的问题，并能有针对性地采取相应的策略。缺点是工作量较大，容易出现重复劳动。

2. 组织研究法 以人为中心来研究市场营销学，即着重分析研究医药渠道系统中各种类型的营销机构（如制药厂商、代理商、医药批发商、医药零售商及各种辅助机构等）的营销问题。这一方法的优点是可以利用各类或具体机构的统计资料及其成本、利润和销售趋势数据进行分析，从而有助于对营销各因素的控制和管理。不足之处在于未完全摆脱以物为中心，从而忽视对消费者需求的研究。

3. 功能研究法 即通过分析研究医药采购、销售、运输仓储、融资、促销等各种市场营销职能所遇到的问题来探讨和认识市场营销问题。这种方法有助于较为深入地研究各个营销环节的活动。

4. 管理研究法 以医药企业为主体，从营销管理决策的角度，综合产品研究法、组织研究法和功能研究法的基本要求，着眼于寻找企业的市场机会，针对目标市场的需要，分析市场环境，同时考虑到企业的资源和目标，制订相应的营销策略，以满足目标市场的需要，实现企业的目标。

5. 系统研究法 医药企业营销管理者做市场营销管理决策时，把企业的有关环境和市场营销活动过程看作是一个系统，统筹兼顾其市场营销系统中的各个相互影响、相互作用的组成部分，千方百计使各个部分协同活动，从而产生增效作用，提高企业经营效益。

第4节　市场营销观念的发展

市场营销观念又称为营销观念、营销哲学或营销理念，是指企业从事经营活动时所依据的指导思想和行为准则，反映企业经营管理者及全体员工的经营思想。为了全面而系统地了解和树立现代市场营销观念，有必要研究和介绍西方发达国家市场营销观念的发展演变历程，从中汲取有益的内容。

一、生产观念

生产观念是一种传统而古老的营销观念。这种观念认为：消费者喜欢那些可以随处买得到的、价格低廉的产品，企业应把全部精力放在扩大生产和降低成本上。

生产观念是在卖方市场下产生的。20世纪20年代以前以及第二次世界大战后一段时期内，由于物资短缺，需求旺盛，产品供应不能充分满足消费者需要，许多商店都是顾客上门求购。这个时期的消费者最关心的是能否买到商品，而不去注意商品的细小特征。于是只要商品质量过关、价格便宜，就不愁没销路。在这种情况下，企业只需要集中一切力量扩大生产，成本越低，获得的利润就越多，没有必要在产品的销售方面多下功夫。那时的产销关系是"以产定销"，买卖双方的关系是卖方处于有利的主导性地位，这种生产观念就是生产者导向观念。

二、产品观念

产品观念是与生产观念相类似的一种陈旧的经营管理思想。它认为企业的主要任务是提高产品的质量，只要质量好，就不愁卖不出去，以质取胜。这种观念认为：消费者最喜欢那些高质量、低价格和有特色的产品，企业应生产物美价廉的产品，并不断地改进产品结构和质量，使之日益趋于完美。这种观念在卖方市场有存在的空间，但现代市场竞争日趋激烈，就是再好的产品，没有适当的营销策略，可能也不会有很高的销量，那么企业就不可能长远发展。

产品观念与生产观念相比，确实前进了一步，因为它考虑到消费者对产品性能、质量、价格等方面的需求和愿望。但消费者的需求是在不断发展变化的，如果企业坚持产品观念，迷恋自己的产品，认为只要产品质量好、技术独到、价格低廉，顾客就一定会找上门来，这样很难适应市场的特征，从而被市场淘汰。产品观念被称为"营销近视症"。因此，产品观念只有在供不应求的情况下才具有一定的有效性。

三、推销观念

推销观念也曾经是许多西方企业奉行的市场营销观念。这种观念认为：企业若不大力刺激消费者的兴趣，消费者就不会买他们的产品。通常消费者不会因自身的需求和愿望而主动地购买非必需商品。但是，如果采取适当的措施，消费者有可能购买更多的产品。因此，企业必须通过运用推销术、广告术来刺激消费者，使消费者对企业的产品产生兴趣，以扩大消费，提高市场占有率，获得更多的利润。

推销观念是生产观念的发展和延伸，是在卖方市场向买方市场过渡期间产生的。从1920年至1945年，由于科技进步、科学管理和大规模生产的推广，商品产量迅速增加，于是逐渐出现商品供过于求，卖主之间竞争日益激烈。推销观念的产生，说明销售工作在企业营销管理中的地位有了较大提高。但是，从生产者和市场的根本关系来看，仍然没有跳出"以生产者为中心"的圈子。因此，从根本上仍然属于传统的营销观念。

四、市场营销观念

市场营销观念,又称市场营销导向,是一种不同于传统经营思想的、全新的现代经营哲学。随着科学技术不断发展,新技术不断涌现,新产品竞相上市,社会商品供应量增加,物资逐渐丰富,商品出现供大于求的状况。随着社会生产力的发展,人均国民收入和人们的生活水平有了很大的提高,消费者日益追求新奇、时髦、便捷的产品。消费需求瞬息万变,许多产品往往今天热销,明天就可能滞销了。在这样的市场环境中,企业必须花费相当的精力来研究消费需求。许多企业把研究消费需求作为营销活动的核心,千方百计满足顾客的需求,从而实现企业的营销目标。

市场营销观念是一种以顾客需要和欲望为导向的经营指导思想,以整体营销为手段来使顾客满意,从而实现企业的目标。市场营销观念是发现顾客需求并设法满足他们,而不是将产品制造出来后再设法将其推销出去;市场营销观念是制造能够销售出去的产品,而不是推销已经生产出来的产品。这一观念的出现,是企业营销思想的一次质的飞跃,它实现了营销思想的转变,由以生产为中心转到以市场需求为中心。企业的营销重点也从注重推销、注重流通领域转到重视企业营销全过程。

五、社会营销观念

社会营销观念是一种把消费者利益、社会利益和企业利益结合起来的营销观念。这种观念认为,企业进行市场营销管理决策时,要全面兼顾三个方面,既要满足消费者的需求,又要符合社会的利益,还要增加企业的经济效益。

社会营销观念是从20世纪70年代发展起来的。市场营销环境发生了一系列新的变化:环境恶化、资源短缺、人口爆炸、社会服务被忽视等。在这种情况下,企业仅仅奉行市场营销观念满足个体消费者需要是不够的,这种做法往往会导致资源浪费、环境污染,从而损害广大消费者的利益。医药产品能够帮助治疗疾病,但是也存在副作用,如危害人们的健康,废弃的医药产品包装对环境容易造成极大的污染。为了保护社会公众的利益,发展社会营销观念是对市场营销观念的修改、补充和完善。

传统营销观念包括生产观念、产品观念和推销观念。现代营销观念包括市场营销观念和社会营销观念。两类营销观念的比较见表1-1。

表1-1 两类营销观念的比较

营销观念	出发点	方法	产销关系	目的	市场状态	中心
传统营销观念	企业	增产提质推销	以产定销	通过扩大销售获利	卖方市场	产品
现代营销观念	顾客需要	整体营销	以销定产 产需结合	通过满足需要获利	买方市场	市场

考点:传统营销观念和现代营销观念的比较

案例1-3

历经百年的磨砺,做百年品牌。从传统计划经济发展到市场经济,某药业股份有限公司面对这一转变适时转变营销观念,由传统营销观念转变为现代营销观念。

一直以来,这家制药公司以生产止咳系列药品著称,拥有6大剂型、100多个产品。在品牌扩张上,一是运用整合营销的形式,扩大品牌的覆盖、辐射范围,让产品走出省内,走向全国;二是结合时代特征,不断挖掘老字号品牌中的新元素,并赋予新的内涵,以迎合消费者不断变化的需求。在差异化战略方面,确立企业的专业化发展道路,专攻止咳化痰领域,做这个行业的专家。

长期以来,该公司的产品都是通过批发代理、在大中城市的药店中销售。随着以农村及城市周边地区小型诊所为代表的第三医药销售终端的崛起，以非处方药为主要类别的产品营销渠道亦将发生根本性的变化。由于产品的价格优势，该公司除在继续维持传统的面对城市市场的渠道外，还对第三医药销售终端的渠道着力进行了开发，收效不错。除了第三医药销售终端，医院市场是该公司渠道选择的下一个目标。因为进入医院是促进产品销售量上升的一条主要途径，所以，进军医院市场是企业品牌扩张计划中不可或缺的一环。目前，该公司的一些产品已经进入了国家医保目录，这是其进军医院市场的第一步。

该公司加大对终端的投入，组建了一支精干的销售队伍。为了提高终端队伍的"战斗力"，公司定期组织一系列培训，邀请营销专家及有丰富市场销售经验的人员授课。该公司的营销传播是立体的、多方位的。在媒体广告的投放上，坚持专业媒体与大众媒体相结合，电视广告与报媒广告相呼应，为全国重点市场的启动造势，产生了较大的影响。该企业的广告语高度概括了企业的品牌定位和品质追求，简约明晰，通俗易懂，而且便于传播。

问题： 该药业股份有限公司是如何适应市场经济环境，转变营销理念的？

技 能 实 训

【实训主题】

医药企业经营理念。

【实训的目的和要求】

掌握医药企业经营理念的演变，比较现代营销观念和传统营销观念的区别，树立现代营销观念。培养分析问题、解决问题的能力。具备营销管理的技能。

【实训情景】

某制药厂成立于1982年，成立之初销售额逐年递增，该厂主要是生产中药产品，产品主要依靠低价批发，竞争多集中于低端市场。1995年之后，该厂销售量不断下降，产品积压，生存困难。制药厂为了摆脱困境，欲对企业进行改制，成立××制药股份有限公司。假如你被××制药股份有限公司聘为总经理，请你分析该企业存在的问题，制订今后发展的策略。

【实训步骤】

1. 理解各种经营理念的特点。
2. 结合企业的现状，分析企业问题的根源。
3. 制订适合企业发展的营销策略。

目 标 检 测

一、名词解释

1. 医药市场营销　2. 生产观念　3. 市场占有率
4. 社会营销观念　5. 大市场营销

二、单项选择题

1. 市场营销学作为一门独立科学出现是在（　　）

　　A. 20世纪初　　　　B. 20世纪50年代
　　C. 20世纪70年代　　D. 18世纪中叶

2. 以顾客需求作为出发点的经营观念是（　　）

　　A. 市场营销观念　　B. 推销观念
　　C. 产品观念　　　　D. 生产观念

3. 市场营销学出现根本性变化，被西方称为"营销革命"，是指下列哪一阶段（　　）

　　A. 形成阶段　　B. 应用阶段
　　C. 变革阶段　　D. 创新阶段

4. 把市场营销学与社会利益联系起来发生在（　　）

　　A. 形成阶段　　B. 应用阶段
　　C. 变革阶段　　D. 创新阶段

5. 在营销观念的发展过程中，被称为"营销近视症"的是（　　）

　　A. 生产观念　　B. 推销观念
　　C. 产品观念　　D. 社会营销观念

6. 下面关于市场的表述，符合市场营销观念的是（　　）

A. 市场是商品交换的具体场所
B. 市场是商品交换关系的总和
C. 市场是一种产品的现实和潜在买主的总和
D. 市场是企业销售商品的场所

7. 按照社会营销观念，企业制订市场营销策略时，应兼顾（　　）
   A. 企业内部条件　　B. 企业利润
   C. 市场需求　　　　D. 社会整体利益

8. 按营销的起点，市场营销观念的模式可概括为（　　）
   A. 市场—产品—市场　B. 产品—市场—产品
   C. 资源—产品—市场　D. 资源—市场—资源

9. 在下列哪种情况下，企业奉行生产观念是比较合理的（　　）

   A. 需求大于供给　　B. 供给大于需求
   C. 企业财力雄厚　　D. 产品质量好、技术独到

10. 产品观念的核心思想是（　　）
    A. 公司应把重心放在扩大生产规模上
    B. 只要产品质量好，自然顾客盈门
    C. 公司应重点抓好强力推销
    D. 重点是制造能够销售出去的产品

三、简答题

1. 举例说明医药市场营销的核心概念。
2. 比较传统营销观念与现代营销观念的区别。
3. 医药市场营销学的基本概念和研究方法有哪些？

（沈志平　张　琳）

第2章 医药市场营销环境

> **学习目标**
> 1. **知识目标** 掌握医药市场营销环境的概念；熟悉医药市场营销宏观环境和微观环境的内容；了解医药市场营销环境的特点。
> 2. **能力目标** 能运用SWOT分析法对企业所处的营销环境进行分析。
> 3. **素质目标** 树立依法经营的意识；培养守护人民用药安全的责任感和使命感。

第1节 医药市场营销环境概述

一、医药市场营销环境的概念

医药市场营销环境是指直接或间接影响医药企业市场营销活动的各种因素和社会力量的总和，可以进一步细分为医药市场营销微观环境和医药市场营销宏观环境。

二、医药市场营销环境的特点

1. 客观性 医药市场营销环境的客观性意味着企业无法控制或改变市场环境的基本条件。这些环境因素包括法律法规、经济状况、社会文化、技术进步、竞争态势等。企业必须接受这些客观存在的因素，并在此基础上制订营销策略。例如，某政府出台了新的医疗补贴政策，企业需要认识到这一变化，并调整产品定价和市场推广策略以适应新的市场环境。

2. 复杂性 医药市场营销环境的复杂性源于多种因素的交织和相互作用。这些因素包括消费者需求的变化、医疗保健体系的演变、科技进步、全球化趋势、竞争格局的变化等。企业在制订营销策略时，需要考虑这些因素的多样性和差异性，以及它们对医药企业营销活动的直接和间接影响。例如，一项新药的研发可能受到专利政策、临床试验要求、药品监管机构的审批速度等多种因素的影响。

3. 相关性 医药市场营销环境中的各个影响因素之间存在相互依存和相互制约的关系。医药产品价格的变动不仅受到市场供求关系的影响，还可能受到国家价格政策、医药卫生体制改革、科技进步和社会文化观念的影响。医药产品价格的变动也会影响医药市场的供求状况。企业在分析市场环境时，需要综合考虑这些相关因素，以预测市场变化并制订有效的营销策略。

4. 动态性 医药市场营销环境是医药企业营销活动的基础和条件，但这并不意味着营销环境是不变的、静止的。相反，它始终处于不断变化的过程中，这些变化也许是渐进的，也许是突发的。变化内容包括消费者偏好的演变、技术进步、竞争格局的变动、法律法规的更新、经济环境的波动等。例如，随着健康意识的提高，消费者更倾向于选择含有天然成分的医药产品，这就要求企业及时调整产品线和营销策略，以满足市场的新需求。

5. 相对不可控性 医药市场营销环境中的宏观环境因素，如政治稳定性、经济状况、社会文化、法律政策等，通常是企业难以直接控制的。这些因素对企业的营销活动产生重大影响，如医药产品价格的监管、医疗保险政策的变动等。然而，企业可以通过微观环境的控制，如产品开发、品牌建设、渠道管理等，来创造有利的营销条件。通过加强与分销商的合作，优化供应链管理，来提高产品的市场占有率和降低成本。

考点：医药市场营销环境的特点

案例 2-1

2021年，总部位于浙江台州的某药业向国外出口一批仿制药，经过将近三年的申报流程和材料准备，最后却没通过FDA的批准，原因令人惊讶：医药产品说明书没按外方要求折叠。

按照FDA的要求，医药产品说明书要折成一块4cm大小的标准"豆腐块"。但中国的制药工业从来没有这种要求，自然也没有相关的产业链和设备，结果和国际接轨时，说明书成了阻碍。

为了顺利出口，该药业公司最后不得不花了1000万来进口高价折纸机等相关设备。要知道，该公司的主营业务之一的某药胶囊在上一年带量采购中价格降到了0.24元/粒，该公司要卖600万盒才能补上这笔资金缺口。

问题：分析影响该医药企业市场营销活动的因素有哪些？

第2节 医药市场营销微观环境

一、企 业

企业本身的各种因素和条件对企业的营销活动都会产生影响。这些因素包括企业的组织结构、企业文化、员工素质、技术水平、财务状况、研发能力等。企业本身的营销环境是企业进行市场营销的基础，对企业的市场营销活动具有重要的影响。

1. 组织结构 企业的组织结构决定了企业的决策流程和信息传递方式，对市场营销活动的实施有重要影响。一个灵活、高效的组织结构有利于企业快速适应市场变化，善于发掘市场机会，做出正确决策。

2. 企业文化 企业文化是企业内部共享的价值观、信仰和行为规范，对企业员工的行为和态度有重要影响。一个积极向上、创新进取的企业文化有利于激发员工的创造力和工作热情，提高工作效率。

3. 员工素质 企业员工的素质直接影响到市场营销活动的实施效果。高素质的员工具有较强的市场分析能力、沟通能力和执行能力，有利于提高市场营销活动的效果。

4. 技术水平 企业的技术水平决定了企业在市场竞争中的优势地位。一个技术先进的企业能够生产出更具竞争力的产品，提高产品市场份额。

5. 财务状况 企业的财务状况决定了企业在市场营销活动中的投入能力。一个财务状况良好的企业能够投入更多的资源进行市场营销活动，降低成本，提高企业经济效益。

总之，企业内部营销环境是企业进行市场营销的基础，对企业的市场营销活动具有重要的影响。企业应充分了解和分析自身的内部营销环境，制订合适的市场营销策略，以提高市场营销活动的效果。

二、供 货 商

医药企业的供货商通常指的是为医药公司提供原材料、中间体、包装材料以及其他相关产品和服务的供应商。医药企业的供应商管理是确保医药产品生产稳定性和质量的关键环节，它涉及合规性、可靠性和灵活性等多个方面。以下是一些关于医药企业供应商管理的重点。

1. 供应商的选择 企业在选择供应商时，需要更加关注供应商的质量管理体系、生产能力和信誉等方面。

2. 采购管理策略 由于制药行业的特殊性，供应链采购管理需要高度的合规性和可靠性。企业可能需要建立多渠道的供应商体系，以规避和降低质量风险问题。同时，企业还需要对供应商进行定期评估和审查，确保供应商能够持续满足企业的质量要求。

3. 数字化转型 随着数字化时代的到来，医药企业可以通过数字化手段来优化供应商管理。例如，利用大数据和人工智能技术来分析供应商的风险信息，实现对供应商的动态监控和管理。数字化采购协同平台可以帮助企业规范采购行为，推动采购的标准化和数字化，从而提高供应链管理的效率和效果。

4. 研发阶段的管理 在药品研发阶段，物料和供应商的管理同样重要。由于这一阶段使用的物料可能不断变化，需要灵活地调整物料采购计划和供应商选择。研发阶段的供应商管理可能不需要像生产阶段那样严格的质量标准，但仍需确保物料的基本质量和供应商的可靠性。

5. 风险管理 医药企业在供应商管理中还需要关注风险管理。由于涉及的客商规模庞大且构成复杂，企业需要定期更新客商档案，包括工商信息、风险数据等，以确保信息的准确性。此外，企业还需要及时获取存量客商的风险信息，以避免潜在的坏账或断供风险。

综上所述，医药企业在供应商管理方面需要采取一系列措施，包括严格的供应商选择标准、多渠道的采购策略、数字化转型的应用、研发阶段的特殊管理以及全面的风险管理，以确保供应链的稳定性和医药产品质量的安全。

三、营销渠道

医药行业中的营销渠道通常指的是那些不直接生产医药产品但参与医药产品分销和销售的公司。具体来说，这些公司发挥着几方面的作用。

1. 医药分销配送 医药商业公司负责将制药企业生产的医药产品进行仓储和配送，最终送达医院或药店等终端销售点。

2. 医药代理经销 专门负责销售医药产品的公司，他们将医药产品销售给医院或其他医疗机构。

3. 医药市场推广 中间商还可能涉及医药产品的市场推广活动，帮助制药企业提升产品知名度和市场占有率。

4. 信息提供 一些中间商还会提供市场信息，如原料供应情况、新药研发动态等，帮助制药企业及时了解行业趋势。

综上所述，医药中间商在医药行业中扮演着重要的角色，它们通过各种服务和活动，帮助制药企业的医药产品能够更有效地到达消费者手中。同时，随着行业的发展和监管的加强，医药中间商也在不断地进行自我革新和调整，以适应市场的变化。

四、目标市场

医药企业的一切营销活动都是以满足消费者的需要为中心的，因此消费者是医药企业营销最重要的环境因素。消费者是医药企业服务的对象，即医药产品的购买者和使用者，也就是医药企业的目标市场。目标市场一般可以分为六类。

1. 消费者市场 即指为满足个人或家庭需要而购买商品和服务的市场。药品的特殊性，导致消费者在购药时利益聚焦在产品对其健康的益处，因而更注重功效和品牌，并且需求弹性比较小。

2. 生产者市场 即指为赚取利润或达到其他目的而购买商品和服务来生产其他产品和服务的市场。

3. 中间商市场 即指为利润而购买商品和服务以转售的市场。由于医药的特殊性，各国对医药经销商的运作、资格等往往都有比较多的限制条件。

4. 政府市场 即指为提供公共服务或将商品与服务转给需要的人而购买商品和服务的政府和非营利机构。

5. 国际市场 即指国外消费者，包括国外的消费者、生产者、中间商和政府等。

6. 医疗机构市场 是指依法定程序设立的从事疾病诊断、治疗活动的卫生机构。

医药市场的消费者范围很广，医药营销人员要根据不同医药消费者，采取不同的营销策略，提供不同的产品来满足消费者需求。

五、竞 争 者

医药市场营销的本质就是要比竞争对手更好、更迅速、更有效地满足顾客的需求。在竞争激烈的医药市场上，除来自本行业的竞争者外，还有来自替代品生产者、原材料供应者和购买者等多种力量的竞争。医药企业想要成功，必须在满足消费者需求方面比竞争对手做得更好；必须加强对竞争者的研究，深入了解对本企业形成威胁的主要竞争者及其策略，知己知彼，扬长避短，方能在竞争中取胜。竞争关系有以下几种。

1. 愿望竞争者 又称欲望竞争者，指顾客所要满足的各种愿望的竞争者（如同时需要食物、衣服、感冒药，那么这三种类型的产品属于愿望竞争者），即提供不同产品以满足不同需求的竞争者。如医药生产企业可以将生产化妆品乃至各类家用电器的企业视为自己的竞争者。这种竞争的实质是如何能促使消费者更多地购买医药产品。

2. 平行竞争者 又称属类竞争者，指能够以各种方法满足购买者某一愿望的产品提供者，即以不同的产品满足购买者同一需求的竞争对手。以抗生素为例，青霉素与头孢氨苄等厂商之间属于平行竞争者。

3. 形式竞争者 指满足购买者同一需要的医药产品的各种型号的提供者，即生产同一产品但不同规格、式样、型号的竞争者。例如，同一作用的医疗设备的各种型号，感冒药品的片剂、口服液、针剂等不同的产品形式。

4. 品牌竞争者 是指满足同一需要的同种形式产品的不同品牌之间的竞争者，如感冒药的不同品牌等。

六、公 众

在营销领域中，公众指的是对企业完成其营销目标有着实际或潜在利益关系和影响力的群体或个人。这些公众群体可以分为以下几类。

1. 金融公众 包括银行、投资公司、证券公司、股东等，它们对企业的融资能力有重要的影响。企业与金融公众的关系良好，可以帮助企业获得必要的资金支持，促进企业的发展和扩张。

2. 媒介公众 主要包括报纸、杂志、电台、电视台等传播媒介。媒介公众对企业的形象和品牌知名度有着直接的影响。通过与媒介建立良好的关系，企业可以更有效地传播信息，管理危机，提升品牌形象。

3. 政府公众 政府部门和监管机构对企业的运营活动有着监管和指导作用。企业需要与政府公众保持沟通，确保其业务活动符合法律法规的要求，同时也可以获取政策上的支持和优惠。

4. 民间团体 包括各种非政府组织、社团和行业协会等。民间团体可以在特定的领域内为企业提供支持，帮助企业与特定群体建立联系，或者在社会责任和可持续发展方面发挥作用。

5. 地方公众 指特定地区内的居民、社区组织等，他们对企业的当地运营可能有特别的影响。

6. 一般公众 能深刻影响消费者对医药企业及其产品的看法的团体和个人，如医生、产品代言人等。

7. 内部公众 包括企业内部的所有员工，员工的行为和态度能够对外传递企业形象，尤其在服务行业中尤为重要。

综上所述，企业在进行市场营销时，需要考虑到这些不同的公众群体，并制订相应的策略来与他们互动，以实现企业的营销目标和维护企业的正面形象。

考点：医药市场营销微观环境的内容

案例 2-2

国内民营医药流通领军企业某医药集团股份有限公司发布的 2023 年年度报告显示，公司营业收入再次创下历史新高，达到 1501.40 亿元，同比增长 6.92%。扣非归母净利润也呈现出增长态势，达到 19.6 亿元，同比增长 13.06%，增速超过了营业收入增长速度。

公司全年经营活动现金流再次刷新了历史纪录，净额达到 47.48 亿元，同比增幅达 19.1%。对医药流通行业来说，支付环境未见明显改善，但该公司的财务指标表现积极。

年报显示，去年这家公司的应收账款周转天数为 63 天，比上一年减少了 6 天；资金流转天数为 80 天，比上一年同期缩短了 7 天；资金流转速度的显著提高令财务费用增长远低于营业收入增长。

对于流通企业，资金流转速度的提高不但意味着获利能力提高，更代表公司经营水平的提高。该公司在医药产品供应链中的主导地位表现在去年成功完成从单一医药分销向多元业态的转型，形成"医药分销+多元业态"融合发展的新模式。

问题： 除了财务管理水平，哪些内部因素也会对企业的营销活动产生影响？

第 3 节 医药市场营销宏观环境

一、人 口 环 境

人口是构成市场的第一要素。人口的多少直接决定市场的潜在容量，人口越多，潜在市场规模就越大。人口的年龄结构、地理分布、婚姻状况、出生率、死亡率、人口密度、人口流动性及其文化教育等人口特征，会对市场格局产生深刻的影响，并直接影响企业的市场营销活动。医药企业必须重视对人口环境的研究，密切关注人口特征及其发展动向，不失时机抓住市场机会，应及时果断调整营销策略以适应环境的变化，减少威胁带来的损失。

（一）人口规模与增长率对企业营销活动的影响

人口规模是指一个国家或地区人口数量的多少；人口增长率是指一个国家或地区人口出生率与死亡率的差，它反映了一个国家或地区人口增长速度的快慢。一个国家或地区的人口规模和增长率能够反映这个国家或地区市场规模的大小以及发展潜力。人口增长率对企业营销有着重要的影响。主要体现在以下几方面。

1. 市场规模 人口增长率可以影响市场的规模。如果一个国家或地区的人口增长率较高，那么这个市场的潜在消费者数量就会增加，这对企业来说是一个机会。企业可以通过扩大生产、提供更多的产品和服务来满足增长的需求。

2. 消费模式 人口增长率的变化可能会影响人口年龄结构，从而改变消费者的消费模式。例如，随着年轻人口的增加，他们可能更倾向于购买新的、时尚的产品和服务。因此，企业需要调整他们的营销策略，以吸引这些新的消费者。

3. 竞争环境 人口增长率的变化可能会改变企业的竞争环境。如果一个行业的消费者数量在增加，那么这个行业的竞争可能会加剧。企业需要通过提供更好的产品和服务，或者通过更有效的营销策略来获得竞争优势。

4. 投资决策　人口增长率的变化可能会影响企业的投资决策。如果一个地区的人口在减少，那么企业可能会选择减少在这个地区的投资，因为潜在的消费者数量在减少。

5. 社会政策　人口增长率的变化可能会影响政府的社会政策，这反过来又会影响企业的营销策略。例如，如果政府为了应对人口老龄化问题，推出了鼓励生育的政策，那么企业可能需要调整他们的产品和营销策略，以吸引年轻的家庭。

（二）人口结构对企业营销活动的影响

人口结构主要包括人口的年龄结构、性别结构，以及城乡结构。

1. 年龄结构　不同年龄的消费者对商品的需求不一样。第七次全国人口普查结果显示，中国人口年龄结构的显著特点是：已经进入典型的老龄化社会。随着老龄化问题出现，延长生命和抑制疾病已经成为人类共同面对的课题，医药企业迎来了机遇，医药产品市场潜力巨大。

2. 性别结构　男性和女性由于生理、心理、社会和文化等多方面的原因在医药产品需求方面存在着差异。这种差异主要体现在以下几方面。

（1）生理差异　男性和女性的生理结构和功能存在显著差异，这可能导致他们在疾病类型和发病率上有所不同。因此，他们可能对于医药产品需求的品种有所不同。

（2）心理差异　男性和女性在心理特点和应对压力的方式上存在差异，这可能影响他们对药物的需求。例如，女性可能更倾向于寻求心理治疗和药物治疗相结合的方法来应对压力，而男性可能更倾向于依赖药物治疗。

（3）社会和文化差异　男性和女性在社会地位、角色和期望方面存在差异，这可能影响他们对药物的需求。例如，在某些文化中，女性可能被期望承担更多的家庭和照顾孩子的责任，这可能导致她们在应对压力和疲劳时更依赖于药物。此外，社会对男性和女性在健康问题上的关注程度也可能影响他们对药物的需求。

（4）用药习惯和依从性　研究表明，男性和女性在用药习惯和依从性方面存在差异。例如，女性可能更关注药物的副作用和安全性，而男性可能更关注药物的效果。此外，女性可能更容易遵循医生的建议，而男性可能更容易自行调整药物剂量或停药。

（5）药物代谢差异　男性和女性在药物代谢方面存在差异，这可能影响他们对药物的需求。例如，女性往往比男性更容易出现药物代谢酶的变异，这可能导致她们对某些药物的反应不同。

3. 城乡结构　城市和农村在用药需求上存在一些差异，主要体现在以下几个方面。

（1）疾病类型差异　由于生活环境、饮食习惯和生活方式的不同，城市和农村居民的疾病类型存在一定差异。城市居民更容易患上与生活压力、环境污染等相关的疾病，如高血压、糖尿病、心脏病等；而农村居民则更容易患上与劳动强度、环境卫生等相关的疾病，如关节炎、腰腿痛、皮肤病等。因此，城市和农村在用药需求上会有所不同。

（2）医药产品种类差异　由于疾病类型的差异，城市和农村在用药种类上也存在一定的差异。城市居民可能需要更多针对心脑血管疾病、内分泌疾病等方面的药物；而农村居民则需要更多针对骨关节疾病、皮肤病等方面的药物。

（3）医药产品价格差异　由于经济条件的差异，城市和农村在医药产品价格选择上也存在一定差异。城市居民通常有较高的消费能力，可以承受较高价格的医药产品；而农村居民的消费能力相对较低，可能更倾向于选择价格较低的医药产品。因此，在医药产品供应上，需要考虑到城市和农村居民的经济条件，提供不同价位的医药产品供其选择。

（4）健康教育差异　城市和农村在健康教育方面也存在一定差异。城市居民通常有更多的健康知识来源，如医疗机构、网络等；而农村居民的健康知识来源相对较少。这会导致农村居民在用药方面存在一定的盲目性。因此，需要加强农村健康教育工作，提高农村居民的健康素养，引导其合理用药。

二、经济环境

（一）直接影响营销活动的经济环境因素

1. 消费者收入

（1）消费者收入　是指消费者个人从各种来源中所得的全部货币收入，包括消费者个人的工资、退休金、红利、租金、赠予等收入。消费者的购买力来自消费者的收入，但消费者并不是把全部收入都用来购买商品或劳务，购买力只是收入的一部分。

（2）个人可支配收入　是在个人收入中扣除税款和非税性负担（各类保险）后所剩的余额，是个人收入中可以用于消费支出或储蓄的部分，构成实际的购买力。

（3）个人可任意支配收入　是在个人可支配收入中减去用于维持个人与家庭生存不可缺少的费用（如房租、水电、食物、衣着等项开支）后的剩余部分。个人可任意支配收入是消费需求变化中最活跃的因素，也是企业开展营销活动时所要考虑的主要对象。因为这部分收入主要用于满足人们基本生活之外的开销，一般用于购买高档耐用消费品、旅游、储蓄等，是影响非生活必需品和服务销售的主要因素。

2. 消费者支出和消费结构　随着消费者收入的变化，消费者支出模式会发生相应的变化，进而影响到消费结构，经济学家常用恩格尔系数来反映这种变化。恩格尔系数是衡量一个国家、地区、城市、家庭生活水平高低的重要参数。一般而言，食物开支占总消费量的比重越大，恩格尔系数越高，生活水平越低；反之，食物开支所占比重越小，恩格尔系数越小，生活水平越高。

消费结构是指居民消费总额中各种不同类别的消费之间的比例关系。优化的消费结构不仅为优化产业结构和产品结构提供了客观依据，也是企业开展营销活动的重要基础。中国目前经济发展水平与发达国家相比还有一定差距，随着经济的进一步发展，以及国家在住房、医疗领域的制度改革，人们的消费模式和消费结构发生明显的变化。企业要重视这些变化，尤其应掌握拟进入的目标市场中支出模式和消费结构的情况，输送适销对路的产品和服务，以满足消费者不断变化的需求。

3. 消费者储蓄和信贷　消费者的购买力受储蓄的直接影响。储蓄目的会影响到潜在需求量和消费模式。这就要求企业营销人员在调查、了解储蓄动机与目的的基础上，制订不同的营销策略，为消费者提供有效的产品和服务。

消费者信贷对购买力的影响也很大，允许购买超过消费者现实购买力的商品。消费者信贷，指消费者凭信用先取得商品使用权，然后按期归还贷款，以购买商品。消费者信贷主要有：短期赊销、购买住宅分期付款、购买昂贵消费品分期付款、信用卡信贷、互联网消费信贷等。中国经济发展不断增速，消费信贷范围逐步扩大，从住房、汽车等昂贵产品分期付款，到信用卡、花呗、京东白条等日常型消费信贷，消费信贷模式也在不断进步升级，满足了人们更多的消费需求。

（二）间接影响营销活动的经济环境因素

1. 社会经济发展水平　企业的市场营销活动还要受到整个国家或地区的经济发展水平的制约。经济发展阶段不同，居民的收入不同，顾客对产品的需求也不一样，从而会在一定程度上影响企业的营销。如在经济发展水平比较高的地区，消费者更注重产品的款式、性能及特色，品质竞争多于价格竞争。而在经济发展水平比较低的地区，消费者往往更注重产品的功能及实用性，价格因素显得比产品品质更为重要。因此，对于不同经济发展水平的地区，企业应采取不同的市场营销策略。

2. 地区与行业发展状况　中国各地区经济发展很不平衡，逐步形成了东部、中部、西部三大地带和东高西低的发展格局。这种地区经济发展的不平衡，对企业的投资方向、目标市场以及营销战略的制订等都会造成巨大影响。例如，如果西部建立医药企业可能劳动力成本比较低，但将产品推向东部储运等费用增高。同时行业和部门发展由于政府支持程度等不同也有所不同。

3. 城市化程度　是指城市人口占全国总人口的百分比，它是一个国家或地区经济活动的重要特征之一。城市化是影响营销的环境因素之一，城乡居民之间存在着某种程度的经济和文化上的差别，进而导致不同的消费行为。城市居民一般受教育较多，思想较开放，容易接受新生事物，而农村居民的消费观念较为保守，故而一些新产品、新技术往往首先被城市所接受。医药企业在开展营销活动时，要充分注意消费行为的城乡差别，相应地调整营销策略。

三、社会文化环境

社会文化环境是指一个国家或地区的社会性质、教育水平、价值观念、伦理道德、风俗习惯、审美观和宗教信仰等的总和。医药企业的运营和发展不仅要关注自身的价值观和企业文化，还需要深入理解消费者的风俗习惯、宗教信仰和价值观等，这些因素对消费者的购买行为有着直接的影响。

1. 消费者风俗习惯　医药企业在市场营销和产品设计时，需要考虑到不同地区和文化背景下消费者的风俗习惯。这些习惯可能会影响消费者对医药产品的选择和使用方式。例如，一些地区可能有特定的自我诊疗习惯，或者对某些药物成分有特别的偏好或忌讳。

2. 消费者宗教信仰　宗教信仰对消费者的行为有着深远的影响，尤其是在医疗健康领域。因此，医药企业在市场推广时，应尊重并适应消费者的宗教信仰，避免冲突。

3. 消费者价值观　价值观是影响消费者购买决策的重要因素之一。不同的价值观会导致消费者在面对健康问题时有不同的处理方式和产品选择。

综上所述，医药企业在制订市场策略和产品开发时，需要综合考虑消费者的风俗习惯、宗教信仰和价值观，以及不同的购买行为类型，以便更好地满足市场需求，提供符合消费者期望的产品和服务。同时，企业还应关注社会物质条件和历史传统对消费者行为的影响，这些都是企业在进行市场分析和营销时不可忽视的重要因素。

四、自 然 环 境

自然环境是由水土、地域、气候等自然事物所形成的环境。我国土地辽阔，地形错综复杂，气候条件多种多样。不同地区的地形、土壤、气候等条件，形成了不同的道地药材。如河北、山东、山西以及内蒙古中部，主产党参、酸枣仁、柴胡、板蓝根和金银花，而在青藏高原地区，则主产冬虫夏草、雪莲花、炉贝母和麝香。独特的环境下，物种形成了自己的品质与生长、繁衍习性，而一旦环境改变，无论是人为变化还是自然本身的发展，必然迫使该物种做出适应性调整；如果该物种无法适应，最终必将遭受灭绝的厄运。

1. 资源依赖性　医药企业需要依赖自然资源，如植物提取物、矿物质等，这些资源的可持续性和质量直接影响到医药产品的生产和质量。企业需要关注资源的采集、加工和利用过程中的环境保护和可持续性，以确保资源的长期供应和生态平衡。

2. 环境影响　医药企业的生产活动可能会对环境造成影响，包括废水、废气的排放，以及固体废物的处理等。企业需要遵守相关的环保法规，采取有效措施减少对环境的负面影响，如通过清洁生产、节能减排等技术和管理手段。

3. 气候变化适应性　气候变化可能会影响医药企业的原材料供应、生产成本和市场需求。企业需要评估气候变化对业务的影响，并制订相应的适应策略，包括改进供应链管理、提高生产线的适应性、加强产品的研发以应对气候变化带来的挑战。

4. 生态保护与修复　在医药企业的生产和研发活动中，需要重视生态保护，尤其是在生物多样性丰富的地区开展活动时。企业应当参与或支持生态保护和修复项目，以补偿生产活动对生态环境的影响。

5. 社会责任与可持续发展　医药企业在自然环境中的行为不仅关系到企业自身的可持续发展，还关系到社会的健康发展和人民的福祉。企业需要承担社会责任，通过实施环境管理体系、开展环保教育和培训等措施，提升企业的环保意识和行动能力。

6. 环境风险管理　医药企业面临的环境风险包括自然灾害、环境污染事件等，这些风险可能会对企业的生产和声誉造成重大影响。企业需要建立环境风险管理体系，进行风险评估、制订应急预案，以减轻环境风险带来的影响。

通过上述分析，可以看到医药企业在自然环境中面临的发展机遇与挑战。在未来的发展中，医药企业需要不断适应自然环境的变化，加强环境保护和可持续发展，提高资源利用效率，以及加强环境风险管理和应对能力，以保持和提升在激烈的市场竞争中的核心竞争力。

五、科学技术环境

1. 科技创新的现状与趋势　医药行业作为技术密集型行业，科技创新是其发展的核心动力。当前，全球医药科技创新正朝着个性化医疗、精准医疗、生物技术药物等方向发展。我国在医药科技领域正逐步加大研发投入，鼓励创新药物的研发，以及新技术的应用，特别是在基因编辑、细胞治疗等前沿技术领域。

2. 科技政策与法规　科技政策对于医药企业的研究方向、研发投入及成果转化具有指导性作用。如我国推动的"创新驱动"战略，为医药科技创新提供了良好的政策环境。法规方面，包括《药品注册管理办法》《中华人民共和国知识产权法》《医疗器械临床试验质量管理规范》等，对医药企业的科技活动进行规范。

3. 科技成果转化　是医药企业科技创新链的重要环节。目前，我国正通过建立科技成果转化激励机制，提高科技成果的产业化水平。企业在科技成果转化过程中，面临着信息不对称、技术对接难度大等问题，需要通过产学研合作等方式加以解决。

4. 科技服务平台　对于医药企业科技创新具有支撑作用。当前，我国科技服务平台建设正逐步完善，提供从研发到市场推广的全链条服务。包括科技信息交流、技术咨询、技术孵化等服务平台，都在为医药企业提供着重要的支持。

5. 国际合作与竞争　在全球医药科技领域，国际合作日益紧密，同时竞争也日趋激烈。我国医药企业需要加强与国际先进科技资源的对接，提升国际竞争力。面对国际市场的挑战，企业需要持续加大研发投入，提高产品质量，以及加强知识产权保护。

6. 科技人才培养与引进　科技人才是医药科技创新的关键。我国正通过优化人才培养体系、加大人才引进力度等措施，为医药企业提供人才支持。企业应当建立与高校、研究机构的合作机制，通过联合培养、人才交流等方式，提升科技人才的综合素质。

通过上述分析，可以看到医药企业在科技环境中的发展机遇与挑战。在未来的发展中，医药企业需要不断适应科技环境的变化，加强科技创新，提高科技成果转化的效率，以及培养和吸引高水平的科技人才，以保持和提升在激烈的市场竞争中的核心竞争力。

> **链接** 人工智能在医药领域的应用

人工智能在医药领域有着广泛的应用，以下是一些主要的应用场景。

1. 说明书适老化改造　人工智能技术可用于药品说明书的适老化改造。许多老年人面临着阅读和理解药品说明书困难的问题，利用人工智能大语言模型，可以将药品说明书中专业术语和复杂表述转换为易于理解的语言，或抽取说明书中适合当前用药人的信息开展定制化说明；还可以将说明书文本转换为结构化信息，如成分、用法、副作用等，便于特定信息的快速查询。

2. 形式审查　人工智能技术在药品和医疗器械注册的形式审查中可以发挥辅助支撑作用。利用人工智能技术可以构建基于相关法律法规的大语言模型，实现对药品和医疗器械注册电子化申报材料的自动化智能审查，快速确定其材料的合规性，并对申报产品的研究数据进行分析和比对，初步辨析数据的真实性，并提供不符合项目的具体依据。

六、政治和法律环境

政治和法律环境是指在特定社会中影响和限制各个组织与个人的制度政策、法律法规、政府机构及公众团体等。政治和法律相互联系，共同对医药企业的市场营销活动产生影响。

（一）政治环境

政治环境指企业市场营销活动的外部政治形势和状况以及国家方针政策的变化对市场营销活动带来的或可能带来的影响。

1. 政治、经济体制　可能对医药企业营销等方面产生影响，如在市场经济体制确立后医药企业真正成为独立的市场主体，自主经营、自负盈亏。

2. 政府方针政策　各个国家在不同时期，根据需要制定经济发展的方针政策，这些方针、政策不仅要影响本国企业的营销活动，而且还要影响外国企业在本国市场的营销活动。例如，降低存款利率、营业税改增值税的税收政策，全面两孩的生育政策等。

医药行业直接与人们的生命健康相联系，是一种特殊的行业，所以政府对其进行的宏观指导和监管则更多、更严格。例如，新修订的《中华人民共和国药品管理法》实施后，明确提出要强化动态监管，药品监督管理部门随时对《药品生产质量管理规范》和《药品经营质量管理规范》等执行情况进行检查，对医药企业生产经营质量的监管更加严格。

3. 政治局势　是指医药企业营销所处国家或地区的政治稳定状况。一个国家的政局稳定与否会给企业营销活动带来重大的影响。如果政局稳定，人民安居乐业，就会给企业营造良好的营销环境。相反，政局不稳，社会矛盾尖锐，秩序混乱，不仅会影响经济发展和人民的购买力，而且对企业的营销也有重大影响。

在国际贸易中，不同的国家也会通过一些相应的政策来干预外国企业在本国的营销活动。例如，进口限制、税收政策、价格管制、外汇管制、国有化政策等。在不同的政治环境中经营，医药企业采用的策略有以下几方面。

第一，预见政府可能的行动，提早做出反应，主动争取政府的优惠条件。

第二，根据国家政策导向调整企业的经营战略，把握政策带来的发展机遇，谋求政府和企业的共同发展。

第三，分析现行政策，把握有利时机，拓展市场，回避不利因素，减少损失。

（二）法律环境

企业的法律环境是指对企业经营活动具有现实或潜在影响的法律和法规等。法律环境包括国家制定的法律、法规和法令等，这些因素既对企业经营活动具有限制性规定，又为保护企业合法权益、维护消费者利益、促进公平竞争、维持良好的企业运营环境提供有力的保障。企业作为经济社会中的"法人",处于由各式各样的法律、法规和条例构成的法规体系环境中,并受到法律的制约和保障。企业只有用好法律,才能保障自身的发展。

中国陆续制定和修订了诸多法律和法规,如《中华人民共和国药品管理法》《中华人民共和国反不正当竞争法》《中华人民共和国广告法》《中华人民共和国专利法》《中华人民共和国商标法》《中华人民共和国消费者权益保护法》《中华人民共和国产品质量法》《中华人民共和国食品安全法》等,完善了中国的经济立法,保障了经济活动的正常运行。关于医药产品生产和经营企业相关的法规、条例,有《中华人民共和国药品管理法实施条例》《药品注册管理办法》《药品进口管理办法》《医疗器械监督管理条例》等。

医药企业的法律意识,最终都会转化为一定的法律行为,并产生结果。因此,每个医药企业都必须面对法律环境,特别是医药企业的法人代表要有法治意识,运用法律依法治理企业。法律对医药企业的保护和制约不是孤立存在的,而是相辅相成的,一方面企业要遵纪守法树立良好的企业形象,另一方面法律保护企业合法经营活动以及企业的合法权益(商标权、专利权等)。

考点:医药市场营销宏观环境的内容

案例 2-3

按病组(diagnosis related groups,DRG)/按病种分值(big data diagnosis-intervention packet,DIP)付费制度是一种基于病种诊断相关分组的前瞻性付费方式。DRG 和 DIP 是两种主要的医疗支付模式,旨在通过改革医保支付方式,提高医疗服务质量和效率,控制医疗费用的不合理增长。

DRG 系统将住院患者按照其疾病诊断、治疗方式和其他相关临床因素进行分类,每一类患者具有相似的医疗资源消耗。这种系统的优势在于它激励医院提高服务效率并控制成本,因为超出预定支付标准的额外费用需要医院自行承担。

DIP 是基于大数据技术,通过对真实住院病例进行分析,将诊断与治疗方式进行随机组合形成病种组合,以此作为支付的基础。这种方法更侧重于利用大数据优势,实现更为精细化的费用控制和资源配置。

问题:DRG/DIP 付费制度的实施在控制费用、提升医疗服务效率的同时,会给医疗机构带来哪些挑战?

第 4 节 医药市场营销环境分析与对策

企业的宏观环境和微观环境都会对企业的营销活动产生重大影响,因此企业应该重视对环境的分析。常用的环境分析方法:SWOT 分析法。

一、SWOT 分析法

SWOT 分析法是一种综合考虑企业内部条件和外部环境的各种因素,进行系统评价,从而选择最佳经营战略的方法,其中的 S 是指企业的优势(strength),W 是指企业的劣势(weakness),O 是指企业外部环境的机会(opportunity),T 是指企业外部环境的威胁(threat)。

二、SWOT 分析法的主要步骤

(一)分析环境中的主要变量

1. 优势和劣势分析 企业的优势是指在执行策略、完成计划以及达到确立的目标时可以利用的微观营销环境和宏观营销环境。优势是一个整体的概念,企业在进行 SWOT 分析的时候,要把自己的优势资源进行分解,越细致越好,这样才能找到差异,强化竞争意识。劣势的分析同样要进行具体分解,企业的劣势是指人才、设备、资金和营销渠道方面的缺少或者缺陷。利用 SWOT 分析法分析优势和劣势的内容列举见表 2-1。

表 2-1　优势和劣势分析的内容举例

SW 项目	优势（S）	劣势（W）
内容	（1）有利的金融环境 （2）被广泛认可的市场地位 （3）成本优势 （4）优秀的产品质量 （5）良好的团队合作 （6）与供应方长期稳定的合作关系 （7）良好的企业形象 （8）良好的生产经营管理方法 （9）先进的技术设备 （10）完善的服务体系 （11）与经销商长期稳定的合作关系	（1）企业形象不良 （2）关键技术缺乏 （3）设备落后 （4）销售渠道不畅 （5）经营管理不善 （6）研究开发落后 （7）产品质量不高 （8）经营成本高 （9）优秀技术人才缺少

2. 机会与威胁分析　机会是市场营销环境变化给企业营销带来的有利条件和新的机会,威胁是市场营销环境变化给企业带来的不利局面和压力。机会与威胁不是固定不变的,是一对相对的概念,在一定条件下是可以相互转化的,二者是辩证关系。利用 SWOT 分析法分析机会和威胁的主要内容列举见表 2-2。

表 2-2　机会和威胁分析的内容举例

OT 项目	机会（O）	威胁（T）
内容	（1）市场增长迅速 （2）政策支持 （3）尚未出现真正的领袖品牌 （4）行业趋势好,市场空间大 （5）需求差异化增加 （6）资源充足	（1）市场增长缓慢 （2）不利的政府政策 （3）替代品销售上升 （4）国外资金抢夺市场份额 （5）竞争压力增大 （6）新的竞争者进入行业 （7）用户讨价还价能力增强 （8）消费者价格敏感性增强

（二）构造 SWOT 矩阵

将调查得出的各种环境因素根据轻重缓急或影响程度等排序方式,构造 SWOT 矩阵。在此过程中,将那些对企业发展有直接的、重要的、大量的、迫切的、久远的影响因素优先排列出来,而将那些间接的、次要的、少许的、不急的、短暂的影响因素排列在后面。这些因素一般通过建构一个 SWOT 分析表格,把优势、劣势与机会、威胁组合研究,再形成增长型、扭转型、多元化、防御型战略,如图 2-1 所示。SWOT 分析表格表明企业内部的优势和劣势与外部的机会和威胁的平衡程度。

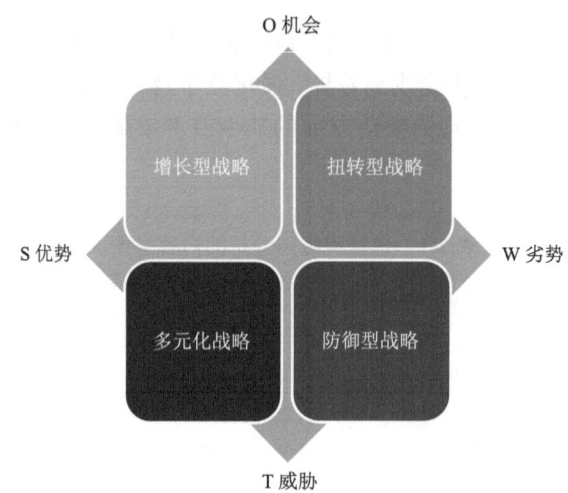

图 2-1 SWOT 分析战略选择的十字结构图

根据所在象限不同，企业战略可以分为以下几个方面。

1. 增长型战略（SO） 即依靠内部优势去抓住外部机会的战略。例如，一个资源雄厚的企业（具有内部优势）发现某一国际市场尚未饱和（存在外部机会），那么它就应该采取增长型战略去开拓这一市场。

2. 扭转型战略（WO） 即利用外部机会来弥补企业内部劣势的战略。例如，当市场上对于某项业务的需求快速增长的时候（外部机会），企业自身却缺乏这一方面的资源（内部劣势），企业就应该抓紧时机采取扭转型战略，购买相关设备、技术，雇用技术人员或者直接并购一个相关企业，以抓住这个机会。

3. 多元化战略（ST） 即利用企业的优势去避免或减轻外部威胁的打击，如在产品的多样化以及其他优势方面创造优势。

4. 防御型战略（WT） 即减少内部弱点同时避免外部威胁的战略。例如，一个资金不充裕（内在劣势），而市场对其产品的认知度又不高（外在威胁）的企业就应该采取防御型战略，稳扎稳打地强化企业管理，提高产品质量，稳定供应渠道，或者以联盟、合并的方式谋求长期的生存和发展。

考点：运用 SWOT 分析法分析营销环境

案例 2-4

某医药企业是一家专注于中成药生产和销售的企业，其主打产品之一是六味地黄丸。作为百年医药企业，其有自己的优势、劣势，也面临各种机会和威胁。

1. 优势（strength）

（1）品牌声誉 该企业作为一家历史悠久的中药企业，拥有良好的品牌形象和市场认知度。

（2）产品质量 企业注重产品质量控制，致力于提供高品质的中成药。

（3）研发能力 该企业不断投入研发，力求在中成药领域不断创新和改进。

（4）销售渠道 企业建立了广泛的销售网络，覆盖国内外多个地区和市场。

2. 劣势（weakness）

（1）市场竞争激烈 中成药行业竞争日益加剧，该企业需要不断提升竞争力。

（2）依赖传统渠道 虽然拥有广泛的销售网络，但过于依赖传统渠道可能会限制市场的拓展。

（3）创新能力待提升 在产品研发和创新方面，仍需加强与科研机构的合作和投入。

3. 机会（opportunity）

（1）市场需求增长 随着人们健康意识的提升，中成药市场需求持续增长。

（2）政策支持 政府对中医药产业的扶持政策可能为该企业提供更多发展机遇。

（3）国际市场拓展　随着"一带一路"倡议等国际合作政策的推进，有机会进一步开拓国际市场。

4. 威胁（threat）

（1）法规风险　药品行业面临严格的法规监管，政策变动会影响企业经营。

（2）原材料价格波动　中药材价格受多种因素影响，波动较大，可能影响成本控制。

（3）假冒伪劣产品　市场上存在的假冒伪劣产品可能损害品牌形象和市场份额。

问题：通过对该医药企业的SWOT分析，该企业如何制订相应的战略措施？

技 能 实 训

【实训主题】

医药企业SWOT分析法。

【实训的目的和要求】

掌握医药企业SWOT分析法，利用SWOT分析法判断企业的战略选择。培养分析问题、解决问题的能力。具备营销管理的技能。

【实训情景】

选择一家知名的医药企业，以该医药企业为背景，对其进行SWOT分析。

【实训步骤】

1. 选定一家知名的医药企业，查阅与其相关的资料。
2. 根据收集的资料，对其进行SWOT分析。
3. 结合分析结果，分析企业的战略选择。

目 标 检 测

一、名词解释

1. 医药市场营销环境　2. 公众　3. 愿望竞争者
4. SWOT分析法

二、单项选择题

1. 下列不属于微观环境因素的是（　　）

   A. 竞争者　B. 供应商　C. 顾客　D. 亚文化群

2. 以下哪项是医药市场营销环境最重要的微观环境，是企业服务的对象，也是企业的目标（　　）

   A. 供应商　B. 营销中介　C. 市场　D. 公众

3. 恩格尔系数越大，说明这个家庭或社会的生活水平相对（　　）

   A. 越高　B. 越低　C. 不变　D. 难以确定

4. 某一企业有完善的销售网络，由于受政策限制不允许经营某一类产品，那么企业就应该采取的经营战略是（　　）

   A. 多元化　B. 扭转　C. 增长　D. 防御

5. SWOT中的T代表的是（　　）

   A. 优势　B. 劣势　C. 机会　D. 威胁

6. SWOT中的W代表的是（　　）

   A. 优势　B. 劣势　C. 机会　D. 威胁

7. 既是消费需求变化中最活跃的因素，也是企业开展营销活动时所要考虑的主要对象的是（　　）

   A. 消费者收入　B. 个人可支配收入
   C. 个人可任意支配收入　D. 消费者储蓄偏好

8. 某一医药企业，拥有雄厚的资源，该企业发现某一国际市场尚未饱和，该企业适合采用的策略是（　　）

   A. 增长型　B. 扭转　C. 多元化　D. 防御型

9. 某一消费者去购买六味地黄丸，柜台内摆放的有仲景牌和同仁堂两种，则两者构成的竞争关系是（　　）

   A. 愿望竞争者　B. 普通竞争者
   C. 品牌竞争者　D. 形式竞争者

10. 旅游业、文化娱乐业为争取消费者而形成的竞争属于（　　）

    A. 愿望竞争者　B. 普通竞争者
    C. 品牌竞争者　D. 形式竞争者

三、简答题

1. 医药市场营销环境有哪些特点？
2. 基于SWOT分析法的战略选择有哪些？

（任灵梅）

第3章 医药消费者市场分析与决策

> **学习目标**
>
> **1. 知识目标** 掌握医药市场及医药消费者市场的概念，医药消费者市场行为分析和医药消费者购买行为决策过程。熟悉医药消费者市场的特征，影响医药消费者购买行为的因素。了解医药消费者市场未来趋势和需求动向。
>
> **2. 能力目标** 能够运用所学习的医药市场知识分析现实生活中影响消费者购买决策过程的各因素，树立以顾客为核心的现代市场营销理念，增强学生运用所学知识分析、解决现实问题的能力。
>
> **3. 素质目标** 培养学生良好的职业道德、人际沟通能力和工匠精神。

医药市场是医药企业进行生产和销售的起点和终点。对于医药企业而言，熟悉医药产品市场的特点，准确把握消费者购买行为，才能为企业生产、经营和管理提供有效信息，科学进行市场分析和决策，从而实现企业营销目标，并满足消费者的需求，取得良好的经济效益和社会效益。

医药市场按照购买者的性质和使用目的，可以分为医药消费者市场和医药组织市场。医药组织市场是指以某种组织为购买单位的购买者所构成的市场，购买目的是生产、销售、维持组织运作或履行组织职能，是由医药生产企业、医药商业企业、医药零售企业、各级各类医院和诊所、政府机构等所组成的组织市场。本章着重阐述医药消费者市场。

第1节 医药消费者市场的概念与特征

一、医药消费者市场的概念

医药消费者市场是指个人或家庭为了满足其维护健康、预防和治疗疾病等生活需要，而购买医药产品和接受相关服务所形成的市场。

医药消费者市场是医药营销的主要对象，它是为个人或家庭提供最后的直接消费医药产品的市场，也是医药组织者市场乃至整个医药经济活动为之服务的最终市场。随着社会经济的不断发展，消费者购买力的不断提高，以及整体文化素质和自我保健意识的提高，人们越来越讲究生命质量，这不仅从总量上扩大了医药市场的规模，而且消费者对医药产品的品种、质量、规格、疗效、购买途径等都提出了更新的要求。只有动态地研究分析医药消费者市场的需求特征，才有助于医药企业为医药消费者提供适销对路的医药产品，并采取正确的营销策略，把握住市场机会。

二、医药消费者市场的特征

（一）医药消费需求的单一性和多样性并存

由于医药产品属于特殊商品，只有当一个人产生了健康需求后，才会产生购买欲望，潜在消费者才会变为现实消费者，其诱导性相对于一般商品而言比较小。这就是医药产品消费需求的单一性，因而医药产品促销过程中的"诉求点"就不像一般商品那么丰富。

与此同时,从消费者个体来看,由于存在年龄、性别、职业、经济收入、民族传统、宗教信仰、风俗习惯、兴趣爱好、文化程度、身体状况等差异,不同消费者对同一类甚至是同一种医药产品的需求和关注点也有很大的不同,甚至同一消费者的消费需求也存在多元化的特征。这就要求医药企业充分认识到医药消费者的差异性,采取相应的营销策略,更好满足消费者的需要。从地理位置看,由于地区之间存在着气候条件、地形地貌、饮食文化等差异,不同地区的医药消费者需要的医药产品种类也会有较大的区别,如广东地区对祛湿泻火类产品的需求量较大;在江南地区,天气比较潮湿,治疗真菌感染的药品需求较高。从市场角度看,我国城乡经济发展不均衡,城市市场在医药产品种类、质量、价格、用药知识、观念与习惯等方面都与农村市场有比较大的差别,但由于城市市场竞争非常激烈,医药企业应该把开发农村市场视为医药经济中新的增长点。

(二)医药消费信息不对称,专业指导性强

信息不对称是指医疗服务提供者与患者在医疗专业的信息与知识方面,存在着极为悬殊的不对称情形。由于医药产品在使用过程中需要较多的医药方面的专业知识,而大多数医药消费者缺乏医药专业知识,医药消费者在进行医药的购买选择时没有自主决定权,一旦遇到身体不适就会倾向于向医生求助,然后由医生来决定医药产品的品种、数量和方式,或者容易受到执业药师、药店店员、医药广告等的影响,即使消费非处方药也是如此。针对医药消费者市场的这一特征,医药企业应该采取合适的营销策略,开展医药知识宣传教育和科学合理地指导消费者使用相关的医药产品。

(三)医药消费者市场需求是持续增长和不断变化的

随着国家经济的快速发展,人们的需求不再只是满足基本需求而已,更要求生活质量的提升以及充足完善的医疗保健服务。人口老龄化严重等社会因素的发展加速了医药市场消费需求的增长,因此国家加大了对民生健康产业的关注和投入,这也就使得医药消费需求在数量上和质量上都呈现出不断上升的趋势。人们对医药产品的需求开始由被动转向主动,呈现由低级向高级、由单一需求向多种需求发展的特点,并不断由潜在需求变成现实需求。因此,医药消费者对医药产品和医药市场服务的需求是随着商品经济的发展而不断发生变化的。例如,消费者对高级营养滋补品和防衰抗衰类产品的需求越来越旺盛。这就要求医药企业做好市场预测,不断开发出新的医药产品,使医药企业的发展与医药消费者市场需求的增长和变化相适应。

(四)医药消费者情绪易低落

医药消费者一般都是因为患有疾病或者对自身健康存在担忧的情绪从而选择购买医药产品,所以会产生低落消极的情绪。心理学认为,当个体感到自己不能主动进行选择,而要被动接受时极易出现低落的情绪状态。消费者行为学的研究表明,消费过程中短暂的心理状态会对购买行为产生影响,人们往往倾向于在高兴或悲伤时补偿自己,医药企业应该对医药消费者的这一特征予以重视。

(五)医药消费需求季节性波动明显

医药消费需求因季节的不同而不同,主要原因是不同季节会对人体产生不同的特殊影响,引发季节性疾病,从而导致用药需求呈现出明显的季节性,如夏季多用防暑药,冬季多用滋补药等。

(六)疾病谱改变

从20世纪初期以来,由于人口结构与流行病学的变迁,疾病的形态与医疗服务体系发生了相当大的改变。例如,过去的疾病形态是以急性传染病为主,如今已转变成以慢性病与意外伤害为主的形态;医疗服务体系过去是以急性传染病的预防与治疗为主,如今却转变成以慢性病的防治与寿命的延长为重点。因此疾病谱的改变也会引起消费者对医药产品的需求发生重大改变。与此同时,不同地区的疾病谱不同,导致消费者会选购使用相应的产品。因此医药企业应该重视并且关注疾病谱的改变,以生

产和销售相对应的医药产品从而更好地满足医药消费者的需求。

考点：医药消费者市场的概念和主要特征

案例 3-1

2006年4月，某药厂的"亮菌甲素注射液"事件波及多个省份，致多位患者死亡。事件被定性为一起不法商人销售假冒药用辅料，采购和质量检验人员严重违规操作，使假冒药用辅料制成假药投放市场进而致人死亡的恶性案件。2006年8月，某制药厂生产的"欣弗注射液"引起多人出现不良反应。在短短的几个月里，就连续发生两起震惊全国的药品安全质量事故，引起舆论哗然。

问题：作为一名医药从业者，应从上述的案例中汲取哪些教训？

第2节 医药消费者市场行为的分析

一、医药消费者市场购买者分析

医药产品的消费似乎是一个人的行为，但实际上有倡议者、影响者、决策者、购买者和使用者之分。医药企业必须分析特定医药产品的购买者情况，包括购买者的角色、主要患病种类、年龄、收入、职业、地区分布等情况，这是企业研究医药消费者市场的基础，只有找准消费者才能更有针对性地展开医药营销活动。

一般来说，购买决策过程中出现的角色主要有以下几种。

1. 倡议者 首先想到并提出要购买某种医药产品的人，一般是患者。

2. 影响者 对最终的购买决定有直接或间接影响的人，如医生、药店店员、广告代言人、家人、同事、朋友等。

3. 决策者 最终决定整个购买意向的人，如买不买，买什么，买多少，怎么买，什么时候买或到哪里买。

4. 购买者 购买行动的实际执行人。

5. 使用者 消费该医药产品或服务的人。

在许多产品的购买行为中，购买者、决策者和使用者是分离的。例如，儿童医药产品，使用者是儿童，但购买者和决策者往往是父母。医药产品的特点决定了购买者一般是成年人，他们对疾病的判断能力比较强，能够较为精准地判断疾病的类别及严重程度，具备一定的用药经验。研究购买主体的目的在于分析和找出消费行为中谁是购买的决策者，从而采取有针对性的广告宣传和销售服务，以此诱导影响消费者，促使购买行为的实现。

二、医药消费者市场购买对象分析

医药消费者市场的购买对象是医药产品，购买对象是购买决策最基本的内容。在研究医药消费者购买什么时，除了要回答企业目标顾客最想得到的产品和服务以确定企业的市场营销定位外，更重要的是市场营销人员要掌握企业目标市场中的消费者在购买医药产品时所关心的是什么、考虑的是什么、担心的又是什么等。企业在医药营销中应不断塑造企业品牌、降低医药产品成本和价格、提供完善的服务，做到向顾客销售药品本身的同时，还能给顾客带来其他附加利益。营销人员掌握了这些情况，就可使医药企业在市场营销中很好地把产品与消费者的需求结合起来，解决其根本问题，使需求得到充分满足。

三、医药消费者市场购买时间分析

由于医药产品的特殊性，消费者购买医药产品的时间是不确定的，一般是消费者什么时候生病什么时候购买医药产品，所以要预测某一个消费者何时购买医药产品是非常难的。但是从医药市场的总体来看，医药产品具有季节性需求规律。有时在医药营销过程中会因为某些疾病的发生具有时间上或季节上的规律性而产生旺淡季之分。因此掌握消费者在购买医药产品时可能存在的规律，如集中性、季节性、流行性、节日性、突发性，可以使医药企业在生产和经营上有一定的提前性，从而把握最佳的销售时机扩大医药产品的销量。

1. 集中性　是指购买医药的时间段。在医院附近的药店，医药消费者大多买处方药，比较集中的时间在上班时间，社区药店医药消费者大多买非处方药，比较集中的时间在上班前、下班后。

2. 季节性　是指消费者由于季节性疾病的原因，而集中在特定季节购买药品的现象。

3. 流行性　是指流行性疾病期间购买治疗或预防该流行性疾病医药产品的消费者会比较多。而一旦流行性疾病得到控制，这种需求就会急剧下降。

4. 节日性　是指医药消费者由于节庆生活方式突变的原因得了节日病，比较集中地购买特定医药产品的情况。

5. 突发性　是指由于医药消费者的疾病具有突发性，因而会不定时需要用药。对于单个消费者而言，购药的时间有时是不确定的，虽然消费者购药突发性实际上是没有规律的，但确保医药产品在急需时的可获得性不仅是医疗机构的责任，也是医药企业的责任。因此医药企业要对突发性医药产品需求进行有效的管理，确保医药产品有一定的储备量，以备不时之需。

四、医药消费者市场购买地点分析

购买地点是由距离远近、价格高低、可挑选的医药产品品种数量以及服务态度等多种因素决定的。在我国医药消费中最基本的购买地点有两个：一是医院（医疗机构），二是社会药店。表面上看是因为医药销售场所的不同，其实是因为医药种类的不同、国家的政策不同从而导致营销策略也不同，因而企业必须根据消费者购买地点的情况对生产经营医药产品的种类和数量进行调整。

医院销售的药品一般以处方药为主，由于需要专业知识做后盾，消费者自主消费的情况很少发生，大都服从医生的用药建议。消费者在购买药品时，品种、数量等除了由医生说了算外，还要受当地基本医疗保险目录的限制。因此医药企业所要做的工作主要有以下两方面：一方面力争使本产品进入医保目录；另一方面做好对医院和医生的推广宣传工作，从而达到扩大药品销售的目的。

对于非处方药（over-the-counter drug，OTC 药）而言，一般在零售药店进行销售。由于 OTC 药是消费者可以自主消费的药品，而且可以利用大众媒体进行广告宣传（处方药则不能在大众媒体上宣传，只可在药监局与卫生部门指定的专业媒体上宣传），所以药品品牌、知名度及广告效应对药品销售的作用就非常大。医药企业在开拓 OTC 药市场时，可以多采用一些普通消费品做市场的方法，通过广告宣传和企业公关行为，努力提高企业和产品的知名度和美誉度，同时还需要注意药品的外观、颜色、包装等是否具有较强的吸引力。除此之外药店所处的地理位置、药品柜台的布置、主要客源的状况、药店销售人员的服务态度和服务质量等都会对药品的销售产生直接的影响。医药零售企业应对消费者购买药品的地点做细致的研究，采取相应的营销对策：首先，是合理选择店址，一般应选择在人口聚集的居民区和商业密集区，方便医药消费者购药，同时扩大销售，降低企业经营成本；其次，药店要尽力使所经销的药品种类齐全、质量过关、价格合理，并努力做到店面环境整洁、药品陈列科学、服务上乘，吸引更多消费者在该药店购买药品；最后，消费者对药品价格的敏感度也会影响消费者的购买地点，如非常关注药品价格的消费者或者长期用药的消费者更愿意去平价药房进行消费或者采用网购的形式购买药品。因而医药企业必须根据消费者购买地点的实际情况对生产经营的药品的种类、价格或者数量进行相应的调整。

五、医药消费者市场购买方式分析

购买方式指的是消费者购买医药产品时的各种行为方式，如货币支付方式是采用现金支付还是移动支付，确定是店铺购买、邮购、代购还是网上订购等。由于购买者受职业、年龄、经济收入、受教育程度、个性、地点、时间等因素的影响，医药产品消费者在购买医药产品时的行为方式并不是完全一致的。

根据医药产品的特殊性以及医药购买行为的类型，消费者购买活动中一般目标明确，在购买数量上一般也很少受到促销活动的影响，在购买价格上一般会选择自己可接受的价格当场结算，在购买地点上一般会选择就近原则，慢性疾病患者可能会采用网购的形式进行买药等，医药企业可以根据消费者的购买方式进行有效的市场营销，进而满足不同消费者的需求，使医药企业的资源得到合理的分配和使用。

考点：医药消费者市场行为分析

第3节 医药消费者购买行为模式

医药卫生消费支出已成为中国居民的主要消费支出之一。这样庞大的市场已成为国内外医药企业相争夺的目标，谁能更加了解医药产品的消费者，就意味着谁能在这个市场上脱颖而出。

医药消费者购买行为与一般消费者购买行为都是消费者为满足自身需要而产生的行为活动，只是行为的目的与购买对象更为具体而已。尽管医药消费者的消费行为表现得千差万别，但其行为背后仍然有着某种规律。

研究消费者的购买行为主要围绕着"消费者买什么？为什么要买？在哪里买？由谁购买？如何购买？什么时候购买？"这六个问题来进行，这也是做好医药企业市场营销的前提和基础。可以通过对消费者实际购买行为的研究来回答上述几个问题，但购买行为中的"为什么"是最复杂也最难以回答的问题。人的行为往往是由心理活动所支配的，消费者的行为同样也是受自身心理活动所支配的。

医药市场营销学研究消费者市场的核心就是研究医药消费者的购买行为。医药消费者购买行为是指消费者为了满足自己的某种需求，在寻找、购买、使用及评估医药产品时所表现出的行为。在研究消费者购买行为的理论中，比较有影响力的是心理学的"刺激-反应"理论，也称S-R理论（图3-1），该理论指出人类的复杂行为可以分解成两部分：刺激，反应。人的行为是受到刺激的反应，刺激来自两个方面，身体内部的刺激和体外环境刺激，而反应总是随着刺激而呈现的。"刺激-反应"理论体现了消费者购买行为的发生过程，只有通过对行为的研究，才能了解消费者心理活动的过程，医药消费者行为也不例外。

该理论认为，由于个人因素的不同，每个消费者都有自己不同的、内在的需求和心理特质。消费者的潜在需求和心理特质，在相应情况下会直接或间接地受到外部刺激的影响。按照这个理论，从营销者角度出发，各个企业的许多市场营销活动，如调整产品价格、调整促销方式、调整销售地点和场所等，都可以被视作对购买者行为的刺激，称为"市场营销刺激"。营销刺激是企业有意安排的，对购买者而言属于外部环境刺激。除此之外，购买者还受到企业不可控制的宏观环境因素的外部刺激，如经济、技术、政治和文化刺激等。所有这些刺激经过一系列的心理活动，购买者产生具体反应：购买、拒绝或需要更多信息等。购买者一旦决定购买，其反应便通过购买选择表现出来，包括医药产品选择、品牌选择、购买时间选择、购买地点选择、经销商选择和购买数量选择等。

消费者购买行为的一般模式，是企业营销部门制订营销计划，扩大产品销售的依据。医药营销人员就是要探究外界刺激进入购买者意识领域后,一方面注意对消费者的特征进行分析,包括消费者社会、文化、经济、个人和心理特征,这会影响消费者对外界所受刺激的反应;另一方面注意消费者购买决策过程,这会导致购买者的各种选择,以便于企业自如地运用"刺激-反应"理论,向购买者进行适宜的"刺激",达到营销目的。

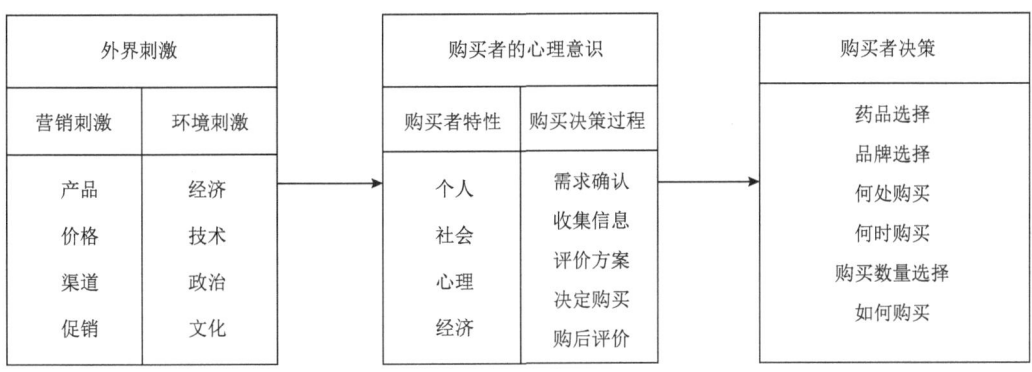

图 3-1 消费者购买行为模式

链接 分析消费者购买行为的三种理论分析模式

1. 经济学分析模式　根据自己个人愿望、有限的收入和获得的市场信息,购买那些能使自己得到最大效用的物品。该模式强调的是消费者购买的经济因素对购买行为的影响,但单纯的经济因素不能解释消费者行为的发生及变化。

2. 传统心理学模式　需求促使人们产生购买行为,而需求是由驱策力引起的。驱策力是一种内在的心理推动力,在"刺激物"的引导下,会形成一种购买行为。营销人员应将传统心理学模式应用于企业实践活动,尤其是有关促销策略、广告策略的制订。

3. 社会心理学模式　人的需求和行为都要受到社会群体的影响。营销人员应确定哪些人对哪些产品最具影响力,但也存在不完善的一面,因为消费者存在着个性差异。

以上三种模式代表了不同学科的研究者对消费者主要购买动机及行为的不同看法。由于产品的差异,不同模式可能在特定场合下显得更有意义。

第4节　影响医药消费者购买行为的因素

购买行为是指购买者寻找、购买、使用和评价用以满足其需要的产品所表现出的一切活动。消费者生活在纷繁复杂的社会之中,购买行为受到诸多因素的影响,只有透彻地了解影响医药消费者购买行为的因素,把握医药消费者购买行为,才能有效地开展市场营销活动。然而在实际营销活动中,真正了解和把握购买行为是很困难的。消费者因身体状况、性别、年龄、社会阶层、经济收入等方面的不同,在医药产品购买行为上存在着较大的差异,营销人员必须要分析影响医药消费者购买行为的因素。医药产品作为特殊商品,影响医药消费者购买行为的因素主要包括以下五个方面:文化因素、社会因素、个人因素、心理因素和经济因素。

一、文 化 因 素

文化、亚文化等文化因素对消费者具有广泛和深远的影响。研究文化因素,目的在于了解不同文化群的消费者购买行为,从而确定和制订相应的营销策略。

（一）文化

文化是人类在创造物质财富的过程中所积累的精神财富的总和，它包括知识、信念、艺术、法律、道德、风俗习惯等。文化因素是决定和影响消费者需求和购买行为的最基本因素，文化往往由学习所获得。因此，在同一社会文化环境中生活的人们，其思考问题的方式、风俗习惯、价值观念、行为准则都会比较类似。这种影响是如此自然，只有接触到不同文化观或风俗的人时，人们才意识到文化在默默地影响着自己的行为。例如，我国消费者受到传统中医药文化的影响，人们对中药大多持积极态度，很多人会认为中药毒副作用小，安全性高，可以从根本上治疗疾病，在预防和保健方面也有比较显著的作用。

文化价值观并不是一成不变的，会随着社会环境的不断变化而逐步调整。随着时代和科学的发展，健康观念深入人心，人们对健康的理解不再局限于"没有疾病就等于健康"，还提出了"亚健康"的概念。所以医药、预防、保健、健身、康复等产业茁壮发展，食用保健品、购置保健器材等成为城市居民消费行为的新热点。

（二）亚文化

亚文化又称小文化、集体文化或副文化，每一文化都包含着若干亚文化群体，亚文化能为其团体成员提供更为具体的认同感，特定的认同感和社会影响力将各成员联系在一起，使这一群体有特定的价值观念、生活格调与行为方式。一般主要有四种亚文化群体：民族群体、宗教群体、种族群体和地理区域群体。亚文化通过其特有的价值观、风俗习惯、象征符号和行为特点等因素影响秉持者的购买行为，医药消费行为也不例外。例如，我国56个民族都有自己独特的用药习惯，如藏医学、傣医学、蒙医学等都得到了较好的继承和发扬。各个民族的用药习惯都受到地理环境、生活方式的影响，当地的常见病、多发病，所使用的药物是以当地所产的植物、动物和矿物为主。这些民族传统药学之所以可以发展到今天，原因就在于良好疗效，培养出许多忠诚的消费者和支持者群体。我国北方或南方、乡村或城市、内地或沿海等不同地区，由于地理环境、生活习惯、饮食习惯、收入水平和经济发展水平的差异，人们往往具有不同的生活方式，从而对医药产品的需求有较大差别，这会直接影响他们的医药产品购买行为。

二、社 会 因 素

医药产品消费者是社会中的一员，生活在一定的社会环境中，其购买行为会不同程度地受到社会因素的影响。一个人的消费习惯和爱好并不是天生就有的，往往是在一定的社会里受别人的影响而逐渐形成的。社会因素是消费者购买行为的重要影响因素，主要包括家庭、社会角色和地位、相关群体等。

（一）家庭

家庭是以婚姻为基础，以血缘为纽带的社会组织的基本组成，也是消费行为中最基本的群体。家庭是每一个消费者接受影响最早、最多的外部环境，消费者的一些基本的价值观念、消费爱好、消费模式、风俗习惯都直接来自家庭。不同的家庭成员对购买医药产品具有不同的影响力，因此研究不同的家庭特点，了解家庭各成员对购买决策影响力的差异，对医药市场营销活动是十分重要的。关于家庭这一因素，营销专家曾提出以下两种理论：第一种是家庭生命周期理论，第二种是家庭权威中心点理论。

1. 家庭生命周期理论 营销专家根据家庭生命周期分析其购买力的高低和需求商品的差异。一般将家庭生命周期划分成7个阶段，如表3-1所示。

表 3-1　家庭生命周期阶段划分

1	2	3	4	5	6	7
独身	新婚	满巢Ⅰ	满巢Ⅱ	满巢Ⅲ	空巢	寡居
未结婚	无子女	最年幼子女<6岁	最年幼子女≥6岁	有子女自立	无子女在身边	单身老人

家庭生命周期各阶段消费者对医药产品的服务和需求是不同的。

（1）满巢Ⅰ阶段　这个阶段最年幼子女<6岁，家庭消费支出以养育后代为主，属于家庭用品采购的高峰期。儿童医药产品生产销售企业应该重视该阶段家庭的医药产品消费，本阶段年轻父母对年幼子女的爱护备至，加上经济条件普遍改善，因此只要医药产品效果好、作用快、副作用小、易于小孩服用，销售量就会增大，并且父母对儿童医药产品价格不是很敏感。此种情况下，儿童医药产品经营企业应该实施品牌营销战略，注重本企业医药产品的品牌宣传、包装优化、适宜的价格定位。

（2）空巢阶段　此阶段的特征是夫妇经济负担减轻具备追求享受生活的条件，也有时间来满足自己较高层次的消费需要。但随着年龄的增大，各种疾病随之而生，看病吃药成为常事。这一市场对于医药企业来说是最具吸引力的：一是各种形式的疾病的存在，为其提供许多商机；二是经济负担的减轻、经济条件的改善，消费者能够承受较多的医疗开支；三是追求生活质量和保健意识的增强，消费者愿意进行各种医药产品、保健用品及名贵中药材等消费。这种不得不买、买得起、愿意买的市场特征，往往使得相应的医药产品营销工作要容易得多。在这种情况下，医药企业需要做的是深入研究中老年消费者的心理、爱好、消费观念等，制订行之有效的营销策略。

（3）寡居阶段　本阶段的特征是老人年龄比较大，各种疾病处于高发期，对医药、保健用品的需求比较强烈。该阶段的老人一般需要子女照顾，子女对老人的医药消费决策往往会产生巨大的影响，所以医药企业针对该阶段的营销工作对象是其子女。

> **链接**　路生梅：人民需要我我就一直干下去
>
> 1968年12月，24岁的路生梅从北京第二医学院毕业后，响应国家"到祖国最艰苦最需要的地方去"的号召来到陕北佳县。路生梅下定决心改变这里落后的医疗条件和观念，并许下承诺："普及新法接生、改变落后的医疗条件、为佳县人民服务50年。"一句诺言，一生守护。53年来，她说到做到，多次放弃返京机会，她秉持少花钱治大病、不花钱能治病的原则，坚持不滥用抗生素、激素，以医者仁心守护佳县百姓生命健康。退休后的22年里，路生梅义诊的患者超过15万人次。带动身边更多人参与公益活动。2021年3月，获得2020年度全国三八红旗手荣誉称号。2021年8月，荣获"最美医生"荣誉称号。

2. 家庭权威中心点理论　由于各个家庭的情况不同，家庭权威就会呈现不同的结果，社会学家把家庭权威的情况分为以下四种类型。

（1）各自做主型　指每个家庭成员对自己所需的商品可独立做出购买决策。这类家庭属于开放型，一般文化层次较高，收入较为宽裕。

（2）丈夫支配型　指家庭购买决策权掌握在丈夫手中。这类家庭属于中国传统的家庭形式，农村家庭的大部分属此类家庭。这类家庭一般文化水平相对较低，家庭主要经济收入靠丈夫提供，也有少数情况是因丈夫料理家务，有比较丰富的购买决策经验。

（3）妻子支配型　指家庭购买决策权掌握在妻子手中。这种家庭类型形成的原因比较多，要么是家庭主要经济收入靠妻子提供，或是由于丈夫忙于工作或其他事务，家庭事务绝大部分由妻子来承担，或是由于妻子精明能干，有丰富的购买经验和较强的决策能力。

（4）共同支配型　指大部分购买决策由家庭成员协商决定。家庭权威中心点会随着社会政治经济状况的变化而变化，随着社会教育水平的提高以及妇女就业增多，妻子在购买决策中所起的作用越来越大。许多家庭由之前丈夫支配型转变为妻子支配型或共同支配型,营销人员应较好地利用该理论,以便更好地开展营销活动完成营销目标。

(二)社会角色和地位

社会角色是指一个人在不同场合中的身份。每个人一生都会参与许多群体,如家庭、社会和各种组织机构等。一个人在不同群体中的位置可由角色来确定,而一个人在各种群体中的角色会直接影响着他的购买行为。例如,一位中年男人,对其父母来说,他是儿子;对其妻子与孩子来说,他是丈夫和父亲;对其公司来说他是员工。角色的不同将在某种程度上影响一个人的购买行为。

社会地位决定个人在社会中的位置,人们总是选择那些能够代表他们地位的产品。不同的角色和地位,会有相应的消费行为方式,一个人在各种群体中的角色和地位直接影响他们的购买行为。例如,社会地位高的人群就诊时会选择最好的医疗机构、最好的医生和最好的医药产品,以求尽快恢复健康。而社会地位低的人们,就诊时会优先选择基层医疗机构、普通医生和廉价的医药产品,对价格十分敏感。消费者的购买行为会随着社会地位的变化而发生显著的变化。

(三)相关群体

相关群体指的是消费者在日常的学习、工作、生活、社交中建立起来的相对稳定的各种社会联系,如朋友、同学、同事、邻居等。人们在生活中的各种行为,无时无刻不受到各种相关群体的影响,不过关系不同其影响程度也不同。研究相关群体对消费行为的影响,对于企业的营销活动是十分重要的,因为人们在需求上有很强的模仿性和可诱导性,在购买上经常体现为从众行为。

按照与消费者关系的密切程度,相关群体有三种基本形式。

1. 主要群体 是接触频繁并面对面地直接受到影响的非正式群体,如家庭、朋友、邻居与同事等。主要群体对消费者的购买行为影响最大,消费者在购买商品前,往往要征求主要群体的意见,购买商品后,往往又要听取主要群体对其购买决定的评价。

2. 次要群体 是接触较少却间接受其影响的正式群体,如社会团体、宗教、职业和贸易协会等。次要群体与消费者个人的接触不频繁,很少有影响。

3. 崇拜群体 是具有共同兴趣的非正式群体,如电影明星、体育明星的崇拜者和追随者。医药产品是受相关群体影响程度较深的消费品,医药消费的影响者主要包括医生、执业药师、药店店员、亲友、病友等。当然医药产品广告的影响也不容忽视,如"999感冒灵""慢严舒柠"等药品广告让人记忆深刻。医药企业在市场营销过程中必须充分重视消费者的相关群体对其购买行为的影响力,在遵循医药道德的前提下,对这些影响者做有针对性的营销活动,重视医药产品广告的名人效应,建立顾客满意度调查体系等。在制订生产和营销策略时,要选择同顾客关系最密切、传递信息最迅速、影响力最大的相关群体,了解其消费心理与爱好,做好产品促销工作,以便提高企业和产品的知名度,扩大产品销售,同时也要注意避免由于相关群体定位不当而造成负面效果。

三、个 人 因 素

消费者的购买行为以及购买决策会受到个人因素的影响,这些个人因素主要包括:年龄、性别、职业、经济状况、生活方式等。

(一)年龄、性别

不同年龄层、不同性别消费者由于生理条件、健康状况和对健康关注程度的不同,对医药产品和医疗服务的消费需求和购买方式都有比较大的差别。

从年龄上来看,不同年龄层的需求是不同的。学龄前儿童对医药产品选择几乎无自主性,其父母对于医药产品的选择会考虑儿童的喜好,如儿童医药产品的口味和用药形式,医药产品的疗效与毒副作用。由于购买决策者是家长,所以医药企业在进行生产和经营活动时更加关注家长购买医药产品诉求。青少年和青年在购买产品时表现出追求自我、追求时尚等特点,在医药产品的消费上,往往会对减肥、美容等产品产生兴趣。中年群体开始出现慢性病等健康问题,对于医药产品购买注重疗效与医药产品安全性,通常不太容易受外界营销刺激的影响,一般属于理智型购买。老年群体在进行医药消费时具有保守性,喜爱便宜产品,习惯型购买行为明显,同时对延年益寿等保健食品比较感兴趣,对于医药产品的促销活动十分敏感。

从性别上来看,男性和女性在消费时有很大的区别,从消费欲望来看男性不如女性的强烈,从购买量来看女性往往要大于男性,对于时尚的关注度女性往往大于男性。随着女性独立性和自主性的提高,她们在家庭和社会中的购买决策权也在增加,这就要求医药企业在进行营销活动时更关注女性购买特点,重视女性市场。

(二)职业

个人医药消费需求受职业的影响也比较大,一般来说同种职业的人往往有相似的医药产品需求,特别是易患职业病的群体。一般来说,营销人员应当分析哪些职业容易患有职业病,对这部分人群进行针对性营销,让此类消费者对自己的医药产品或服务感兴趣。

(三)经济状况

经济状况包括收入、储蓄、资产、债务、借贷能力以及对待消费与储蓄的态度等,它是一个制约消费行为的基本因素,在很大程度上决定了消费者的消费能力。一般来说,高收入者在购买医药产品时会比较少关注医药产品价格,并通常会消费贵药、新药,对此类产品的购买意愿强烈。低收入者在购买医药产品时就非常关注医药产品价格,一旦医药产品支出超过了家庭的承受能力,尽管事关自己的健康和生命,他们也没能力购买想要的医药产品。因此,医药企业对于那些受经济状况影响较大的医药产品,要对消费者收入及储蓄等的变化趋势保持密切关注,研究不同行业、不同地区、不同时期、不同阶层的经济状况,当目标消费者的经济状况发生较大的变化时,应采取相应的措施,对产品进行价格调整、重新设计、定位,以便继续吸引目标消费者。

(四)生活方式

生活方式指人们在生活中所表现的兴趣、观念及参加的活动等。由于社会生活的复杂化,人们的生活方式也千差万别。即使是相同的社会地位,甚至是相同的职业,也可能具有不同的生活方式。不同的生活方式,会有不同的需求特征和购买行为。生活方式与健康之间存在密切的联系。健康的生活方式可以预防和减少疾病的发生,提高生活质量,延长寿命。而不健康的生活方式则是导致多种疾病的主要原因之一。人们应该选择健康的生活方式,预防疾病的发生,而不是生病了再医治。

四、心理因素

消费者的心理因素是消费者满足需要的思想意识,它支配着消费者的购买行为。影响医药消费者购买行为的心理因素主要有需要、动机、认知、学习、态度等。

(一)需要、动机

需要是一种个体感到尚未满足的状态在人脑中的反映。人在一生中不同阶段具有许多不同的需要,既有生理的需要也有心理需要。大部分需要在一定时间内并不会达到促使个体采取行动的程度,只有当这种需要达到足够强度时,这种需要才会变成动机。动机是一种升华到足够强度的需要,它能够及时引导人们去探求满足需要的目标。在考虑医药产品消费的特殊性后,一般产品的消费者购买动机分析也完全适用于医药消费者购买动机分析。因此,营销者必须善于发掘消费者的需要,设置某些刺激物，激发足以引起消费者行为的购买动机。

心理学家曾提出许多人类需要、动机和激励相关的理论研究，其中最著名的是由美国心理学家马斯洛在《人类激励理论》论文中提出的需要层次理论，该理论为营销人员研究消费者需求结构、购买动机和制订营销策略提供了基本的理论依据。该理论认为，人是有欲望的动物，需要什么取决于已经有了什么，只有尚未被满足的需要才影响人的行为。人的需要是以层次的形式出现的，按其重要程度的大小，由低级需要逐级向上发展到高级需要。依次为生理需要、安全需要、社会需要、尊重需要和自我实现需要，如图 3-2 所示。只有低层次需要被满足后，较高层次的需要才会出现并要求得到满足，与此同时较高层次的需要反过来又会影响和制约较低层次需要的满足方式。消费者为了治疗或预防疾病而购买医药产品的目的是保持身体健康，按照马斯洛的需要层次理论，医药产品需要是属于安全需要。

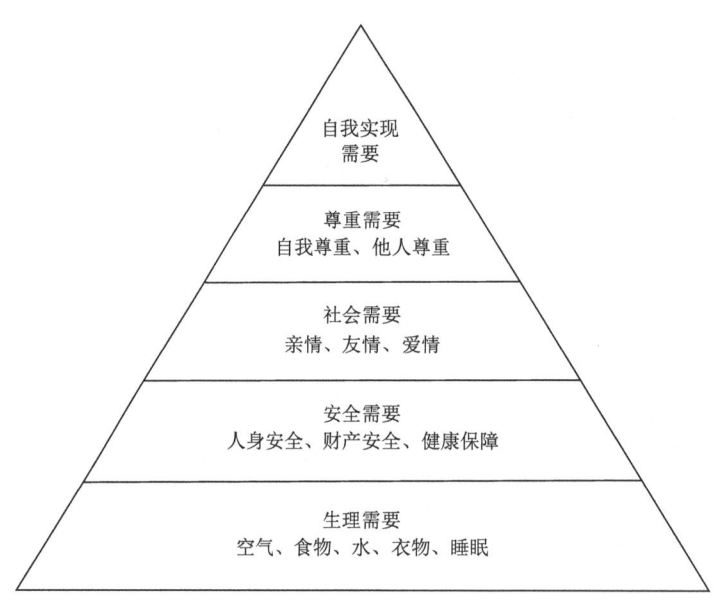

图 3-2 马斯洛需要层次理论

（二）认知

认知是指消费者对产品或服务的感觉、知觉、记忆与思维的总和。

感觉是指人利用眼、耳、鼻、舌、身等感觉器官，接受产品的色、声、香、味、形等刺激而引发的内在反应。患者在购买医药产品前，往往对医药产品的印象只停留在功能主治上，对于同质化强的医药产品，为了吸引消费者眼球，医药企业需要在外观上保持一定的视觉形象，可以让患者在购买现场产生对该医药产品品牌联想，促进同品牌医药产品的销售。

知觉是指人们通过感觉器官对产品整体的认识。通过知觉，人们才对事物有一个完整的映像。知觉是感觉的延伸，受到各种主观、客观因素的影响，包括顾客自身的兴趣爱好、个性、对品牌的偏爱及自我形象；产品形象、企业形象及其吸引力；广告宣传、销售人员的销售行为等。

记忆是指人们对过去经历过的事物在大脑中的储存并在一定条件下显现出来的能力。重复是促销活动的一个关键因素，能强化消费者的记忆，一般情况下，较长时间周期重复播放医药产品广告有助于消费者对该医药产品留下深刻印象。例如，脑白金的广告就通过反复播放达到了记忆的效果，在消费者脑海中留下了相对永久的印象，一提起脑白金大家甚至可以说出它的广告语。

思维是指人们对事物一般属性及其内在联系的间接的概括反映。优秀的营销人员应该要有敏锐的思维，随时洞察顾客的心理活动，利用品牌形象、面对面交流等机会，引发消费者对医药产品的关心与注意，激发其需要和动机，促成其购买行为。

（三）学习

人类有些行为是与生俱来的，但大多数行为是通过后天学习而来的。学习是指人们经过实践和经历获得并能够对行为产生相对永久性改变的过程。按照"刺激-反应"理论，人类的学习过程是包括驱动力、刺激物、提示、反应和强化等一系列因素相互作用的过程。简单重复或同义重复是广告策略中最常用的方法，一般情况下，为了加强学习效果，广告采用较长时间周期重复播放要比集中在一小段时期播放更好一些。

（四）态度

态度是人们对某一事物的喜爱或厌恶的情绪表现。态度的形成是经验累积的结果，而且具有持久性和行动性特点。态度是后天学习获得的，当一个产品满足了消费者的需求，对这一产品产生的积极态度就强化了。反之，则形成消极的态度。消费者对某种医药产品或服务的态度是学习而来的，文化、社会阶层、相关群体、后天经验等因素都对态度产生影响。一般来说，消费者的态度主要来源于三个方面：一是实际使用医药产品后的亲身体验，如患者服用几种医药产品后，哪些有效、哪些作用不明显就一清二楚了，然后就会对这些医药产品形成积极或者消极的态度；二是相关群体的影响，除了医生的作用外，日常生活中关系密切的相关群体也会对当事人产生影响；三是媒体、广告的宣传作用，它对医药产品消费者的影响也越来越大。

态度能够帮助消费者选择购买目标，影响购买决策。医药企业如何使得购买者的态度倾向于其产品，做法主要有两种：第一种是保持或改变消费者对其他产品的原有态度，使其转向对企业有利的方面；第二种是先了解消费者对某些产品的倾向性后再生产出投其所好的产品。第一种做法是非常困难的，企业应倾向于第二种做法，改变产品款式、包装，改进剂型，使其符合消费者的需求。

五、经济因素

经济因素影响医药消费者购买行为主要有两个方面：一是医药产品质量与价格的统一，二是医药产品的质量与医药消费者收入的关系。

（一）医药产品质量与价格的统一

医药企业在经营活动中尽量做到医药产品的价格与质量相符，即医药产品价值和其使用价值统一。产品功能与价格的关系，一般表现为高质量、高价格的医药产品销量会比较好。因此，从质量和价格统一来看，一方面是重视质量，另一方面是重视定价，力求做到价格与质量相统一。

（二）医药产品质量与医药消费者收入的关系

医药企业为医药产品进行定价时必须考虑医药产品的价格是否能被目标消费者接受，这也是市场营销中应当重视的问题。即使医药产品价格和医药产品质量之间的关系处理得较好，可以做到质价相符，但若不能被目标消费者接受，仍不可能取得良好的营销效果。价格的高低不是绝对的，而是相对于目标市场的营销环境而言的，所以医药企业必须结合市场营销环境进行价格的制定，从而达到较好的营销效果。

考点：影响消费者购买行为的主要因素

第5节　医药消费者购买行为类型

由于医药产品的特殊性，医药消费者与普通消费者之间有很大的差别，其购买行为表现出独特之处。这种差别来源于医药产品消费的主体是患者，而患者对医药产品的需要不是可有可无的，如果不能及时使用医药产品，极有可能造成严重的后果，甚至是殃及生命。同时，患者不可能有足够的时间来寻找相关的决策信息，他们不得不在有限的时间里面做出后果难料的决策，选择他们知之甚少的医药产品。

不同医药消费者购买过程的复杂程度不同，究其原因，是受诸多因素影响。购买行为类型按医药消费者的参与程度以及购买态度等划分为不同的类型。

一、根据购买者的介入程度和产品品牌差异程度划分

（一）复杂的购买行为

当消费者购买价格较高、偶尔购买、有风险的且有特别意义的商品时，消费者对不同品牌的商品需要进行大量学习，广泛了解产品性能、特点，从而对产品产生某种看法，最后决定是否购买。消费者在复杂的购买行为中，经历大量的信息收集、全面的医药产品评估、慎重的购买决策和认真的购后评价等各个阶段。对于这种复杂购买行为，医药产品营销者应想方设法帮助消费者及时全面地了解医药产品知识、医药产品优势及同类产品的情况，以及给购买者带来的利益，从而影响购买者的最终决策。另外医药公司还可以实行灵活的定价策略，聘请专业知识丰富的医药产品销售人员进行产品的推销，提供较好的售后跟踪服务，简化消费者的购买过程，增强消费者对企业信任度。

（二）习惯的购买行为

当消费者购买价格低廉、经常购买、品牌差异化小的商品时，消费者不需要花时间进行选择，也不需要经过收集信息、比较评价等复杂过程。消费者只是通过被动学习来接收信息，而后产生购买行为。消费者有可能做出评价，也可能不做出评价。慢性病患者长期服用医药产品的购买行为一般是属于习惯型购买。对于习惯型购买行为，医药产品营销者可以用价格优惠、产品改良、在人流量大的地方设置销售网点、独特包装、电视广告等方式增加产品的销量。

（三）寻求多样化的购买行为

当消费者面对那些产品品牌差异明显、功能相近、购买风险较小的产品时，不愿意花较长时间来选择和评价，而是通过不断变换所购商品的品牌的购买行为称为寻求多样化的购买行为。此类消费者多为喜好新鲜感而寻求产品的多样化，并不一定是对之前购买的产品不满意。针对此类购买行为类型，医药企业可以采用多品牌策略，设置多种品牌供消费者选购，医药产品营销者可采用销售促进和占据有利货架位置等办法，保障医药产品供应，刺激消费者购买。

（四）减少失调的购买行为

当消费者面对那些产品品牌差异不大、购买价格高、不经常购买且购买时又有一定的风险的商品时，消费者一般通过产品、价格、便利性等方面的比较实施购买行为。消费者购买商品时因为觉得品牌差异小从而比较快速做出购买决定，但是购买后，有时会产生一些不协调或不够满意的感觉，此类消费者为了寻求心理平衡会在后续产品使用过程中，通过了解更多的商品信息、寻求种种理由来减轻或化解这种不协调的感觉，以证明自己的购买决策是正确的。对于这种购买行为类型，医药产品营销者应注意运用价格策略和人员推销策略，选择最佳销售地点，并且通过良好的服务和企业形象来引导消费者产生正面的联想，使其在购买后相信自己购买决策的正确性。

二、根据消费者的购买态度划分

（一）习惯型购买

习惯型购买的消费者具备一定的医药产品常识，或属于久病成医者，大多数忠诚于一种或数种老

牌、名牌产品，习惯于购买自己熟悉的医药产品，不轻易改换品牌。他们对新产品不敢贸然做出购买决定，属于保守型的购买者，较少受广告宣传影响。营销者针对这种类型的购买者应该以优惠的价格、有力的宣传、良好的质量来扩大产品的影响力，使其成为习惯购买对象。

（二）经济型购买

经济型购买的消费者由于经济资源的限制，因而对价格非常敏感，物美价廉的医药产品对他们最具吸引力。营销者针对此类消费者，注意推荐低价且疗效好的医药产品，从而满足此类消费者的购药需求。

（三）理智型购买

理智型购买的消费者对所购买医药产品持保守慎重的心态，在购买之前事先都经过较为周密的考虑和反复地比较，所以在购买时早已做出决策，购买意向清晰，或者是具备相应的医学或者药学专业知识，因而不会草率做出购买行为。营销者针对此类消费者不应过多推荐医药产品，以免引起此类消费者的反感。

（四）盲目型购买

盲目型购买的消费者属于缺乏药学知识与医药常识，容易受医药产品广告、医药产品的包装和销售人员影响而冲动地购买医药产品，在减肥产品市场和保健品市场中盲目型消费者很多。营销者针对此类消费者应采取临时降价、现场展示、商品展销会等销售策略吸引顾客的盲目购买。

（五）想象型购买

想象型购买的消费者往往以丰富的想象力来联想和衡量医药产品的意义，对医药产品的外观、包装、造型、颜色和命名都较为重视。营销者针对此类购买者应该尽可能地注重医药产品的包装、造型、颜色、命名和医药产品柜台的陈列等，并且提供适当的推荐服务以满足此类消费者的需求。

（六）躲闪型购买

躲闪型购买的消费者由于患有一些难以启齿或者隐私性疾病，为顾及家人和工作单位的影响，经常到小的私人诊所就医或者到药店选择医药产品，常常会因误诊或者滥用药物而耽误病情，他们在购买医药产品时经常是有躲闪、不安等不自在的行为。营销者针对此类消费者，不要对其有过多的询问或者特别的关注，否则会令其不适甚至是吓跑顾客，营销人员应该要令此类顾客放松，适当关心并且引导其购买医药产品即可。

第6节　医药消费者购买决策过程

医药消费者购买决策过程指的是消费者在特定心理驱动下，按照一定程序发生的购买心理和购买行为的过程。医药消费者购买决策是指患者或医生谨慎地评价多个备选医药产品的属性，并进行理性的选择。与普通商品相比，医药消费者会十分关注产品属性，而较少关注购买时的感受、情绪和环境，是一种较普通商品更为理性的决策行为。医药消费者在购买决策时，会遵循一定的基本程序，这个基本购买决策过程为：需求确认、收集信息、评价方案、决定购买和购后评价，如图3-3所示。

图 3-3　消费者购买决策过程

一、需求确认

需求确认是指消费者确认自己的消费意向，是整个购买过程的起点。医药消费者认知需求产生的原因主要有两点：一是身体健康状况出现问题，如肠胃不适患者感到身体不适，此时患者实际健康状态比理想健康状态要差，表明健康出现了问题；二是身体健康状态本身没变化，但是受到外部刺激如流行趋势、健康讲座、相关群体的影响对其理想健康要求提高了，如购买保健、养颜、瘦身等产品的需要。

对于医药营销人员而言，其首要的任务就是要知道医药消费者需要什么样的医药产品或服务。消费者对医药产品产生需要源于多种原因，所以研究医药消费者的需求就变成了医药营销人员的必修课。一般认为医药消费者购买医药产品，都是为了满足某种需求或解决某种问题，多源于以下三种情况。

（一）突发性需要

发生疾病后对医药产品产生突发的需要，这是医药市场最常见的购买行为。对于消费者来说疾病的发生一般情况下都是没有规律的，所以对医药产品的需要通常不具备预见性和预期性。对于医药市场的常见的突发性购买行为，受医生及有关专家的影响较大。企业需要在平时做好产品的宣传工作，尤其需要通过医疗专家的强大影响力来影响消费者。

（二）经常性需要

由于某些慢性病引起的经常购买医药产品行为。这类消费者对某类医药品牌、效能、价格都非常熟悉，由于经常需求、购买、服用，所以一般在购买的过程中不需花时间考虑。对于经常性购买行为，医药营销人员不仅要确保医药产品优良的产品质量、合理的价格、稳定的医药产品供应渠道及良好的售后服务，还必须通过不同的方式不断地对消费者进行强化和吸引。

（三）无意识需要

无意识需要即潜在的需求。无意识需要主要有以下两种情况：一是患者本身已经存在某种病症，但由于一些原因没有发现，一旦发现就产生了用药需求；二是某种新药的宣传力度不够，消费者不知道这种医药产品的存在，所以也就没有购买医药产品的需要。针对这类情况，医药企业需要做的工作首先是增强消费者的健康卫生意识，珍惜生命，其次是进行合理的广告宣传，提高产品知名度，使无意识的需要变成现实的需要。

医药营销人员只有关注医药消费者需求相关的问题，才能引导和干预其需求认知过程，并实现医药产品的销售。这需要营销者从以下两个方面做出努力：一方面营销人员要努力发现医药消费者的需求，制订针对性强的销售策略；另一方面是要对医药消费者的需求做出积极回应。当医药消费者意识到健康问题的时候，他们会主动寻求解决健康问题的办法，营销者如果能对这些需求做出积极、有效的回应，将十分有利于医药产品销售。例如，增强消费者健康卫生意识、免费为消费者体检，帮助消费者发现对医药产品的需求，并将此需求上升到对本企业医药产品的具体需求这个层次。

二、收集信息

在确认了需求之后，消费者要收集能满足他们需要的各种可供选择的相关信息。信息收集可以从内部或外部以及内外部同时产生。内部信息收集是回忆记忆中原有信息的过程，这种信息在很大程度上是来源于消费者以前购买某产品的经验。外部信息收集是从外部的环境中收集信息的过程。其中又分为非营销控制和营销控制的信息源。非营销控制信息源与营销人员对产品的促销无关。消费者收集信息的积极性与消费者对医药产品需求的强烈程度密切相关，需求越强烈收集信息的积极性就越高。消费者收集的信息量取决于其购买情况的复杂程度，购买情况越复杂，需要收集的信息量就越大。

医药消费者收集信息的来源主要有以下四种：①个人来源，家庭成员、朋友、同事、邻居等；②商业来源，广告、推销人员、互联网、零售机构、医药产品包装、医药产品说明书、医药产品展销会等；③公共来源，大众媒体宣传报道、医药专业人士推荐、科普教育、健康讲座等；④经验来源，自己使用的经验、家庭成员使用的经验等。

一般情况下，消费者认为可信度最高的是自己使用的经验和个人来源。消费者获取信息最多的是商业来源和公共来源，这也是企业有可能支配的来源。一个医生通常从公共来源获知上市的新药，然而决定是否临床使用则主要借助于其他医生对该药的评价。消费者在购买非处方医药产品时，由于缺乏相应的专业知识，在医院、诊所或零售药店购药时，医生或专业药师对消费者购买医药产品种类和数量具有重要的作用。消费者也有可能向其他有经验的人员咨询有关产品品牌、价格、性能等的有关资料。对于非处方医药产品的购买，零售药店和企业医药产品广告宣传对非处方医药产品市场具有很大的影响。

随着医药产品信息获得的来源增多，消费者对医药产品的知识不断增加，这些信息会帮助他们做出决定。因此医药营销者应该结合消费者的行为特点，谨慎识别消费者的信息来源并权衡各种信息的重要性，灵活整合各种信息来源并据此制订合适的营销策略，向消费者传递有效信息，突出本企业医药产品的特色，促使消费者选购本企业医药产品。

三、评价方案

医药消费者通过对收集到的信息进行整理分析、比较与评价，按照一定的标准对各医药产品的属性做出价值判断，并结合自己的实际情况，最大限度地满足自己预防和治疗疾病的需求。评价方案是一个复杂的过程，如在非处方药市场上，除了病情、经济条件、文化等消费者自身因素影响对医药产品的选择外，还有以下两方面因素。

（一）医药产品因素

医药产品的疗效、安全性、适应证、不良反应、使用的方便性、价格、品牌形象、广告宣传等。

（二）服务因素

医药零售网点数量和地理位置、药店形象、知名度、服务项目、医药产品陈列、购物点广告、药店店员的服务态度及质量等。

医药企业要努力提高本企业医药产品的知名度，使其能够进入消费者的比较评价的范围内，成为可能被选中的购买目标。与此同时，医药营销者还要调查研究人们比较评价某种医药产品时考虑的主要因素，并且突出这些因素相关方面的宣传，以对消费者的购买选择产生重大影响。

四、决定购买

医药消费者经过方案评价后，就会形成对某种医药品牌的偏好和购买倾向。在一般情况下，消费者会按照购买倾向购买自己心目中期望的产品。但是，在购买倾向与购买决定之间，还受到他人的态度和意外情境因素的影响，甚至会改变自己的购买决定。

1. 他人的态度 是影响购买决定与实际购买行为的因素之一。此因素取决于消费者与影响人的关系的密切程度和消费者对别人的态度。这些人包括家庭成员、直接相关群体、医生、医药零售人员等。如果是家庭中的重要成员，其态度的影响程度较大；如果是一般的同事、朋友等，其态度的影响程度较小。如果与他们关系密切的人坚决反对购买，那么消费者就很可能改变购买意向。例如，一个患者想要购买A药品来治疗自己的疾病，但是医生告诉他使用A药品治疗他的疾病并不合适时，患者购买A药品的意愿将会大大地降低甚至放弃购买。

2. 意外情境因素 是指某些非预期的意外事件影响购买决定的因素。意外情景因素一般包括：生理风险、财务风险、功能风险、社会风险、服务风险等。意外情境因素是消费者推迟、修正、放弃某一医药产品购买行为的影响因素之一。由于意外情况导致未来不可知的因素，购买行为是购买意向与未知因素相互作用的结果。

医药市场营销人员应该了解那些有可能使消费者改变购买决定与行为的因素，进而采取多种措施来减少各种因素的影响，以推动消费者购买本企业医药产品行为的发生。

五、购后评价

消费者购买某种产品是期望从某种产品中得到所期望的结果。这种期望的实现程度会决定消费者对购买行为是否满意。医药消费者在购买某种医药产品并使用了一段时间后，会产生某种程度的满意或不满意的感受，进而采取一些使市场营销人员感兴趣的购买后行为。什么因素决定了消费者在购买后满意还是不满意，答案就在于消费者期望和产品的被觉察到的可能性之间的关系。如果产品未达到消费者的期望，消费者就会失望；如果达到了期望，消费者就会满意；如果超出了期望，消费者就会感到惊喜。如果消费者感到满意或者惊喜，他们很可能下次继续购买这种品牌的医药产品，并向其他人宣传该产品的优点，也就会形成人们常说的"口碑效应"。如果消费者不满意或很不满意，他们就很可能下次不再购买这种品牌的医药产品，并可能向其他人宣传该产品的缺点。

因而市场营销人员应采取有效措施尽量减少购买者购买后不满意的程度。需要注意的是，消费者的期望基于他们从销售商、朋友及其他来源处获得的信息，如果销售者夸大了产品的性能，消费者的期望就不会得到满足，必然导致不满意。期望和性能之间的差异越大，消费者的不满程度就会越高。因而销售者应诚实地宣传产品，以减少或消除消费者的不满。

关于消费者满意程度的判断主要有以下三种理论。

（一）预期满意理论

预期满意理论认为，消费者对产品的满意程度取决于预期希望得到实现的程度。如产品符合消费者的期望，购买后就会比较满意；反之，期望距现实距离越远，消费者的不满就越大。因此，企业对医药产品的广告宣传要实事求是，不能夸大其词，否则消费者的期望不能兑现，就会产生强烈的不满，进而影响产品和企业的信誉。

（二）认识差距理论

认识差距理论认为，消费者购买商品后都会引起程度不同的不满意感，原因是任何产品总有其优点和缺点，消费者购买后往往较多地看到产品的缺点。而别的同类产品越是有吸引力，对所购产品的不满意感就越大。所以医药企业在营销过程中除了要向消费者提供货真价实的医药产品外，还应该密切注意消费者购后感受，采取适当的措施，在消除消费者对医药产品不满的同时提高满意度。

（三）实际差距理论

实际差距理论认为，消费者使用医药产品后的实际效果受很多具体因素的影响。例如，药效既受医药产品的影响，又受患者个体的制约，它不可能与理论上或统计上的有效率完全一致。所以医生和医药营销人员的任务就是指导消费者合理地评估药效，从而进行合理用药。

研究和了解消费者的需要及其购买过程，是市场营销成功的基础。医药市场营销人员通过了解消费者如何经历需求确认、收集信息、评价方案、决定购买和购后评价的全过程，就可以获得许多有助于满足消费者需要的有用信息，了解购买过程的各种参与者及其对购买行为的影响，对于制订正确的营销策略具有重要的作用。

考点：医药消费者购买决策过程

案例 3-2

某市场研究公司近年来对全国较发达的沿海地区 17 个大、中城市的保健品、药品进行了一次调查，调查结果显示：南北消费者的需求存在很大的差异性。南方（以广州为例）消费者较为重视个人形象问题，对于治疗色斑等具有美容功能的保健品及补血类保健品的需求较大；而北方（以北京、济南为例）消费者则对补脑、补钙类保健品及调节血压、血脂类保健品需求较大。对于调节肠胃类保健品，南方以治疗肠胃不适、食欲不振的药品为主，北方则以治疗便秘的药品为主。形成差异的主要原因与两地的地理环境及饮食习惯有关。南方由于接近赤道，日照时间长，因此皮肤容易产生暗疮、色斑等问题；加之南方天气潮湿闷热，易使人食用清淡的食品，且以精细粮食为主，造成蛋白质摄入量不足，较易患有贫血等营养不良症状，因此对祛痘、祛斑等美容养颜类保健品的需求较大。而北方气候干燥、温差较大，饮食方面喜欢大鱼大肉等高脂肪食物，故较易患有便秘、高血压、高脂肪类疾病，因此治疗便秘、调节血压血脂类保健品在该地区的需求较大。同时，北方地区消费者一向有补充钙质的习惯，故补钙产品在北方的市场容量也较南方大。

问题：1. 该调查中导致南北方消费者需求差异的影响因素有哪些？为什么？
2. 假如你是营销人员，将如何开拓南北方的保健品市场？

技 能 实 训

【实训主题】
医药消费者市场行为分析。

【实训的目的和要求】
培养学生分析医药消费者的购买行为，并采取相应的营销策略。

【实训情景】
让学生利用课后时间进入见习药店，观察药店店员针对不同消费者在进行销售的过程中采取的营销策略以及观察消费者在购买过程中一般会有什么样的购买行为，将此记录下来并进行分析。

【实训步骤】
给学生们进行分组，然后进入不同的见习药店，明确观察消费者对象。
记录消费者购买的全过程包括消费者进店后，店员和消费者的表情、语言、咨询对话等。
分析消费者的类型、消费心理、消费者的购买决策过程。
观察药店店员针对不同的消费者所采取的营销活动及策略。

目 标 检 测

一、名词解释
1. 医药消费者市场　2. 医药消费者购买行为

二、单项选择题
1. 在复杂购买行为中，消费者购买决策过程的第一步是（　　）
   A. 需要确认　　　　B. 收集信息
   C. 决定购买　　　　D. 评价方案
2. 消费者在购买和使用某医药产品后，对该医药产品很满意。后来，该消费者优先选择该医药产品。这种影响消费者购买行为的心理因素是（　　）
   A. 学习　　　　　　B. 生活方式
   C. 知觉　　　　　　D. 动机
3. 某高血脂患者由于服用地奥脂必妥效果好，因此长期购买该药，该患者的购买行为属于（　　）
   A. 复杂的购买行为　　B. 习惯型购买行为
   C. 减少失调感的购买行为　D. 多样性的购买行为
4. 对于价格低廉、经常购买、品牌差异小的产品，消费者不需要花时间进行选择，也不需要经过搜集信息、评价产品特点等复杂过程，因而，其购买行为最简单。消费者只是被动地接收信息，出于熟悉而购买，也不一定进行购后评价，这种购买行为属于（　　）

A. 冲动型购买行为　　　　B. 习惯型购买行为
C. 经济型购买行为　　　　D. 感情型购买行为

5. 购买方对其购买活动的满意与否，取决于消费期望与实际效用的一致性。若消费期望小于实际效用，则（　　）
   A. 消费者会满意　　　　B. 消费者不满意
   C. 消费者会非常满意　　D. 消费者无所谓

6. 消费者不实现购买甚至改变购买意向，往往是受到以下哪种因素的影响（　　）
   A. 品牌信念　　　　　　B. 预期风险
   C. 别人的态度　　　　　D. 意外情况

7. 下列哪个因素不是影响消费者购买行为的主要因素（　　）
   A. 文化因素　　　　　　B. 社会因素
   C. 自然因素　　　　　　D. 个人因素

8. 一般来说，消费者经由下列哪种途径获取的信息最多（　　）
   A. 公众来源　　　　　　B. 个人来源
   C. 商业来源　　　　　　D. 经验来源

9. 对消费者购买行为影响最大的因素是（　　）
   A. 文化因素　　　　　　B. 社会因素
   C. 自然因素　　　　　　D. 个人因素

10. 按照马斯洛的需要层次理论，保健品需要是属于（　　）
    A. 生理需要　　　　　　B. 安全需要
    C. 社会需要　　　　　　D. 尊重需要

三、简答题

1. 医药消费者市场有哪些特征？
2. 影响消费者购买行为的因素有哪些？
3. 请阐述医药消费者购买决策过程及各阶段的特点。

（曹娟娟）

第4章 医药市场营销信息、调查与预测

> **学习目标**
>
> **1. 知识目标** 掌握医药市场营销信息的概念、信息搜集的要求,熟悉医药市场调查及预测的方法,了解医药市场调查的意义、医药市场预测的分类。
>
> **2. 能力目标** 能够将医药市场调查及预测的方法应用于实际,触类旁通利用现代信息技术解决实际问题。
>
> **3. 素质目标** 理解医药市场调查及预测对医药企业营销决策的重要影响,培养实事求是、科学严谨的执业态度。

市场调查与预测是指通过收集、分析市场信息,对未来的市场趋势进行预测,为企业的战略决策提供依据。市场调查是了解当前市场状况的过程,而市场预测则是根据这些信息来推断未来的市场趋势。市场调查与预测对于企业的发展具有重要意义。首先,通过市场调查,企业可以了解市场需求、竞争对手情况,为自己的产品或服务做出精准定位。其次,市场预测可以帮助企业制订合理的销售策略,提高市场份额,从而更好地满足市场需求。最后,通过市场调查与预测,企业可以及时发现市场变化,调整自己的战略,以适应市场变化。

第1节 医药市场营销信息

一、医药市场营销信息的概述

1. 医药市场营销信息的概念 医药市场营销信息是指在一定时间和条件下,与医药企业的市场营销有关的各种事物的存在方式、运动状态及其对接收者效用的综合反映。

2. 医药市场营销信息的特征

(1)不确定性 市场信息都会随时间的推移而变化。

(2)复杂性 收集和分析过程复杂,难以科学控制。

(3)多样性 市场信息的来源种类多样。

3. 医药市场营销信息的功能

(1)医药市场营销信息是医药企业经济决策的前提和基础 企业营销过程中,无论是对于企业的营销目标、发展方向等战略问题的决策,还是对于企业的产品、定价、销售渠道、促销措施等战术问题的决策,都必须在准确地获得市场营销信息的基础上,才可能得到正确的结果。

(2)医药市场营销信息是制订医药企业营销计划的依据 企业在市场营销中,必须根据市场需求的变化,在营销决策的基础上,制订具体的营销计划,以确定实现营销目标的具体措施和途径。不了解市场信息,就无法制订出符合实际需要的计划。

(3)医药市场营销信息是实现营销控制的必要条件 营销控制,是指按既定的营销目标,对企业的营销活动进行监督、检查,以保证营销目标实现的管理活动。由于市场环境的不断变化,企业在营销活动中必须随时注意市场的变化,进行信息反馈,以此为依据来修订营销计划,对企业的营销活动

进行有效控制，使企业的营销活动能按预期目标进行。

（4）医药市场营销信息是进行内、外协调的依据　企业营销活动中，要不断地收集市场营销信息，根据市场和自身状况的变化，来协调内部条件、外部条件和企业营销目标之间的关系，使企业营销系统与外部环境之间、与内部各要素之间始终保持协调一致。

考点：医药市场营销信息的概念

二、医药市场营销信息搜集的要求

医药企业在运用市场营销信息进行营销决策时，应保证市场营销信息的准确性、灵敏性、适用性和经济性。只有在一定原则下收集的市场营销信息，才可能符合使用者的要求。

1. 准确性　医药市场营销信息必须真实、准确、客观地反映医药市场的情况。如果信息失实，决策就会失误。

2. 灵敏性　对医药市场营销活动中各种信息要反应灵敏，在错综复杂的市场信息中善于迅速捕捉信息，并及时加工、整理、传递信息。市场营销信息使用价值的大小与信息的及时程度成正比。

3. 适用性　收集的医药市场营销信息能够反映医药市场各个时期、各个方面和各个经营环节的信息，有一定针对性，使用者有较高的利用率。

4. 经济性　医药市场信息的收集、加工、整理、传递要符合经济的原则，既做到准确实用，又要尽可能地采取各种有效措施，降低费用支出。用较小的投入，取得较高的经济效益。但有时为取得有价值的信息，也要付出较高的代价。

三、医药市场营销信息系统的概念和构成

1. 医药市场营销信息系统的概念　医药市场营销信息系统是一个由人员、机器设备和计算机程序所组成的相互作用的复合系统，它连续有序地收集、挑选、分析、评估和分配恰当的、及时的和准确的医药市场营销信息，为医药企业营销管理人员制订、改进、执行和控制营销计划提供依据。

2. 医药市场营销信息系统的构成　医药市场营销信息系统一般由四个子系统构成。

（1）内部报告系统　营销管理人员使用的最基本的信息系统是内部报告系统。它是指以反映企业目前各方面情况和提供营销决策所需要的企业内部信息。这类信息包括：产品的销售情况、价格、存货水平、应收款、应付款、销售利润等。通过分析这种信息，营销经理能够发现重要的机会和问题。

（2）市场营销情报系统　内部报告系统为管理人员提供结果数据，而营销情报系统则为管理人员提供正在发生的数据。市场营销情报系统是指向市场营销决策人员提供有关外部环境发展趋势信息的各种来源与程序。它的作用是确定企业市场营销决策所需要的外部环境变化信息，并对这些信息进行搜集、整理和分析，及时向决策人员提供外部环境变化的日常信息。

（3）市场营销调研系统　上述两个子系统的功能都是收集、传递和报告有关日常的和经常性的情报信息，但是企业有时候还需要经常对营销活动中出现的某些特定的问题进行研究。市场营销调研系统是为解决医药企业市场营销面临的某项具体问题，而系统地收集有关信息，做出分析与评价，以书面的形式提出对该问题的研究成果。营销调研系统不同于营销情报系统，它主要侧重于企业营销活动中某些特定问题的解决。

（4）市场营销分析系统　市场营销分析系统指通过对复杂现象的统计分析、建立各种数学模型，帮助营销管理人员分析复杂的市场营销问题，做出最佳的市场营销决策。营销分析系统由两个部分组成，一个是统计库，另一个是模型库。其中统计库的功能是采用各种统计分析技术从大量数据中提取有意义的信息。模型库包含了由管理科学家建立的解决各种营销决策问题的数学模型，

如新产品销售预测模型、广告预算模型、厂址选择模型、竞争策略模型、产品定价模型以及最佳营销组合模型等。

第2节 医药市场调查

一、医药市场调查的概念与意义

医药企业营销活动的核心是发现和有效满足市场需求，医药企业在做出某项营销决策时，必须借助市场调查获取必要的市场信息。

1. 医药市场调查的概念　医药市场调查是指用科学的方法，有目的、系统地搜集、记录、整理和分析医药市场情况，了解医药市场的现状及其发展趋势，为医药企业的决策者制订政策、进行市场预测、作出经营决策、制订计划提供客观、正确的依据。医药市场调查实质是取得和整理、分析医药市场营销信息的过程。

2. 医药市场调查的意义

（1）有助于更好地吸收国内外先进经验和最新技术，改进医药企业的生产技术，提高管理水平。当今世界，科技发展迅速，通过市场调查，可以得到有助于及时了解市场经济动态和科技信息的资料，为医药企业提供最新的市场情报和技术生产情报，以便更好地学习和汲取同行业的先进经验和最新技术，改进企业的生产技术，提高人员的技术水平，提高企业的管理水平，从而提高产品的质量，加速产品的更新换代，增强产品和企业的竞争力，保障企业的生存和发展。

（2）为医药企业管理部门和有关负责人提供决策依据。医药产品的特殊性决定了医药产品市场不同于其他商品市场。在企业管理部门和有关人员要针对某些问题进行决策时，如进行产品策略、价格策略、分销策略、广告和促销策略的制订，通常要了解的情况和考虑的问题是多方面的，只有通过市场调查得来的具体答案才能作为企业决策的依据。

（3）改善医药企业经营管理水平，提高经济效益。医药市场调查是医药企业改善经营管理水平、增强企业活力、提高经济效益的基础。通过市场调查，可以发现企业自身存在的问题，分析研究产品的生命周期，确定开发新产品、整顿或淘汰老产品的计划，制订产品阶段性的市场营销策略。综合运用各种营销手段，尽量减少不必要的中间环节，缩短运输路线，降低储运费用和销售成本，以最低的费用成本将医药产品转移到消费者手中，获得更好的经济效益。

案例 4-1

深圳A药业股份有限公司，一直以来高度重视科研投入，每年投入科研的费用超过公司收入的5%，公司形成了一整套的产品开发思路，在苯丙醇胺（PPA）事件后，感冒药市场一方面有所缩水，另一方面很多新的制药企业也在不断发展壮大。在这个时候A药业股份有限公司推出了"×丹"，为什么在这个时候推出新产品呢？

因为A药业股份有限公司做过充分的市场调查后，发现市场的部分消费者不再愿意吃西药感冒药，而且原来市场上没有一个真正纯中药的全国性感冒药品牌，也没有一个真正针对老人、儿童及妇女等特殊人群的全国性感冒药品牌。A药业股份有限公司判断"×丹"存在很大生存空间，及时推入市场，取得很好的效果。

在充分市场调查基础上，研发适合大众需求的产品，才能取得市场销售的成功。

问题：结合案例，说说市场调查在市场营销过程中的重要作用。

二、医药市场调查的内容

在调查方案中,应对调查目的、主题、内容、对象、时间、地址、方法等众多方面的工作进行详细周到的策划。医药市场调查的目的是发现营销问题并提出有效对策。例如,某医药生产企业在经营过程中发现近期的销售业绩呈现下降的趋势,这时市场调查的目的可能是"发现引起企业销售业绩下降的原因"。市场调查的目的决定了调查的内容和方式,所以在市场调查方案设计中,应首先明确调查的目的,然后进行调查内容的设计。

医药市场调查的内容非常广泛,包括医药企业市场营销的各个方面。具体地说,可以概括为以下四个方面。

1. 市场需求调查 如果要生产或经销某一种或某一系列产品,应对这一产品的市场需求量进行调查。调查内容包括:医药产品现实需求和潜在需求的调查;经济水平的调查;用户数量分布的调查;医药产品人均拥有量的调查;消费结构的调查;医药替代产品的调查等。

2. 消费者购买动机的调查 随着社会购买力的增长,人们生活水平的提高,医药消费观念日益呈现出情感化、个性化和多样化的特征,消费者购买动机的调查对医药企业而言显得尤为重要。调查内容包括:消费者购买习惯;购买行为;购买方式;品牌偏好等。

3. 市场销售组合因素调查 市场销售组合因素调查主要包括产品调查、价格调查、分销渠道调查和促销调查四项内容。重点调查了解目前市场上经营某种医药产品或开展某种服务项目的促销手段、营销策略和销售方式主要有哪些。

4. 市场环境调查 即宏观市场调查,指对企业所处的市场营销环境进行调查。市场环境调查的主要内容有:经济环境的调查;政治环境的调查;自然地理环境的调查;社会文化环境的调查;竞争环境的调查;科技环境的调查等。

考点:医药市场调查的内容

三、医药市场调查的类型

1. 根据调研的目的、任务不同 医药市场调查可分为以下四种调查类型。

(1)探测性调查 是指在调查的开始阶段为了明确问题、寻找机会或缩小问题的范围进行的调查。这类调查没有特定的调查内容,大多采用非正式调查方式,目标是明确问题的重点和症结所在,以便再做进一步调查。

例如,某制药企业发现近一段时期产品销售量下降,寻找产品销售量下降的原因:①产品质量下降;②价格问题;③销售渠道;④广告宣传;⑤新的竞争产品上市;⑥消费者消费观念转变。解决方法:企业在小范围内寻找一些专家、业内人士、用户等以座谈形式进行初步询问,或参考类似的实例,以发现问题所在,为进一步市场调查做好准备。

(2)描述性调查 是指把对所研究市场现象的客观实际进行收集、整理,并如实地反映和报告,以描述一个总体或一种现象的基本情况的调查。描述性调查只说明被调查内容是什么或怎么样为主要特征,而不要求研究其原因与结果的关系的调查,这类调查十分重视事实资料的收集与记录。

描述性调查与探测性调查相比,要求有详细的调查方案,要进行实地调查,掌握第一手原始资料,尽量将问题的来龙去脉和相关因素描述清楚,要求系统地收集、记录和整理有关数据信息,为进一步的市场调查提供依据。

(3)因果关系调查 是指以说明问题产生的原因与结果间的关系为主的一种调查,这类调研主要解决"为什么"的问题。其目的在于找出事物变化的原因和现象间的相互关系,找出影响事物变化的关键因素。通常把表示原因的变量称自变量,表示结果的变量称因变量。

例如,在销售调查中,收集不同时期说明销售水平的销售量(销售额)、市场占有率、利润等因变量资料，以及影响销售水平的本企业价格与广告支出、竞争者的价格与广告支出、消费者的收入与偏好等自变量资料，对这些资料进行相关分析，就能观察自变量对因变量的影响，确定出起决定作用的自变量。

（4）预测性调查　是指在收集、整理资料基础上，运用科学的预测方法，分析市场在未来一定时期内产品供需变化情况的一种调查。

预测性调查可以充分利用描述性调查和因果关系调查积累的资料，但它的调查重点是与预测关系重大的现实市场信息和未来市场信息。例如，生产状况和发展的信息、消费者未来需求的信息、市场环境变化的信息、市场商品竞争发展趋势的信息等。

从以上介绍可以看出，探测性调查的重点是"问题在哪里"，描述性调查的重点是"是什么"，因果关系调查的重点是"为什么"，预测性调查的重点是"将来会怎么样"。它们之间存在相互联系、逐步深入的关系。可以说，为了预测，必须回答上述所有问题，这也是企业进行市场调研必须完成的所有工作。

2. 根据调查对象范围大小　医药市场调查可分为以下几种。

（1）普查　也称市场全面调查或市场整体调查，它是对市场调查对象总体的全部单位无一例外地逐个进行调查。如中药材资源普查；企业为了了解新药投放市场而进行的普查；库存医药产品的普查等。

（2）重点调查　是从市场调查对象总体中选择少数重点单位进行调查，并用对重点单位的调查结果反映市场总体的基本情况。重点单位是指那些单位数量在总体中占的比重不大，而其某一数量标志值在总量中占的比重却比较大，因而通过对这些单位的调查就可以了解总体某一数量的基本情况的特殊单位。

（3）典型调查　是从调查对象的总体中挑选一些典型个体进行调查分析，据此推算出总体的一般情况。使用这种方法的关键是选择好典型，即被调查单位具有充分的代表性。

（4）抽样调查　是从调查对象总体中随机抽取一部分单位作为样本进行调查，然后根据抽样结果推断总体特征的一种调查方式。采用抽样调查的方法，可以在较短的时间内，用较少的费用和人力，获得比较准确的资料，简便易行，是目前医药市场调查中采用的最基本的调查方法。

四、医药市场调查的步骤

为保证医药市场调查的系统性和准确性，市场调查行动应遵循一定的科学程序。市场调查的程序，虽无一成不变的模式，但也有一些共同的规律，一般分为五个步骤，如图4-1所示。

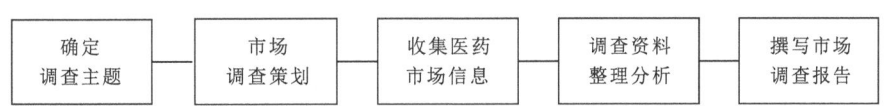

图 4-1　医药市场调查步骤图

1. 确定调查主题　是医药市场调查的第一步，也是至关重要的一步。市场调查的课题一般来自营销决策的信息，调查者应注意了解生产经营活动中出现的新情况、新问题，了解企业管理决策层最需要什么样的信息以满足决策的需要。同时，应明确调查的方向和目的。调查课题的确定既要考虑管理的信息需求，又要考虑获取信息的可行性及信息的价值，以确保调查课题具有针对性、可行性和价值性。

2. 市场调查策划　市场调查的主要目的是通过收集、分析资料，研究解决企业在市场营销中所存在的问题，针对问题寻求正确可行的改进措施。调查人员可以收集企业内、外部有关情报资料，进行初步分析，有助于初步掌握和发现各影响因素之间的相互关系，探索问题之所在。运用定性研究和系统规划的方法，对调查的目的和任务、调查对象和单位、调查内容与项目、调查表或问卷、调查时间与期限、调查的方式方法、调查质量的控制、数据处理和分析研究、调查进度安排、调查经费预算和调查的组织安排等设计好，在此基础上制订市场调查方案或市场调查计划书，目的是使调研工作能够有计划地、有秩序地进行，以保证调研方案的实施。

3. 收集医药市场信息　收集医药市场信息的方法主要有以下两种。

（1）收集二手资料　由于实地调查花费较大，调研通常可以通过各种渠道收集内部和外部的二手资料，然后对资料进行整理、评估、处理和加工。一般通过以下渠道获得的二手资料较为可靠：政府权威机构的定期出版物，包括但不限于政府部门的各种统计年鉴、统计报告、调研报告等；医药行业协会的报告和定期的公开出版物；企业内部的资料；专业市场咨询公司的研究报告，如麦肯锡咨询公司等。

（2）进行实地调查　指通过调查人员直接实地调研所获得的原始资料，如通过实地采访、与医生和患者交谈、参加医药产品交易会等活动所取得的资料。调查人员按调查计划中确定的调查对象、调查方法进行实地调查，收集一手资料。现场实地调查工作的好坏，直接影响调查结果的准确性。

为了节约时间和成本，现在企业进行市场调研活动时往往尽量使用二手资料，并有条理地把收集的二手资料与实地调查收集的一手资料结合起来。

4. 调查资料整理分析　市场调查收集的各项数据和有关资料，大多是分散的、零星的、不系统的，必须通过"去粗取精、去伪存真"的整理分析过程。这一过程一般包括三个方面的内容：一是筛选，即从搜集到的调查资料中挑选出对调查目标有重要参考价值的资料，并对这些资料的可靠性进行审核，以确保原始资料的准确性和全面性；二是将这些有用的和可靠的资料按照市场调查主题的要求进行分组与汇总；三是对资料进行统计分析，对市场调查数据的分析要借助于各种统计分析方法，如综合指标分析、时间数列分析、回归分析、预测分析等，用以揭示市场现象的发展规模、水平、发展趋势等。对市场调查资料进行分析研究是市场调查出成果的重要环节。

5. 撰写市场调查报告　撰写和提交调查报告是市场调查工作的最后的环节。调查报告反映了调查工作的最终成果。要十分重视调查报告的撰写，并按时提交调查报告。撰写调查报告应做到以下内容：客观、真实、准确地反映调查成果；报告内容简明扼要，重点突出；文字精练，用语中肯；结论和建议应表述清晰，可归纳为要点；报告后附必要的表格、附件与附图，以便阅读和使用；报告完整。

在做出结论以后，市场调查部门必须提出若干建议方案，写出书面报告，提供给决策者。在撰写调查报告时，要指出所采用的调查方法、调查的目的、调查的对象、处理调查资料的方法以及通过调查得出的结论，并以此提出一些合理性建议。

考点：医药市场调查的程序

案例 4-2

某大型股份制高科技制药企业，可生产片剂、胶囊剂、颗粒剂、口服制剂，共 400 多个品种 50 多个规格的药品，2012 年全部通过国家 GMP 认证。目前由于公司业务发展需要，需对公司某感冒药的市场情况进行调查了解。

该公司为了进一步拓展市场、了解市场需求、掌握市场竞争动态、提高产品的知名度、获取分销渠道效率等方面的信息，安排一定的资金用于市场调查。请从你所知道的感冒药中选择一种产品，将该产品作为市场调查项目实施感冒药的市场调查，完成调查方案设计。

问题：1. 如何确定调查目的和主题？
　　　2. 如何开展医药市场调查？

五、医药市场调查问卷的设计

在市场调查中，调查问卷是调查前准备的重要工作内容，也是最常用的一种调查工具，是收集市场信息资料、进行数据处理和分析的重要手段。

1. 调查问卷的含义　调查问卷又称调查表、问卷表，它是一种以书面的形式了解被调查对象的反应和看法，并以此获得资料和信息的载体。

2. 调查问卷的种类　常用的调查问卷模式有一览表式和单一表式。

（1）一览表式　是指将若干个被调查对象和相应的调查项目依次填写在一张表内的问卷（表 4-1）。

表 4-1　非处方药广告媒体方式的选择

药品名称	电视	电台	报纸	杂志	路牌
A					
B					
C					

（2）单一表式　是将一个被调查对象和相应的调查项目依次填写在一张表内登记填写的问卷。单一表式又有问卷式和表格式两种。

1）问卷式（图 4-2）。

防治心脑血管疾病类药品调查问卷

尊敬的朋友：

　　很抱歉打扰您，希望您用几分钟时间认真填写问卷，您将会获得一份精美的礼品。谢谢！

1. 贵药店柜台上有_____种与防治心脑血管疾病相关的药品或保健品。
2. 防治心脑血管疾病的产品中铺货量排前三位产品依次是：_____、_____、_____。
3. 目前在贵药店销量排前三位的防治心脑血管疾病产品是：_____、_____、_____。
4. 您认为顾客在购买防治心脑血管疾病产品时，最关注的功能是：
   A. 防治偏瘫　B. 防治手脚麻木　C. 防治偏头痛　D. 防治记忆力下降　E. 防治经常性头痛
   F. 防治语言障碍
5. 您认为防治心脑血管疾病产品给顾客带来好处的几个重要因素是：
   A. 价格适中　B. 快速见效　C. 不复发　D. 无毒副作用，快速缓解症状　E. 其他
6. 您个人认为防治心脑血管疾病的产品每个疗程的价格应在：
   A. 200 元以下　B. 200～400 元　C. 400～600 元　D. 600 元以上

图 4-2　防治心脑血管疾病类药品调查问卷（问卷式）

2）表格式（图 4-3）。

防治心脑血管疾病类药品调查问卷

尊敬的朋友：

　　很抱歉打扰您，希望您用几分钟时间认真填写问卷，您将会获得一份精美的礼品。谢谢！

问题	回答
1. 贵药店柜台上有几种与防治心脑血管疾病相关的药品或保健品？	
2. 防治心脑血管疾病的产品中铺货量排前三位产品依次是：	
3. 目前在贵药店销量排前三位的防治心脑血管疾病产品是：	
4. 您认为顾客在购买防治心脑血管疾病产品时，最关注的功能是：	A. 防治偏瘫　B. 防治手脚麻木　C. 防治偏头痛　D. 防治记忆力下降　E. 防治经常性头痛　F. 防治语言障碍
5. 您认为防治心脑血管疾病产品给顾客带来好处的几个重要因素是：	A. 价格适中　B. 快速见效　C. 不复发　D. 无毒副作用，快速缓解症状　E. 其他
6. 您个人认为防治心脑血管疾病的产品每个疗程的价格应在：	A. 200 元以下　B. 200～400 元　C. 400～600 元　D. 600 元以上

图 4-3　防治心脑血管疾病类药品调查问卷（表格式）

3. 调查问卷的基本结构及设计

（1）调查问卷的基本结构　无论调查课题的大小，要设计一份科学合理的问卷都是一项复杂的系统工程。它体现了设计人员对调查项目的总体思路。一份问卷通常从结构上可细分为问卷标题、问卷说明、被调查者基本情况（背景资料）、调查主题内容、编码、作业证明的记载和结束语共七部分。

1）调查问卷标题　问卷的标题是对调查主题的高度概括，一般位于问卷表的上端居中，使被调查者对所要回答什么方面的问题有一个大致的了解。

2）调查问卷说明　问卷说明又称为开场白/介绍，它一般是以信函的形式对调查的目的、意义及有关事项进行的说明。一般包括问候语、调查主题、调查组织、访问者身份、调查用途、访问请求以及其他信息（如承诺对调查的保密性）。问卷说明最后表明谢意。

3）被调查者基本情况　该部分主要是说明被调查者的一些主要特征，包括被调查者的性别、年龄、收入等。如果被调查者是单位，还需填写出厂名、店名、地址、负责人、主管部门、职工人数和固定资产原值等情况。被调查者基本情况应根据调查目的和要求而定，一般简明扼要地列出被调查对象的主要特征即可。

4）调查主题内容　是由若干问题与答案来表达调查者所要了解的基本内容，是调查问卷中最重要的部分，也是调查目的的集中体现。调查主题内容主要包括对人们的行为进行调查，包括对被调查者本人行为进行了解或通过被调查者了解他人的行为；对人们的行为后果进行调查；对人们的态度、意见、感觉、偏好等进行调查。

5）编码　即编号，是调查问卷中的一个组成部分。编码是将问卷中的调查项目变成数字的工作过程，它是指对问卷中的问题（题目）与答案用数字所表示的代码。通常就是问题和答案的编号，放在问句和答案的前边，以便分类整理、统计分析。

6）作业证明的记载　作业证明记载的内容通常包括调查人员的姓名、访问日期、访问时间等，以明确调查人员完成任务的性质。

7）结束语　问卷结束语"再次感谢您参与答卷！"或拦截访问问卷的结束语"访问到此结束，谢谢您！"。

（2）调查问卷的设计　是市场调查的一个重要环节。调查问卷要从所要了解的情况出发，明确反映调查的目的，问卷要能正确记录和反映被调查者回答的问题，提供正确的信息；问卷的设计还要有利于资料的整理加工等。设计调查问卷的基本要求：重点突出、讲究提问方式。调查问卷设计的程序主要有以下几个步骤。

1）确定调查目的。根据需要确定调查主题的范围、列出调查项目，要分析调查对象的各种特征，即分析了解被调查对象的社会阶层、行为规范、社会环境等社会特征；文化程度、知识水平、理解能力等文化特征；需求动机、行为等心理特征，以此作为拟定问卷的基础。

2）确定数据收集方法。获得询问数据可以有多种方法，主要有人员访问、电话调查、邮寄调查等。

3）确定问题回答形式。问题回答形式有三种：开放式问题、封闭式问题、量表应答式问题。开放式问题是一种应答者可以自由地用自己的语言来回答和解释有关想法的问题类型。也就是说，调查人员没有对应答者的选择进行任何限制。封闭式问题是一种需要应答者从一系列应答项中做出选择的问题。量表应答式问题是以量表形式设置的问题。

4）问题的评估。问题的评估包括问题的措辞、评价问卷和编排。措辞就是要把问题的内容和结构转化成清晰易懂的语句；评价问卷和编排指的是一旦问卷草稿设计好后，问卷设计人员应再回过来做一些批评性评估。如果每一个问题都是深思熟虑的结果，这一阶段似乎是多余的。但是，考虑到问卷所起的关键作用，这一步还是必不可少的。问卷不能任意编排，问卷每一部分的位置安排都具有一定的逻辑性。有经验的市场研究人员很清楚问卷制作是获得访谈双方联系的关键。联系越紧密，访问者越可能得到完整彻底的访谈记录。同时，应答者的答案可能思考得越仔细，回答得越详细。

5）获得各方面的认可。问卷设计进行到这一步，问卷的草稿已经完成。草稿的复印件应当分发到直接有权管理这一项目的各部门。实际上，营销经理在设计过程中可能会多次加进新的信息、要求或关注。不管经理什么时候提出新要求，经常的修改是必需的。即使经理在问卷设计过程中已经多次加入，草稿获得各方面的认可仍然是重要的。

6）调查问卷的测试。问卷的初稿设计工作完毕、获得管理层的最终认可之后，不要急于投入使用，特别是对于一些大规模的问卷调查，一定要先组织问卷的预先测试。预先测试通常选择20～100人。通过访问寻找问卷中存在的错误解释、不连贯的地方、不正确的跳跃模型，为封闭式问题寻找额外的选项以及应答者的一般反应。预先测试也应当以最终访问的相同形式进行。在预先测试完成后，任何需要改变的地方应当切实修改。在进行实地调查前应当再一次获得各方的认同，如果预先测试导致问卷产生较大的改动，应进行第二次测试。

7）调查问卷可以采用纸质问卷和在线问卷两种形式，但均需要注意调查问卷的排版和布局。问卷的排版和布局总的要求是整齐、美观，便于阅读、作答和统计。

考点：设计医药市场调查问卷

六、医药市场调查的方法

医药市场调查的方法很多，这里重点介绍几种常用方法。

1. 询问法　调查人员将拟定的调查事项以面谈、电话或书面的方式向被调查者提出询问，以获得所需资料的调查方法，主要有以下几种形式。

（1）面谈调查法　调查人员与被调查者面对面地询问有关问题，以获取所需资料和信息的方法。面谈调查法包括个人访问和集体座谈两种形式。

1）个人访问：调查人员通过面对面地询问和观察被调查者来收集市场信息的方法。进行访问时，调查人员要携带能够证明其身份的文件，以便争取被调查者的积极配合。

2）集体座谈：又称为小组访问，调查人员邀请一定数量（通常8～10人）的被调查者参加会议，调查组织者围绕调查目的提问，引导被调查者展开讨论，借以收集所研究市场现象的信息资料。参加座谈的被调查者应当是对访问主题感兴趣，并且熟悉情况的人。

（2）电话调查法　调查人员根据抽样要求，通过电话向被调查者提出询问，以获取信息资料的一种方法。

（3）网络市场调查法　包括在线问卷法、利用搜索引擎进行调研、访问竞争者网站、专题讨论法等。这些方法可以用来了解市场需求和消费者喜好，测试广告策略，收集竞争信息等。企业可根据实际情况选择合适的方法，同时需遵循法律法规和隐私政策。网络市场调查法主要有以下几种。

1）在线问卷法：通过在线问卷的形式向特定人群发送调研问卷，以了解他们的需求和意见。在线问卷可以通过邮件、社交媒体、企业网站等多种渠道发布。

2）利用搜索引擎进行调研：通过搜索引擎检索关键词，查找相关信息和竞争者的信息，了解市场状况和竞争态势。

3）访问竞争者网站：了解竞争企业的产品、服务、市场定位等信息，从而了解行业竞争状况。收集竞争者网上发布的信息，包括产品信息、新闻报道、用户评价等，以获取竞争企业的市场表现和口碑。

4）专题讨论法：通过新闻组、电子公告牌或邮件列表讨论组进行，让参与者针对某个主题进行讨论，提供有关市场和产品的信息。

2. 观察法　调查人员直接或通过仪器在现场观察和记录调查对象的行为、反应或感受。观察法又分为直接观察法、亲自经历法和行为记录法三种。

（1）**直接观察法** 调查人员直接对调查对象的行为、反应、感受进行观察，记录被调查对象的全部活动。例如，调查消费者对某类OTC药品的选购情况，调查人员可直接到零售药店柜台前观察购买者的选购行为。

（2）**亲自经历法** 调查人员亲自参与某种活动来收集有关资料。如某医药生产企业要了解它的代理商或经销商服务态度的好坏，就可以派人直接到他们那里去购买医药产品。通过亲自经历法收集的资料，一般是非常真实可靠的。

（3）**行为记录法** 在调查现场安装一些仪器设备，调查人员即可对被调查者的行为和态度进行观察、记录和统计。

3. 实验法 从影响调查问题的许多因素中选出一两个，将它们置于一定条件下进行小规模的实验，通过实验测量取得资料的方法。即对拿不准的业务，可以通过营业，或产品试销，来了解顾客的反应和市场需求情况。

考点：医药市场调查的主要方法

第3节 医药市场预测

一、医药市场预测的概念

医药市场预测是指在医药市场调查的基础上，运用科学的方法和技术，对影响医药市场供求变化的诸因素进行分析研究，对其未来一定时期内的发展趋势作出判断和推测，为医药企业的营销决策提供科学的依据。

二、医药市场预测的意义

科学的市场预测是为医药企业营销决策服务的，其重要性也越来越为医药企业所认识。其重要意义主要表现在以下几个方面。

1. 有利于企业进行市场定位 市场定位就是企业根据自身资源和能力等条件，结合市场需求和市场环境等外部条件的变化，寻找企业产品与竞争产品之间的差异，为产品在潜在顾客心目中确定一个合适的位置，从而更好地促使目标顾客接受本企业的产品。企业内部条件和外部条件的分析，需要运用市场预测分析，掌握市场发展变化的趋势。因此，离开了市场预测，对企业的内、外部条件的分析只能是盲目的主观分析。

2. 有利于企业正确选择营销渠道 每个医药市场营销的参与者，必须有自己正确的营销战略，才能够在复杂的市场营销竞争中立于不败之地。医药企业要选择合适的营销渠道、制订合适的营销策略，就要掌握和了解医药市场及其营销环境的基本状况和以后的发展变化趋势，使医药企业的资源和营销目标在可以接受的风险限度内与医药市场营销环境提供的各种机会相协调。其中既要考虑企业产品自身因素，还要考虑消费者市场特点、市场区域、市场竞争、渠道成员、国家医药政策和法律等诸多因素。通过市场预测，医药企业可以获得上述各类信息，正确做出营销渠道和营销策略的选择。

3. 有利于企业实行正确的产品策略 医药企业的产品开发和产品策略正确与否，直接影响和制约产品能否适销对路，能否顺利销售出去，能否获得良好的经济效益，能否满足消费者需要。实行正确的产品开发和产品策略，关键是把握医药市场消费的发展变化趋势，认识医药产品的生命周期。通过医药市场预测，医药企业能够有效地获取和把握医药市场消费的变化，同时为企业正确的产品开发和产品策略提供可靠的市场依据。

4. 有利于企业实行正确的价格策略 医药产品的价格有政府定价和市场调节价，其中市场调节价由企业主导定价。企业定价是调节和诱导市场需求、参与市场竞争、实现营销目标的十分重要的手段。实行正确的产品定价和价格策略，既要考虑企业的定价目标、成本因素，也必须充分考虑医药产品的供求关系、医药市场消费需求趋势、医药消费者的消费偏好等因素。医药企业通过市场预测，能充分获得上述各类信息，了解竞争对手的市场定价，为医药产品定价和选择价格策略提供保证。

5. 有利于企业开展促销活动 促销是企业向目标市场传递各种信息，改善企业经营环境的综合性策略。企业无论运用何种促销手段，都必须以掌握充分的市场信息为条件。医药市场预测能够为企业提供开展促销活动的各类信息，确保促销活动的有效开展。

三、医药市场预测的分类和内容

（一）医药市场预测的分类

1. 定性预测和定量预测 根据预测性质分为定性预测和定量预测。定性预测是根据社会调查资料和预测人员的经验，采用少量的数据和直观材料，对市场未来需求发展的大致趋势做出估计。定量预测是依据市场调查收集和整理的比较完备的数据资料，运用数学和数理统计方法，通过建立数学模型，对预测对象的变化及趋势做出数量上的推测。

2. 宏观市场预测和微观市场预测 根据预测对象的范围可以分为宏观市场预测和微观市场预测。宏观市场预测包括整个医药市场供求变化及与之相联系的各种因素的变化，涉及面广，综合性强。微观市场预测是对一个医药企业所经营的商品未来供求情况和发展趋势的预测，是比较细致的、专项性的预测。

3. 长期预测、中期预测、短期预测 根据预测期的长短可分为长期预测、中期预测和短期预测。长期预测是指五年以上市场发展前景的预测。一个新药厂的建设及扩充、开发新品种、购置新设备、筹建新生产线等都要作长期预测；中期预测是指一年以上五年以下的市场发展前景的预测。医药企业在采购医药产品、器械及对药品剂型、生命周期的估计等需作中期预测；短期预测指一年以内的市场发展变化的预测。医药企业制订年度计划、季度计划，决定短期的营销策略等，一般需进行短期预测。

4. 全国市场预测和地区市场预测 根据预测空间可分为全国市场预测与地区市场预测。全国市场预测指对全国医药市场在一定时间内的发展变化总趋势的预测。地区市场预测指对某一区域范围内的医药市场预测，如城乡地区，经济协作区等地区的市场预测。

（二）医药市场预测的内容

市场预测的内容非常广泛，凡是涉及和影响医药市场变化的因素都属于预测的范围。

1. 市场需求预测 是指在市场调研的基础上，运用定性与定量分析相结合的方法，在特定的市场范围内、特定时期、特定市场环境下，对医药产品某类或全部市场的需求趋势、需求潜力、需求规模、需求水平、需求结构、需求变动规律等因素进行预测分析。医药产品市场需求的预测要根据不同市场营销环境下的医药产品的功能、用法、剂量和人口发病率等统计数据来进行预测。

2. 市场占有率预测 是未来时期在一定市场范围内，企业产品市场占有趋势的分析和估计。在市场需求量已定的情况下，企业的产品销售量多少，主要取决于企业产品市场占有率，即取决于企业销售在整个同类市场销售中所占份额的大小。市场占有率高，销售量就大；反之，销售量就小。

3. 商品资源预测 商品资源是指一定时期内，可以供市场销售的商品。商品资源主要来自生产企业、进口商品、国家战略储备物资等。商品资源预测是对进入市场的商品资源总量、构成和各种具体商品市场可供量的变动趋势的预测。商品资源预测同市场需求预测结合起来，可以预见未来市场供需状况的发展变化趋势。从企业的角度来说，进行商品资源预测，一是便于本企业分析了解未来市场的供求状况；二是可以预见本企业同类产品竞争对手的供货趋势，以便做出正确的营销决策。

此外，还有产品生命周期预测、消费结构预测、价格预测等。

四、医药市场预测的方法

医药市场预测的方法很多，归纳起来分为定性预测法和定量预测法两大类。

（一）定性预测法

定性预测法又称经验判断预测法，是通过对有经验、熟悉情况的有关人员的调查，依靠其个人的主观判断进行预测的方法。优点是简便易行，不需要复杂的计算公式和预测模型等预测工具，使用面较广。不足之处是受到预测者水平影响，难以对预测对象未来变化趋势做出精确的说明，难以对各项预测目标之间相互影响的程度做出量化说明。为此定性预测方法一般用于对某一事件的发展趋势、优劣程度和发生概率的估计。常用的定性预测方法有以下4种。

1. 经理人员意见法 由熟悉市场情况的各部门经理根据已收集的信息资料和个人积累的经验，对未来市场做出主观判断和预测，最后由组织者把预测方案、意见集中起来，采用简单的算术平均法或加权平均法进行综合，最终取得预测结果的预测方法。此种方法的优点是简单快速，有利于集中高层管理者的智慧和经验。

2. 销售人员综合判断法 企业经理人员召集与市场营销相关的企业人员和与本企业有联系的外企业销售人员，就预测项目进行广泛交换意见，最后由经理人员把销售人员的意见综合起来进行判断，得出预测结果的方法。此方法优点是：方法比较简单；销售人员经常接近购买者，对购买者意向有较全面深刻的了解；由于销售人员参与企业预测，因而他们对上级下达的销售配额有较大的信心完成。

3. 购买意向调查法 利用问卷以了解潜在购买者未来的购买量。购买意向调查法一般用抽样调查法进行，也可采用订货会、座谈会、展销会等形式进行。

4. 专家意见法 企业利用诸如经销商、分销商、供应商及其他一些专家的意见进行预测的方法。由于这种方法是以专家为索取信息的对象，用这种方法进行预测的准确性，主要取决于专家的专业知识和与此相关的科学知识基础，以及专家对市场变化情况的洞悉程度，因此依靠的专家必须具备较高的水平。利用专家意见法有多种方式，现在应用较普遍的方法是德尔菲法。

德尔菲法一般采取参加预测的专家互不见面，意见的发表和交流均采取匿名方式进行。即先向有关专家提出需要预测的专题，请专家分别写出书面意见，然后，预测主持人把各专家意见综合整理后，再反馈给每个专家，请他们重新进行预测或修改自己原来的预测，再开始下一轮征询与预测。如此往复，直到各专家意见基本趋向一致为止。

德尔菲法具有以下几个特点：①匿名性，这是德尔菲法的最大特点。在整个预测过程中，参与预测的专家们互不见面，由主持预测工作的人员，采用匿名的方式，安排专家们之间的交流沟通；②反复性，整个征询过程需要经过多轮往复，这样可使预测依据更为扎实；③反馈性，在多次重复的调查中，实现了信息的反馈与交流。被调查专家通过反馈，可以了解自己预测的不足，明确搜集资料的方向。预测主持人则通过调查表的反馈，做出结论并修正；④收敛性，整个预测过程避免了专家之间心理上的影响，并通过反复补充资料、交流信息，使各专家的意见最终基本趋于一致。

德尔菲法的预测程序包括准备、征询和预测结果处理三个基本阶段。

1. 准备阶段 主要工作有确定预测目标、准备背景材料、选定专家和设计调查咨询表等四方面工作。确定预测目标包括确定总目标（预测主题）和细分目标。细分目标是需要专家们回答的一系列具体问题（预测事件）。这是预测的基础。背景资料是向专家们提供的，与预测目标有关的国内外资料，供专家们参考。选好专家是德尔菲法取得准确预测结果的关键一步。

2. 征询阶段 这一阶段的任务是反复轮番地向专家征询预测意见。第一轮，向专家们分别寄出调查表和背景资料，请他们独立填写。在规定时间内收到调查征询表后，对专家们的意见进行综合分析和统计归纳，并提出下一轮的预测要求。第二轮，把第一轮的统计归纳的意见和预测要求，再寄给专家们，由专家们重新提出各自的预测意见，并寄回预测组织者。预测组织者再重新进行综合分析和归纳，并提出第三轮的预测要求。以后参照第二轮的做法，进行第三轮、第四轮……征询专家意见，直至预测结果被认为基本趋于一致为止。

3. 预测结果处理阶段 这个阶段的任务主要是对最后一轮的专家征询意见，进行统计归纳，得出最后预测结果。下面具体介绍4种方法。

（1）中位数法 主要用于时间或数量的预测处理。把中位数作为最终预测结果。将专家预测意见（包括重复的）从小到大（或从先至后）的顺序排列起来，处于中间的那个数称为中位数。当专家数为奇数时，中间的那个数即为中位数；当专家数为偶数时，最中间的两个预测数的算术平均值作为中位数。

（2）算术平均法 是对所有的专家预测值进行算术平均，算术平均值作为专家预测的最终结果，主要用于数量预测的归纳处理。

（3）主观概率法 主要用于预测目标为未来事件发生的可能性大小。这种方法往往以各个专家预测的主观概率的加权平均值，作为集体预测的归纳结果。

（4）非量化预测的归纳统计 有比重法和评分法，用于产品的品种、花色、规格、质量、包装以及新产品开发等非量化的预测。比重法是指计算出专家对某个意见回答所占的人数比例，然后以比例最高者作为预测的归纳结果。例如，某企业研制医药新产品，请12位专家对其成功与否进行预测，其中7人认为成功的可能性高，另5人持否定态度。成功比为7/12=0.583，失败比为5/12=0.417，专家预测意见的归纳结果为成功的可能性大。评分法是对产品特征的重要性或不同牌号的同类产品质量给予评分，然后用比重法归纳出各个特征的重要性或不同牌号同类产品质量高低的排序。

考点：德尔菲法的特点，能运用德尔菲法进行市场预测

（二）定量预测法

定量预测法是指预测人员在充分占有大量统计资料的基础上，通过数据的分析整理，运用一定的数学模型，对未来医药市场进行预测的一种科学方法。其优点是预测结果精确度较高，并能在一定条件下指出误差发生的范围，比较科学地说明预测目标未来发展的量度及其结构关系。不足之处是对市场现象中非量化的因素，如政治、法律、社会文化等无法用数学模型表达；常用的定量预测方法有以下几种。

1. 简单算术平均数预测法 是依时间序列数据求平均数，将所得平均数作为预测值的方法。这种方法简单易用，但不能充分反映出需求趋势和季节变化，因而只适用于销售情况平稳，无季节性变化的产品的预测。其预测模型如下。

$$\bar{x} = \frac{\sum_{i=1}^{n} x_i}{n} \quad (i=1,2,3,\cdots,n)$$

式中，$\bar{x}$：平均数（预测值）；x_i：第i期的数值；n：期数；$\sum_{i=1}^{n}$：求和符号。

例如：某医药有限公司2024年1~6月份销售额分别为72万元、52万元、58万元、63万元、62万元、66万元。试预测2024年7月份的销售额。

$$\bar{x} = \frac{72+52+58+63+62+66}{6} \approx 62(万元)$$

该医药有限公司2024年7月份的销售额预测值约为62万元。

2. 加权平均数预测法 在一个时间序列中，远期数据可能已不能真实地反映现阶段的情况，所以应给予较小的权数；距离预测期较近的数据有更大的可靠性，给予较大的权数。加权平均数预测法是根据预测期各资料重要性不同，分别给予不同权数，处理后再加和得算术平均数并以此作为预测值的方法。其预测模型如下。

$$\bar{x} = \frac{W_1 x_1 + W_2 x_2 + \cdots + W_n x_n}{W_1 + W_2 + \cdots + W_n} = \frac{\sum_{i=1}^{n} W_i x_i}{\sum_{i=1}^{n} W_i} (i = 1, 2, 3, \cdots, n)$$

式中 $\bar{x}$ 为加权平均数（预测值）；x_i 为第 i 期的数值；W_i 为第 i 期对应的权数；n 为期数；$\sum_{i=1}^{n}$ 为求和符号。

如果 $\sum_{i=1}^{n} W_i = 1$，即各期对应权数 i 和等于 1，则加权平均数的公式可简写为：

$$\bar{x} = \sum W_i x_i$$

例如，某零售药店 2023 年 7～12 月份销售额分别为 3.9 万元、3.8 万元、4.2 万元、4.0 万元、4.5 万元、4.6 万元。假如 7～12 月份的权数分别为 1、2、3、4、5、6，预测 2024 年 1 月份销售额。

$$\bar{x} = \frac{3.9 \times 1 + 3.8 \times 2 + 4.2 \times 3 + 4.0 \times 4 + 4.5 \times 5 + 4.6 \times 6}{1 + 2 + 3 + 4 + 5 + 6} \approx 4.3 (万元)$$

该零售药店 2024 年 1 月份销售额预测值约为 4.3 万元。

3. 一元线性回归预测法 回归分析预测法是分析因变量与自变量的相互关系，建立反映变量间的数量关系的函数方程式，并进行参数估计和显著性检验以后，运用回归方程式对因变量进行预测的一种定量预测方法。其中反映变量间数量关系的数学方程式称为回归方程。常用的回归预测方法有直线回归、曲线回归、多元回归、自回归等，这里只介绍一元线性回归预测的方法。

一元线性回归预测法，主要是寻找或拟出一条倾向性的回归直线，该直线到实际资料点之间的偏差平方和为最小，最能代表实际各点的变动倾向，因此，以该直线作为预测的依据。一元线性回归预测法的预测模型如下。

$$Y = a + bX$$

根据最小平方法原理，先计算 $Y = a + bX$ 的总和，即

$$\sum Y = na + b \sum X$$

然后计算 ΣXY 的总和，即

$$\sum XY = a \sum X + b \sum X^2$$

上述二式的共同因子是 $\sum X$。为简化计算，可将 $\sum X$ 取 0，其方法是：若 n 为奇数，则取 X 的间隔为 1，将 $X = 0$ 置于资料期的中央一期；若 n 为偶数，则取 X 的间隔为 2，将 $X = -1$ 与 $X = 1$ 置于资料期的中央上下两期。

当 $\sum X = 0$ 时，上述二式分别变为

$$\sum Y = na$$
$$\sum XY = b \sum X^2$$

式中，n 为年份的数目，由此可计算出 a，b 值为

$$a = \frac{\sum Y}{n}$$

$$b = \frac{\sum XY}{\sum X^2}$$

所以，$Y = \frac{\sum Y}{n} + \frac{\sum XY}{\sum X^2} X$

例如：某医药企业 2003～2007 年的销售额分别为 560 万元、640 万元、770 万元、860 万元、820 万元，用一元线性回归预测法预测 2008 年的销售额。

由于 $n = 5$ 为奇数，且 X 的间隔为 1，故可将 $X = 0$ 置于资料期的中央一期（即 2005 年），X 的取值依次为 -2，-1，0，1，2，按简化方法列表计算回归系数 a、b。回归系数的计算见表 4-2 所示。

表 4-2 回归系数的计算

年份	时间序号（X）	销售额（Y）（万元）	XY	X^2
2003	−2	560	−1120	4
2004	−1	640	−640	1
2005	0	770	0	0
2006	1	860	860	1
2007	2	820	1640	4
$\sum$	0	3650	740	10

$$a = \frac{\sum Y}{n} = \frac{3650}{5} = 730$$

$$b = \frac{\sum XY}{\sum X^2} = \frac{740}{10} = 74$$

则回归方程为

$$Y = 730 + 74X$$

预测 2008 年的销售额，所以 $X = 3$，代入上式，得

$$Y = 730 + 74 \times 3 = 952（万元）$$

即 2008 年的销售额将为 952 万元。

考点：能运用定量预测方法预测医药企业的经营状况

案例 4-3

某医药公司对 A 市场维生素 C 的需求及消费行为进行了调查。收集到以下信息。

1. 超过半数的消费者是为自己购买维生素 C。购买过维生素 C 的占 77.8%，从未购买过维生素 C 的占 22.2%。大多数消费者购买维生素 C 是为了自己食用占 56%，为孩子购买的占 30%，给除了孩子之外的其他家人食用的占 10%，送给亲朋好友的占 4%。

2. 医生的建议对人们购买维生素 C 制品的影响力最大。通常消费者购买维生素 C 看重医生的建议占 65%，其次根据自己的看法购买占 21%。另外，通过媒体的介绍购买维生素 C 的占 9%，采纳别

人意见购买占 5%。

3. 约有半数的服用者偶尔补充维生素 C。所有服用维生素 C 的消费者中有 52% 的人是偶尔补充的，27% 的人是有相关的疾病时才服用，21% 的人是定期服用。

4. 药店及医院是消费者购买维生素 C 的主要场所。55.6% 的消费者表示愿意在药店购买，23.4% 的消费者表示愿意在医院购买，愿意在商场和超市购买占 11.1%，在网上购买占 9.9%。

问题：如果你是该医药公司经理，依据以上调查信息，可以制订怎样的营销策略？

技 能 实 训

【实训主题】
医药市场调查的步骤和问卷的设计。

【实训的目的和要求】
掌握医药市场调查的内容、医药市场调查步骤；掌握问卷的设计技能，培养学生的实际应用能力。

【实训情景】
抗生素滥用形势依然严峻，如何缓解这一形势，如何更好地执行抗生素限售令，如何规范我国抗生素的使用，是亟待解决的问题。你作为一名药学的学生，围绕人们对抗生素的了解程度、使用情况和滥用抗生素对人体危害三个方面展开市场调查，运用所学的知识结合案例设计抗生素滥用的市场调查问卷，分组实施调查，整理分析（至少 50 份问卷），并撰写调查报告。

【实训步骤】
1. 确定调查课题。
2. 设计调查步骤。
3. 确定调查方法。
4. 设计调查问卷。
5. 调查资料整理分析。
6. 书写市场调查报告。

目 标 检 测

一、名词解释
1. 医药市场调查 2. 抽样调查 3. 观察法
4. 定性预测法 5. 专家意见法

二、单项选择题
1. 预测性市场调研的重点是（　　）
   A. 问题在哪里　　B. 将来会怎么样
   C. 问题是什么　　D. 为什么
2. 问卷的主体是以下哪项，且是问卷最核心的组成部分（　　）
   A. 封面　　　　　B. 答案
   C. 问候语　　　　D. 问题和答案
3. 下列属于随机抽样的是（　　）
   A. 分层抽样　　　B. 整群抽样
   C. 等距抽样　　　D. 简单随机抽样
4. 医药市场调查的第一步是（　　）
   A. 确定调查主题　B. 市场调查策划

   C. 调查阶段　　　D. 整理分析问卷
5. 医药市场调查的最后一步是（　　）
   A. 确定调查主题　B. 市场调查策划
   C. 调查阶段　　　D. 撰写市场调查报告
6. 德尔菲法预测的准备阶段不包括（　　）
   A. 确定预测目标　B. 选定专家
   C. 调查阶段　　　D. 设计调查方案
7. 加权平均法预测的关键是（　　）
   A. 确定计算公式　B. 确定平均项数
   C. 确定权数　　　D. 剔除特殊的影响因素
8. 以下哪一点不是德尔菲法具有的特点（　　）
   A. 反复性　　　　B. 匿名性
   C. 收敛性　　　　D. 客观性
9. 下列不属于网络调查法的有（　　）
   A. 在线问卷法　　B. 利用搜索引擎进行调研
   C. 电话调查法　　D. 访问竞争者网站

10. 德尔菲法的预测程序**不包括**以下哪个阶段（　　）

　　A. 准备阶段　　　　B. 调查问卷设计阶段

　　C. 征询阶段　　　　D. 预测结果处理阶段

三、简答题

1. 简述德尔菲法的主要特征。
2. 简述医药市场调查的步骤。
3. 简述医药市场调查问卷设计的要求。

四、计算题

某地区近7年来的某药品产量如下表：

年份	第1年	第2年	第3年	第4年	第5年	第6年	第7年
药品（万盒）	150	160	170	180	210	250	300

试用一元线性回归预测法，预测第8年此药品的产量。

（侯晓亮）

第5章
医药市场细分、目标市场与市场定位

> **学习目标**
> 1. **知识目标** 掌握医药市场细分的标准和方法、医药目标市场策略和医药市场定位的方法。熟悉医药目标市场概念。了解医药市场定位策略。
> 2. **能力目标** 能运用医药市场细分方法，进行市场细分与选择目标市场。
> 3. **素质目标** 培养营销思维，深化服务理念，树立为人民健康服务的职业理想。

第1节 医药市场细分

一、医药市场细分的概念

医药市场细分是指依据消费者对医药产品需求、购买行为、购买习惯等的差异性，把一个总体市场划分成若干个具有共同特征的"亚市场"或"子市场"的过程。分属于同一医药细分市场的消费者，他们的欲望和需要极为相似；而分属于不同细分市场的消费者的需求和欲望则有较为明显的差异。通过市场细分，可以在特定的"亚市场"或"子市场"寻找到产品或品牌特性具有相似价值要求的顾客群。

> **链接** 市场细分的由来
>
> 市场细分是美国市场学家W.史密斯（W. Smith）于20世纪50年代中期提出来的。这一概念很快得到业内人士的广泛接受和推广，市场细分被看作是继"以客户为中心"观念之后的又一次革命。在此之前，企业往往把消费者看成具有同样需求的整体市场，就单一产品为所有的购买者进行大量生产、大量分配和大量促销，即进行大众化营销。

二、医药市场细分的客观依据

医药市场细分通常是以消费者需求为导向，分为同质市场和异质市场。同质市场是指消费者对某种医药产品的需求和对企业的营销策略的反应具有一致性的市场，如医药产品中某些原料药和一些OTC药市场。在同质市场上，不同的竞争者向市场提供的医药和采用的市场营销策略大致相同，但是只有少数的医药市场属于同质市场。异质市场是指消费者对某种医药产品需求和对企业的营销策略的反应具有明显差异的市场。这是医药市场细分成为必要的原因之一。

同质市场和异质市场不是绝对一成不变的，随着科技进步、消费者价值观念的改变以及消费水平的提高，一些同质市场可能走向异质化，如钙片市场的老年钙、儿童钙等。医药市场细分过程的实质是异中求同。

三、医药市场细分的作用

医药市场细分是医药企业营销战略的一部分，为企业发现和了解市场机会、选择目标市场提供科学依据，避免企业人力、财力、物力的浪费，可以更好地满足消费者需求，提高企业市场竞争力。医药市场细分的作用具体表现在以下几方面。

（一）有利于医药企业认识市场，发掘市场潜力

通过医药市场细分，企业对每一个医药细分市场的购买潜力、满足程度、竞争情况等进行分析比较，发现尚未满足或没有被充分满足的消费需求，制订营销策略，开拓新市场，夺取优势市场。这对中小型医药企业尤为重要，通过市场细分，发现被大型企业所忽视且尚未满足或没有被充分满足的消费需求，充分挖掘潜在市场。

（二）有利于医药企业选择市场，制订营销战略

企业通过市场细分，有助于医药企业精确地掌握目标市场，清晰地理解消费者的需求及其追求，从而有针对性地选择目标市场，并根据竞争对手的状况，明确本企业产品与竞品之间的差异，即市场定位。此外，市场细分亦有助于医药企业制订产品定价、促销及分销策略。通过市场细分，企业能够更深入地理解子市场中消费者的需求、他们愿意支付的价格、购药的方式与渠道，以及不同促销手段对他们的影响等，这些信息将作为企业制订各项营销策略的基础。

（三）有利于医药企业应对变化，调整营销策略

在较小的细分市场即子市场上开展营销活动，市场调研的针对性强，市场信息反馈快，医药企业易于掌握市场需求的变化，并迅速准确地调整营销策略，取得市场主动权。

（四）有利于企业有效利用资源，实现营销目标

任何一个企业的资源和资金都是有限的，通过市场细分，确定企业营销目标，选择自己最有利的市场，有效利用人力、物力、财力等资源，发挥最大优势，取得最好效益。

四、医药市场细分的原则

进行有效市场细分，利于企业获取市场机会，满足顾客需求，但细分市场并非越细越好。例如，把心血管药的消费者按性别来细分，显然毫无意义。一个成功、有效的医药市场细分应遵循的基本原则有以下几方面。

（一）可衡量性原则

可衡量性原则是指医药企业对细分市场的购买力、规模和特征等可以测量。细分的市场应该是可以衡量的，只有这样，医药企业才能决定相应的生产规模、价格策略、分销策略和促销策略等。否则细分的市场将会因无法界定和度量而难以把握，市场细分也就失去了意义。

（二）可营利性原则

可营利性原则是指细分出来的市场，其容量或规模要足以使企业获利并具有发展的潜力，防止细分范围过细或范围过大。过细的市场规模，市场容量有限，成本耗费大，企业获利小，难以持续经营；过大的范围则不利于企业目标市场的选择，因此，企业在进行市场细分时，必须审慎考虑目标细分市场中顾客的数量、购买力以及购买频率，确保策略的针对性和实施的可行性。

（三）可区分性原则

可区分性原则是指在不同的细分市场之间，在概念上可以清晰地加以区分。细分市场在概念上可以区分，对不同营销策略的反应是不同的。

（四）可开发性原则

可开发性原则是指细分后的子市场是企业能够而且有优势进入，并能对其施加影响。

1. 企业在一定成本内能达到细分市场的要求。这对企业来说，就是市场进入壁垒的高低。企业应有能力满足细分市场相应的人力、物力、财力资源。

2. 企业有关医药产品的信息能够通过一定媒体顺利传递给该市场的大多数消费者。被确定的细分市场的消费者能有效地理解医药企业的产品概念；企业在一定时期内有可能将医药产品通过一定的分销渠道运送到该市场。

（五）稳定性原则

稳定性原则是指细分市场的特征应在一定时期内保持相对的稳定。各细分市场的特征能保持相对稳定，企业能够设计出吸引和满足这个细分市场消费者需求的有效方案，获得消费者认可，达到销售的目的。

五、医药市场细分的标准

医药市场细分的前提是消费者需求的差异性，构成消费者需求差异的各种因素变量，称为医药市场细分的标准。医药市场细分的常用标准如表5-1所示。

表5-1 医药市场细分标准

细分标准	具体变量
地理因素	国界、地区、政区、地域、地形、气候等
人口因素	年龄、性别、职业、收入、受教育程度、民族或种族、家庭生命周期等
心理因素	个性、态度、购买动机、生活方式等
消费者行为因素	购买者的品牌偏好程度、使用者情况、购买时机、使用频率、利益、营销敏感性等

（一）地理因素

由于地域环境、自然气候、文化传统、风俗习惯和经济发展水平等因素的影响，处在不同地理环境下的消费者的需求与偏好、购买行为、对企业营销策略的反应往往具有明显差别。因此，地理因素成为市场细分的标准。按照地理因素细分市场，一般可从国界、地区、政区、地域、地形、气候等因素划分，如表5-2所示。

表5-2 地理因素细分标准

细分标准	具体变量
国界	国内、国际
地区	东部、西部、南部、北部等
政区	省、市、县等
地域	城市与乡村
地形	平原、高原、山地、盆地、丘陵
气候	热带、亚热带、温带、寒带等

部分因素变量与用药的关系分析如下。

1. 地区 根据地理位置将市场细分为东部、西部、南部、北部等，地区差异会影响用药习惯，如南方人喜爱服用中药，北方人更愿意吃西药。

2. 地域 城市与乡村市场在用药习惯、用药常识、购买能力等方面都存在明显的差异。

3. 气候 由于气候的差异，疾病的发生情况有很大的不同。如鼻炎为寒冷气候条件下的多发病，广东炎热气候促使人们习惯喝凉茶。

地理因素是一种静态因素，易于识别，是细分市场应考虑的重要因素，但企业在选择目标市场时，还需结合其他细分变量予以综合考虑。

（二）人口因素

人口是构成市场的最主要因素，是造成市场需求差异的本质性的动因，同时人口统计变量更具有可衡量性，有关数据相对容易获取，因此，企业经常以它作为市场细分的依据。

按照人口统计细分市场，一般可以从年龄、性别、职业、收入、受教育程度、民族或种族、家庭生命周期等变量来细分市场。具体如表5-3所示。

表5-3 人口统计因素细分标准

人口因素	具体变量
年龄	婴儿、学龄前儿童、学龄儿童、少年、青年、中年、老年等
性别	男、女
职业	职员、教师、医生、科研人员、文艺工作者、企业管理人员、私营业主、工人、学生等
收入	高收入、中收入、低收入等
受教育程度	小学、初中、高中、大学、研究生及以上等
民族或种族	汉族、少数民族；黄种人、白种人、黑种人、棕色人种等
家庭生命周期	满巢、空巢、寡居等

主要因素变量与用药的关系分析如下。

1. 年龄 由于不同年龄的消费者在生理、审美、生活方式、价值观、社会角色、社会活动等方面存在差异，必然会有不同的需求特点。

（1）不同年龄段消费者的疾病发生情况有很大差异，如高血压等心脑血管疾病为中老年人的多发病，而在青年人中较少见。

（2）不同年龄段消费者的社会经历、价值观等都存在差异，其对医药的选择也有区别。如老年人购买医药时通常以经济、方便为首选条件，他们有充裕的时间反复挑选；而年轻人具有时尚、不在意价格、易受广告影响、易产生购买冲动的消费特点。

（3）人口老龄化的趋势。当前我国已进入深度老龄化，这将会对保健食品和老年病用药市场产生重大影响。

2. 性别 由于生理上的差别，男性与女性在医药需求与偏好上有很大不同，如减肥医药产品通常以女性消费者为需求主体。

3. 收入 是引起需求差异的一个直接而重要的因素，因为市场由有购买欲望和购买力的人组成，而收入在很大程度上决定购买力。消费者收入水平直接影响市场的大小和消费者的支出模式。如高收入者对保健食品的需求较多，对药价相对敏感度低。

4. 受教育程度 购买者受教育程度不同，其价值观、文化素养、知识水平不同，会影响他们对医药产品种类的选择和购买行为。受教育程度较高的人获取医药知识的能力较强，自我保健意识也较强，因此其购买行为会相对较为理性；受教育程度较低的人其购买行为受他人和广告的影响较大。

5. 家庭生命周期 在不同生命周期的家庭，家庭结构会有差异，用药需求也会不同。

（三）心理因素

心理因素较为复杂，难以准确把握，在医药消费中，消费者心理差异会影响用药需求。心理因素主要包括消费者个性、态度、购买动机、生活方式等，具体如表5-4所示。

表5-4　心理因素细分标准

心理因素	具体变量
个性	自信、自主、支配、顺从、保守、适应等
态度	踏实者、寻求权威者、怀疑论者和抑郁者等
购买动机	治疗、保健、自用、馈赠等
生活方式	平淡型、时髦型、知识型、名士型等

主要因素变量与用药的关系分析如下。

1. 个性　是指一个人比较稳定的心理倾向与心理特征，它会导致一个人对其所处环境做出相对一致和持续不断的反应，通常个性会通过自信、自主、支配、顺从、保守、适应等性格特征表现出来，并影响消费者思维和行动。如个性保守者通常不愿做新的尝试，新药接受程度低；外向型的人更喜欢新鲜事物。

2. 态度　是指一个人对某些事物或观念长期持有的好与坏的评价、情感上的感受和行动的倾向。根据人对医药产品的需求及治疗作用所持态度不同可以分为踏实者、寻求权威者、怀疑论者和抑郁者。踏实者追求方便、有效的医药；寻求权威者更相信医生的处方；怀疑论者对医药产品的效果有所质疑，很少用药；抑郁者极关注自己的健康，稍有症状即找医生或自行购药。

3. 购买动机　人的行为是受动机支配的，购买医药产品目的是治疗或保健、自用或馈赠，目的不同，选择则有差异。

（四）消费者行为因素

依据消费者对产品的了解程度、使用情况、购买频率及反应等行为变量来划分不同的群体。行为变量能更直接地反映消费者的需求差异，因而成为市场细分的最佳标准。具体如表5-5所示。

表5-5　消费者行为细分标准

消费者行为因素	具体变量
购买者的品牌偏好程度	反感、否定、无所谓、肯定等
使用者情况	从未使用者、曾经使用者、初次使用者、经常使用者等
购买时机	日常购买、节日购买、规则购买、不规则购买等
使用频率	少量、适中、大量等
利益	经济、质量、时髦、新奇、声望等
营销敏感性	敏感、不敏感等

主要因素变量与用药的关系分析如下。

1. 购买者的品牌偏好程度　有些购买者和处方者经常变换品牌，但有些购买者则在较长时期内专注于某一或少数几个品牌。

2. 使用频率　根据医药产品消费者对某种医药产品的用药量，可细分出大、中、小使用者群体，如大量消费者。

3. 利益 按购买者所追求的不同利益。例如,有的购买者追求经济实惠(低价)、有的习惯医院购药(声望)。

购买时机、使用者情况、营销敏感性等行为因素对医药市场细分也有不同程度的影响。

考点:医药市场细分标准

案例 5-1

肠胃药市场调查信息如下。

1. M牌多潘立酮片、J牌消食片等消费群体没有明显年龄特征。
2. 吡哌酸止泻药、C牌阿苯达唑片、X牌颠茄磺苄啶片,S牌维U颠茄铝胶囊优势市场在15~24岁的人群。
3. W牌复方胃宁片、三牌胃泰、Z牌藿香正气丸、S牌阿苯达唑片的优势人群在25~34岁。
4. 肠胃药最主要的消费人群为35~44岁,其渗透率到达了24.4%。
5. A牌胃药、W牌复方氢氧化铝、F牌甲氧氯普胺片、H牌西咪替丁片等优势人群主要集中在45岁以上。
6. M牌促胃动力药市场份额大并且忠诚度高,是肠胃药市场上的领导品牌,三牌胃泰、Z牌藿香正气胶囊、B牌复方铝酸铋、J牌消食片市场份额相对较小,但忠诚度较高。

问题: 请你采用恰当的细分标准对肠胃药市场进行市场细分。

六、医药市场细分的方法

(一)单一变量细分法

单一变量细分法,即选择影响消费者需求的某一个重要因素进行市场细分的方法。例如,依据地理区域这一变量可以将补血产品市场分为城市与乡村两个市场;也可依据购买动机分为自用和馈赠两个市场。

(二)综合变量细分法

综合变量细分法,即根据影响消费者需求的两种或两种以上因素进行市场细分的方法。例如,针对补钙药物市场,可按年龄及缺钙程度将市场分别细分为少年、中年和老年患者的轻度、中度、重度缺钙市场等9个细分市场。

采用多个变量综合细分,当使用的变量增加时,细分市场的数量会按几何级数增加,这会给细分市场的选择带来困难,因此很多医药企业采用系列变量细分法。

(三)系列变量细分法

系列变量细分法即根据医药企业经营的特点并按照影响消费者需求的多个因素,由粗到细进行市场细分。这种方法划出的市场就是目标市场,有利于企业更好地制订相应的市场营销策略。以某一补血产品的市场细分为例,如图5-1所示。

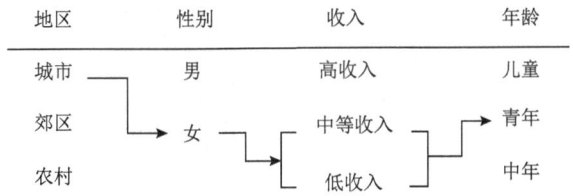

图 5-1 补血产品系列变量细分法

第2节 医药目标市场

一、医药目标市场的概念及评估

(一)概念

医药目标市场是指医药企业根据自身的经营条件和环境所确定要进入并满足其需求的市场。一般而言,任何企业都不可能满足所有顾客群的需要,为提高效益,企业通常在市场细分的基础上选择一个或几个最有利于企业经营的细分市场作为目标市场,针对性地制订和实施企业的营销战略和策略。企业的一切营销活动都是围绕目标市场展开的。一般目标市场的选择都是与市场细分相联系的,市场细分是目标市场选择的前提条件和基础,选择目标市场是市场细分的目的。

(二)评估

对细分市场进行价值分析。每一个企业在细分市场时,都要对它的经济价值进行评价,然后才能决定是否值得去占领。要对细分市场作出正确的评价,对市场进行评估最根本目的是对企业能在哪个市场获得多少未来收益,作出比较可靠的判断。

评估细分市场可以采用定量预测和定性预测相结合的方法。

1. 定量预测 主要包括①市场占有率分析;②销售增长率分析;③核算成本利润。

2. 定性预测 包括分析企业内外部环境。内部环境主要衡量企业的自身力量可以为其产品做何种营销努力,以获取适当的市场份额。外部环境主要是衡量以下几方面:①政治法律环境;②科学技术环境;③人口环境;④经济环境;⑤自然环境;⑥社会文化环境。

考点:医药目标市场的评估

二、医药目标市场范围与策略

企业在对不同的细分市场评估后就会选择目标市场,进入目标市场常见的模式包括密集单一型市场、产品专业化、市场专业化、选择性专业化、全面覆盖市场5种。具体如图5-2所示。

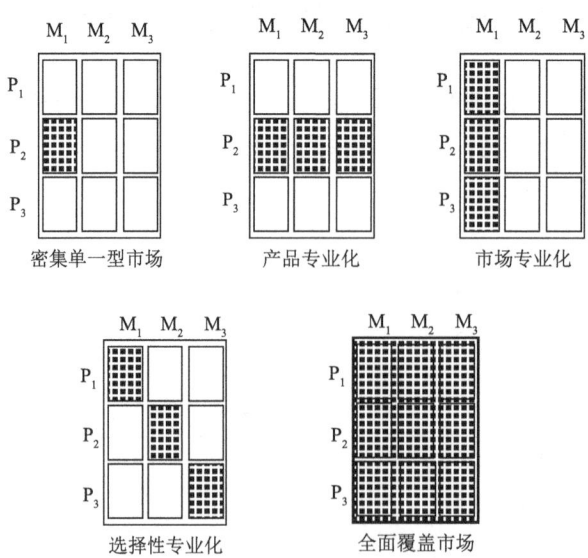

图5-2 目标市场常见的模式

（一）密集单一型市场

密集单一型市场是一种最简单的目标市场模式。密集单一型市场是指医药企业只选取一个细分市场，用单一的产品满足这个细分的需求。即医药企业只为这一个细分市场提供一类医药产品，供应单一的顾客群，进行集中化营销。

其优点是可以使企业更了解该细分市场的需要；企业可以集中力量于单一市场而提高投资效率和利润。但这种模式缺点是风险较大，一旦这一细分市场不景气或有强大的竞争者出现，都会使公司陷入困境。

（二）产品专业化

企业集中生产一种产品，并向各类顾客销售这种产品。采用这种模式的企业通常生产相似的产品，不同的品牌。

选择这种模式的优点：企业专注于某一种或某一类产品的生产和经营，有利于企业形成经营优势，在某类产品方面树立良好的形象。其缺点是当该领域一旦发生技术变革，出现全新的替代产品时，企业将会遭受巨大的风险。

（三）市场专业化

企业专门经营满足特定顾客群体需要的各种产品。采用这种模式，企业专门为特定的顾客群体服务，经营的产品类型众多，能有效分散企业经营风险，同时可与这一群体建立长期稳定的关系，并树立良好的形象。但由于集中于某一类顾客，当这类顾客需求下降时，企业也会遇到收益下降的风险。

（四）选择性专业化

企业在市场细分的基础上，选择进入若干细分市场，针对每个不同的细分市场提供不同的产品与服务，通常企业所选择的这些细分市场之间很少存在联系。

采用这种模式的优点：有效分散企业的经营风险，某个细分市场的失败对其他细分市场的盈利影响不大。采用此种模式要求企业有较强的资源及营销实力。在采用这种模式时应避免贪多，应选择具有吸引力并符合企业目标的细分市场。

（五）全面覆盖市场

企业生产各种产品去满足各种顾客群体的需求。该种模式对企业的人力资源、财力资源、物力资源、营销能力等要求极高。通常只有实力雄厚的大企业会选择这种模式。

三、确定目标市场的条件

目标市场选择是否恰当，直接关系到企业的经营成果。企业选择目标市场必须具备以下条件。

1. 有足够的销量，即企业所选定的目标市场一定有足够的现实和潜在的需求，能够给企业带来销量，使企业有利可图。

2. 企业能力与目标市场需求匹配，企业选择目标市场必须与企业所具有的能力与资源相适应，企业的人力、财力、物力能满足该市场的需求。

3. 有明确竞争优势，主要表现为①在目标市场上没有或竞争对手很少；②有竞争但不激烈；③企业有足够的实力击败竞争对手。

4. 目标市场必须在一定时期内相对稳定，目标市场只有在一定时期内相对稳定，企业才能制订较长期的营销策略，如市场变动过于频繁，则存在风险。

四、目标市场营销策略

企业目标市场的确定范围不同，选择进入目标市场的模式不同，所采用的营销策略也就不同。企业可供选择的目标市场营销策略有无差异性市场营销策略、差异性市场营销策略和集中性市场营销策略3种。

（一）无差异性市场营销策略

无差异性市场营销策略是指企业基于整体市场的消费者对某种医药产品的无差异性营销，只向市场推出单一产品，采用一种市场营销组合，试图满足所有消费者需求。采用无差异性市场营销策略的企业是把一个市场看作一个整体，将整个市场作为自己的目标市场，如图5-3所示。

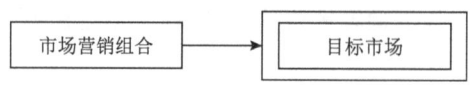

图 5-3　无差异性市场营销策略

1. 无差异性市场营销策略的优点

（1）成本的经济性　①以单一品种满足整体市场，生产批量大，可以实现规模生产，降低单位产品的生产成本；②单一品种可以减少储存量，节约存货成本；③渠道简单、固定，可以节省流通费用；④单一的促销方案可以节省促销费用；⑤相应减少市场调研、新产品研制、制订市场营销组合策略的人力、财力、物力等方面的投入。

（2）可创超级品牌。

2. 无差异性市场营销策略的缺点　第一，忽略了消费需求的差异性，可能失去一些较好的市场机会，不符合当前个性化需求的潮流；第二，无差别性市场需求的未满足，会吸引众多企业的加入，加剧整体市场的竞争，损害企业利益；第三，企业过分依赖单一品种，会降低企业对市场的适应能力和应变能力，企业竞争风险大。

3. 无差异性市场营销策略的应用　一是某种医药产品的需求本来就不存在差异，无须采用差异性营销策略；二是消费需求虽有差异，但企业只抓住市场共性需求，舍弃差异。其主要适用范围：具有广泛需求和大批量需求，公司也能够大量生产、大量销售的产品。如药品中的原料药、普药。

（二）差异性市场营销策略

差异性市场营销策略是指企业在市场细分的基础上，选择若干细分市场作为自己的目标市场，并针对每个细分市场生产不同的产品，采取不同的市场营销组合，以满足不同目标市场需求的策略。采用这种策略的企业一般都具有多品种、小批量、多规格、多渠道、多种价格和多种广告形式的营销组合等特点，以满足不同细分市场的需求，如图5-4所示。

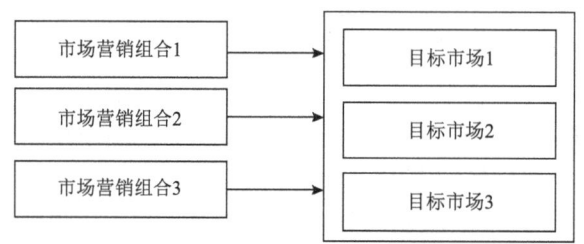

图 5-4　差异性市场营销策略

1. 差异性市场营销策略的市场覆盖方式

（1）品种覆盖策略企业　以品种的系列化覆盖目标市场需求的多样化。

（2）消费覆盖策略企业　为各个目标消费者群提供各种营销服务，满足消费者群的个性化需求。

（3）流通覆盖策略企业　对流通各环节分别采用不同的营销策略，以适应各流通环节顾客需求。

2. 差异性市场营销策略的优点　第一，以针对性的产品和市场营销组合满足各顾客群的需求，利于企业抓住市场机会，扩大销售，提高市场占有率；第二，可以降低企业的经营风险。由于细分市场之间的关联性不大，一个产品市场的失败不会威胁到整个企业的利益；第三，有特色的产品及其营销策略可以提高企业的竞争力，降低企业市场风险；第四，提升公司的知名度，利于企业对新产品的推广和争取长期稳定顾客群。

3. 差异性市场营销策略的缺点　第一，成本较高。由于生产的品种多、批量小，单位产品的生产成本提高；市场调研及新产品开发成本、存货成本也会相应提高；多样化的营销策略使渠道、广告成本都会增加。第二，生产经营多样化，增加企业管理控制难度。第三，强调品种特色，销售对广告的依赖性大。

4. 差异性市场营销策略的适用范围　企业通常要求有较雄厚的人力、物力、财力资源，有高技术水平、设计能力的专业人员，以及高水平的经营管理人员。

（三）集中性市场营销策略

集中性市场营销策略是指企业选择一个或少数几个细分市场作为目标市场，采用一种营销组合，实行专业化生产和经营的策略，如图5-5所示。

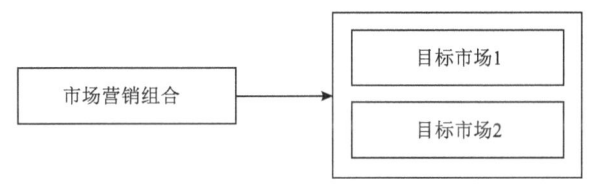

图 5-5　集中性市场营销策略

1. 集中性市场营销策略的优点　第一，可以集中优势，充分利用有限的资源，占领那些被其他企业所忽略的市场，以避开激烈的市场竞争；第二，专业化的生产和销售可以使这一特定市场的需求得到最大限度的满足，并在特定的领域建立企业和产品的高知名度；第三，高度专业化满足了特定的需求，市场形成依赖，提高了企业的投资收益率。

2. 集中性市场营销策略的缺点　是风险较大。企业将其所有的精力集中于一个市场或几个细分市场，一旦市场情况突变，或有强大的竞争者进入，或企业的预测及营销策略制订有缺陷等，都有可能使企业陷入困境。因此，采用这种策略的企业应密切关注目标市场情况的细微变化，提高企业市场应变能力。

3. 集中性市场营销策略的适用范围　大小医药企业都可以采用集中性市场营销策略，尤其适用于资源有限的中小企业。采用这一策略，小企业可以避开与大企业的正面竞争，选择那些大企业未注意或不愿进入的市场，往往更易获得成功。选用这一策略时应注意的是进入市场前应进行充分的市场调查，以保证企业经营方向的正确；同时，所进入的市场应有足够规模的利润和增长潜力，能最大限度地降低经营风险。

案例 5-2

S药业曾长期以无差异性市场营销策略为主导，拳头产品如抗生素系列，在全球范围内采用统一生产工艺和质量控制体系，其医药产品在各大医院、药店随处可见，品牌效应深入人心。T药业比S药业晚进入市场，但T药业通过深入调研，针对不同疾病特点、患者用药习惯和服务需求等，走差异性市场营销策略。做强抗病毒、肿瘤治疗等传统优势产品，积极研发高发病率的肝炎、糖尿病的创新疗法；推出改良型药物制剂，如更易吞咽的片剂等；建立患者援助项目、加强医患教育，提升患者用药体验。面对竞争对手的强劲挑战，S药业迅速调整市场策略，开始实施差异性转型。

问题：在竞争激烈的买方市场条件下，S药业是如何调整营销策略的？

五、医药目标市场营销策略选择应考虑的因素

医药企业在选择目标市场营销策略时应综合考虑各方面的因素。影响目标市场营销策略选择的主要因素有以下几种。

（一）企业实力

企业实力是指企业的设备、技术、资金管理和营销能力的综合反映。一般来说，实力雄厚、生产能力和技术能力较强、资源丰富的企业可以根据自身的情况和经营目标考虑选择无差异性市场营销策略或集中性市场营销策略。反之，实力弱小的企业，无力兼顾更多的市场，则应选择集中性市场营销策略。

（二）医药特点

依据不同医药特点和消费者对医药的选择程度，选择适用的营销策略。医药自身的特点主要是指医药的同质化和异质化特点。医药的同质化大，如原料药和中药材类，那么它们的竞争就主要集中在价格和服务上，通常宜选择无差异性市场营销策略。对于大部分在性能和品质等方面的差异较大的医药产品，如不同的剂型的制剂类产品等，为了应对竞争和满足需求，企业宜采用差异性市场营销策略或集中性市场营销策略。

（三）市场特点

市场特点是指不同细分市场中客户的需求及对企业的营销刺激的反应是否存在明显的差异。如市场的差异性较大，企业宜选择差异性市场营销策略或集中性市场营销策略。反之，市场的差异性较小，宜选择无差异性市场营销策略。

（四）医药生命周期

医药处在不同的市场生命周期阶段，采用市场营销策略不同。在导入期及成长期前期，同类产品的竞争者较少，企业也通常没有进行多品种开发和生产的能力，宜选择无差异性市场营销策略。一旦进入成长期后期和成熟期，竞争日益激烈，为使本企业的产品区别于竞争者，确立自己的竞争优势，应采用差异性市场营销策略或集中性市场营销策略。当产品步入衰退期时，市场需求量逐渐减少，企业不宜再进行大规模生产，更不能将资源再分散于多个市场份额小的细分市场，宜采用集中性市场营销策略。

（五）市场供求趋势

当产品在一定时期内供不应求时，消费者没有选择的余地，需求即使有差别也可以忽略不计，可以采用无差异性市场营销策略以降低成本。当供过于求时，企业宜采用差异性市场营销策略或集中性市场营销策略。但任何产品供不应求的卖方市场状态通常都是暂时的和相对的，最终都会向买方市场转化。

（六）竞争对手策略

企业在市场中都要面对竞争者，采用哪种策略视竞争对手的策略而定。一般而言，当竞争对手采

用无差异性市场营销策略时，企业宜选择差异性市场营销策略或集中性市场营销策略，以区别于竞争对手，提高竞争力。如竞争对手采用差异性市场营销策略，企业应进行进一步的细分，实行差异性市场营销策略或集中性市场营销策略。

考点：选择目标市场营销策略应考虑的因素

第3节　医药市场定位

一、医药市场定位的概念和作用

医药市场定位是指根据竞争者现有的医药产品在市场上所处的位置和自身条件，以及购买者与医生对医药产品的特征属性的重视程度，塑造本企业医药产品与众不同的个性，并把这种个性传达给购买者和医生，以确定本企业医药产品在市场上位置的过程。

当顾客考虑或评价一个医药产品（或企业）时，通常会以同一市场内同类产品进行比较。通过比较同类医药产品的特性和效用，顾客会对该医药产品（或企业）形成一定印象，则为定位。

因此，企业在对医药产品进行定位的同时，还必须将所塑造出来的医药产品差异性的特色信息正确地传达给客户，并被其目标客户所认同。否则就失去了定位的意义。医药市场定位具有以下作用。

医药市场定位有利于建立医药企业及产品的市场特色，是企业参与现代市场竞争的有力武器。

医药市场定位的核心就是要塑造本企业医药产品与竞争者相区别的个性或形象，即使本企业的医药产品"差别化"，以求在目标顾客群中形成一种特殊的偏爱。这种"差别化"可以是多方面的，可以是医药产品实体的差异化，如成分、剂型、疗效、剂量等；也可以是服务、价格、分销渠道、品牌形象上的差异，如提供免费煎药、专业咨询服务，以及将处方药转换为非处方药的渠道创新；或者，这两方面共同作用表现出来的差异化，如优质、价廉、服务周到、技术先进等。

医药市场定位是医药企业制订市场营销组合策略的决策基础。医药企业的市场营销组合要受到企业市场定位的制约。

医药市场定位有助于企业优化资源配置。可以集中优势，将有限的资源集中于优势医药产品或目标市场。

二、医药市场定位的步骤

医药企业在对产品进行定位时，必须按照一定的步骤进行，比较完整的医药市场定位，通常包括四个步骤。

（1）调查研究医生和患者对此类医药产品的属性和特征的关注程度及他们的评价标准，他们是怎样了解和记忆这类医药产品的属性和特征的。如医生和患者都先关注的是医药产品的疗效，但患者通常会从症状的缓解程度来判断疗效，医生则更关注其药理作用。

（2）了解竞争者现有的医药产品在市场中的位置，在消费者和用户心目中的地位、形象和特征。

（3）准确选择相对竞争优势，确定本企业医药产品的特色。准确选择相对竞争优势就是一个医药企业各方面的实力与竞争者的实力比较的过程。通常的方法是分析、比较企业与竞争者在经营管理、技术开发、采购、生产、市场营销、财务、产品等方面究竟有哪些强项、哪些弱项，确定企业相对竞争优势。

（4）显示独特的竞争优势。通过制订和实施一系列的市场营销组合策略，为医药产品设计独特形象，将这种特色形象传递给患者和医生，并试探销路。如在促销方面，处方药的学术推广、OTC产品大众传播等方式都是较为有效的做法。

三、医药市场定位的方法

医药市场定位的宗旨是要寻求使患者和医生认同的特色,主要的定位方法有以下几种。

1. 医药产品的属性、功效定位 强调属性、功效是产品定位的好方法。可根据医药产品的适应证和功效来突出自身的特色。例如,一种感冒药的定位宣传为"缓解流泪、流鼻涕、打喷嚏等三大感冒症状";另一种感冒药的定位诉求为"中西药结合,疗效好"。

2. 医药产品利益定位 依据顾客购买医药产品能带来的利益定位。购买医药产品所追求的核心利益是健康,但同时也有附加利益,如某退热药——"让妈妈放心的退烧专家",强调父母关爱孩子的情感性利益诉求。

3. 医药产品质量和价格定位 质量和价格一般是消费者最关注的两个因素,因此宣传高质低价是很多企业采用的方式。如某补钙剂的定位宣传:"含钙量高(质量)"。

4. 医药产品使用者定位 通过使用者定位,把某些医药产品指引给适当的使用者或某个细分市场,以便使客户群体有这样的印象:这种医药产品是专门为他们定制的,因而最能满足他们的需求,如某品牌的多种维生素加钙咀嚼片,主要使用者为儿童。

5. 竞争定位 将医药产品在与竞争直接有关的属性或利益方面定位,暗示自己产品与竞争者的不同。患者和医生所关注的属性往往不是单一的,可将多种因素结合起来,针对竞争者的不足,突出本企业的医药产品某个特性和功能。例如,某感冒药的定位诉求:治感冒,快。突出与其他感冒药的差异。

四、医药市场定位策略

要确定自己在竞争中的地位,需要考虑竞争对手、顾客的需求、产品本身的属性,可选择不同的定位策略。医药市场定位策略主要有以下几种。

1. 避强定位 避开强有力的竞争对手,将自己的产品定位于另一个市场的空白点。当企业意识到自己无法与强大的竞争者抗衡时,可以选择远离竞争者,依据自身的条件与相对优势,突出宣传自己与众不同的特色,开发另一市场上被竞争者忽略的潜在需求。这种策略避开了强大的竞争对手,风险较小、成功率高,即使实力较弱的小企业,如能准确定位,也能取得成功。

2. 迎头定位 与市场上最强的竞争对手正面竞争,进入与其相同的市场,争夺同样的顾客,彼此在产品、价格、分销及促销等各方面差别不大。选择这一定位策略的条件:①与企业条件相符合的市场已被竞争者占领;②企业实力雄厚,有赢得竞争的把握。

采用这种市场定位策略的风险较大,企业选择前应做好充分的准备。

3. 重新定位 企业调整原有的市场定位,变动产品特色,促使目标顾客群对其产品形象进行重新认识的定位过程。一般出现下列情况,企业有必要考虑重新定位:①企业的经营战略和营销目标发生了变化;②企业面临激烈的市场竞争;③企业为适应目标顾客的新需求。

医药企业在市场重新定位时,尚需考虑两个主要因素:一是企业品牌重新定位的费用;二是重新定位获取的市场效益。例如,某口服液,最初以治疗黄褐斑为诉求点;20世纪90年代中期起用"祛斑、养颜、活血、滋阴"的诉求;其后强调产品含有阿魏酸,能够调理内分泌,是令肌肤重现真正天然美的纯中药制品等。

4. 共享定位 也称"高级俱乐部"战略,将自己定位在某一类竞争者的同一位置上,与现有竞争者和平相处。很多实力不够的企业通常采用这种定位策略。

需要注意的是,实行共享定位策略并不是试图压垮对方,而是市场追随,能够分得部分市场而已。

5. 创新定位 寻找新的尚未被占领但有潜在市场需求的位置,填补市场上的空缺,生产市场上没有的、具备某种特色的产品。这种定位策略具有经营风险小、成功率高的特点。进行创新定位需要具备市场存在尚未被发现的需求、有足够的市场容量以及能盈利等条件。

考点：医药市场定位的步骤

案例 5-3

G 制药厂的某感冒药刚刚上市三个多月就实现销售额 7000 多万元，其在国内第一次采用日夜分开的给药方法，产品上市时，广告语"白天吃白片，不瞌睡；晚上吃黑片，睡得香。清除感冒，黑白分明"家喻户晓，形成了巨大的市场冲击，仅半年就分割了全国 15%的感冒药市场。在不到 10 年时间里，G 制药厂的某感冒药在感冒药市场上，不论品牌知名度、美誉度还是忠诚度都名列前茅。

问题：G 制药厂的某感冒药成功的原因是什么？有何启示？

技 能 实 训

【实训主题】

医药市场细分和市场定位。

【实训的目的和要求】

理解医药市场细分在选择目标市场中的作用，掌握市场细分的标准和方法。培养学生的实际应用能力。

【实训情景】

你作为某感冒药制药企业的营销经理，对目前的销售情况不满意，想要提升业绩，通过市场调查，发现医药目标市场不清晰，市场定位模糊。为了解决这一问题，就需运用所学的知识对感冒药市场开展市场细分，并进行市场定位。

【实训步骤】

1. 确定市场细分的标准。
2. 明确市场定位的方法。
3. 选择目标市场。
4. 进行市场定位。

目 标 检 测

一、名词解释

1. 医药市场细分　2. 医药目标市场
3. 医药市场定位　4. 无差异性市场营销策略

二、单项选择题

1. 首先提出"市场细分"概念的是（　　）
   A. 菲利普·科特勒　　B. W. 史密斯
   C. 马斯洛　　　　　　D. 亚当·斯密
2. 按年龄、性别、家庭生命周期、收入、职业等为基础细分市场是属于（　　）
   A. 地理因素细分标准　B. 心理因素细分标准
   C. 人口因素细分标准　D. 行为因素细分标准
3. 目标市场无论是从购买者还是从产品角度，都集中于一个细分市场属于以下哪种策略（　　）
   A. 市场专业化　　　　B. 产品专业化
   C. 密集单一型市场　　D. 选择性专业化
4. 以下属于心理因素细分标准项目的是（　　）
   A. 地理区位　　　　　B. 性格
   C. 性别　　　　　　　D. 环境
5. 具有多品种、小批量、多规格、多渠道、多种价格和多种广告式的营销组合等特点的企业一般采用（　　）
   A. 无差异性市场营销策略　B. 产品专业化策略
   C. 差异性市场营销策略　　D. 集中性市场营销策略
6. 医药市场细分通常是以什么为导向（　　）
   A. 企业生产　　　　　B. 消费者需求
   C. 产品特性　　　　　D. 市场竞争
7. 医药目标市场是指（　　）
   A. 医药企业想要进入的所有市场
   B. 医药企业根据自身的经营条件和环境所确定要进入并满足其需求的市场
   C. 医药企业已经占据的市场
   D. 医药企业最大的潜在客户群体

8. 医药市场定位的核心是（　　）
   A. 降低产品价格
   B. 塑造本企业医药产品与竞争者相区别的个性或形象
   C. 增加产品种类
   D. 提高产品质量
9. 以下哪个**不**是影响目标市场策略选择的主要因素（　　）
   A. 企业实力　　　　B. 医药特点
   C. 政府政策　　　　D. 医药生命周期
10. 集中性市场营销策略主要适用于哪些企业（　　）
    A. 所有规模的企业　　B. 实力雄厚的大企业
    C. 资源有限的中小企业　　D. 新兴的初创企业

三、简答题

1. 医药市场细分有哪些标准？
2. 什么是医药目标市场？确定目标市场有哪些条件？
3. 目标市场营销三大策略有何异同？
4. 医药市场定位有哪几个步骤？

（臧婧蕾）

第6章 医药产品策略

> **学习目标**
>
> **1. 知识目标** 掌握医药产品的整体概念、产品组合策略、产品品牌策略和产品包装策略等。熟悉医药产品、产品生命周期和品牌的概念。了解医药产品的开发。
>
> **2. 能力目标** 能够分析现有医药产品所处的生命周期阶段并采取营销策略。运用品牌和产品包装策略进行医药产品营销。
>
> **3. 素质目标** 树立对生命和健康的尊重和敬畏的信念,培养医药产品合理用药、治病救人的商业伦理和仁爱之心,培养勤于思考、善于分析的良好习惯和精进创新的药德精神。

第1节 医药产品的概念及其整体概念

一、医药产品的概念

产品的概念有广义和狭义之分。传统上认为产品是具有某种物质形态和用途的物品,如衣服、医药产品等,这是狭义的产品概念。消费者购买某种产品时,不仅仅为了取得一件有形的、可以使用的物品,而更重要的是得到某种实际利益、满足某种欲望和需要。现代市场营销学认为,产品是指企业能够提供给市场、用于满足人们某种欲望和需要的有形物品和无形服务,这是广义的产品概念,即产品=有形物品+无形服务。有形产品包括产品的实体及其品质、特色(如色泽、气味等)、规格、款式、品牌和包装等;无形产品包括销售服务、送货上门、产品形象、市场声誉、咨询等。

《中华人民共和国药品管理法》第二条规定,药品是指用于预防、治疗、诊断人的疾病,有目的地调节人的生理机能并规定有适应证或者功能主治、用法和用量的物质,包括中药、化学药和生物制品等。从市场营销的角度来说,医药产品指能够满足消费者保健、防病、治病等需求的有形产品和无形服务,其中各类医药产品实物属于有形产品,用药咨询、护理服务等属于无形服务。

二、医药产品的整体概念

医药产品是企业与消费者建立可盈利关系的基础。营销组合策划就是从为目标消费者设计他们需要的产品开始的。医药产品的整体概念包括五层含义,即核心产品、形式产品、期望产品、附加产品和潜在产品,如图6-1所示。

(一)核心产品

核心产品也称产品的实质层,是产品整体概念最基本的层次,是消费者需求的核心内容,即产品向消费者提供的基本效用和利益,因而是消费者真正想要购买的东西。例如,消费者购买感冒药是为了缓解感冒鼻塞、打喷嚏、咳嗽、头痛等不适症状,从痛苦中解脱出来。同样,消费者购买电动折叠轮椅,不只是购买了一台医疗器械,他们在购买自由的生活、效率以及与亲朋好友更多的接触,购买的是患者重新面对世界、走向世界的一个不可或缺的好帮手。核心产品是产品整体概念中最基本、最主要的部分,企业只有了解消费者需求的核心产品,才能准确引导消费者,满足消费者的需求。

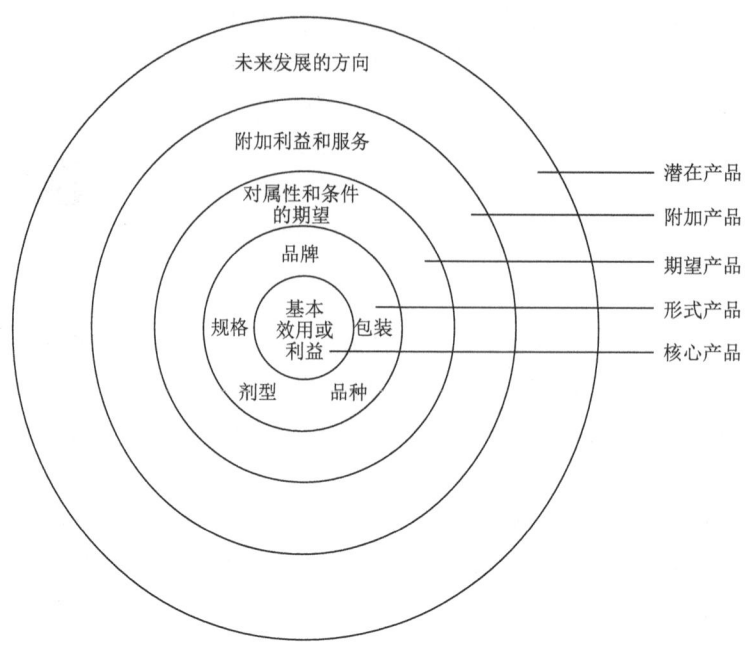

图 6-1　医药产品整体概念示意图

（二）形式产品

形式产品也称产品的实体层，是指核心产品借以实现的形式或者目标市场对某种需求的特定满足形式，即企业满足消费者需求而提供的产品的各种形式。具体到医药产品，其形式产品主要包括医药产品的品牌、剂型、特点、规格、品种、包装等内容。如阿莫西林可以做成片剂、混悬剂、胶囊剂、颗粒剂等多种剂型，每种剂型又有多种规格，这些都是消费者能看得见、摸得着、叫得出的具体东西。随着经济的飞速发展，人们的消费水平在不断提升，消费观念也在不断发生改变，消费者购买、使用某种产品时，还会考虑产品的名称、形状、外观、口味、品牌等。再加上市场竞争的不断加剧，企业需要重视形式产品的塑造，不断研制出更适应消费者需求、更丰富的形式产品，这样才能在激烈的竞争环境中脱颖而出，受到市场的青睐。

（三）期望产品

期望产品也称产品的受益层，是指消费者在购买产品时，期望得到的与产品相关的属性和条件。不同的消费者购买同一种医药产品的期望是不同的。例如，消费者购买补钙产品除了期望得到钙质的补充，对于老年消费者还期望补钙产品容易服用，对于孕妇还会注意添加剂、安全问题，对于成人给儿童购买还会期望产品口感好一些。如果消费者获得了满意的期望产品，将形成良好的品牌形象，认识并认可品牌，形成品牌忠诚度，形成良性循环。

（四）附加产品

附加产品也称产品的延伸层，是指消费者在购买产品时所获得的全部附加利益和服务，包括质量保证或承诺、免费送货、安装、维修、售后服务等。医药产品的附加产品包括用药咨询、用药指导、建立健康档案等。例如，很多中药店为消费者提供免费煎药服务，有些药店有24h售药服务，这些是产品的延伸和附加，能够给消费者带来更多的利益和更大的满足。随着科技的发展和医药企业生产管理水平的提高，通用名相同的产品在核心产品和形式产品上差别不明显，这就使得企业竞争能力高低的关键因素集中到附加产品方面。

（五）潜在产品

潜在产品也称产品的创新层，是指现有产品包括所有附加产品在内的，可能发展成为未来最终产品的潜在状态产品,指出了现有产品可能出现的演变趋势和前景。潜在产品是所有产品形式中最高级的,不仅需要依靠科学的调查方法,还需要企业有独到的判断力和观察力。企业通过分析消费者的购买行为和行业发展趋势,积极主动研发满足消费者需求的新产品,引领需求趋势,形成绝对竞争优势。例如,嵌合抗原受体 T 细胞(chimeric antigen receptor T cell,CAR-T 细胞)产品治疗血液瘤疗效好,但生产成本高、产能低,在科研人员的攻坚下,CAR-T 细胞产品成本下降将成为必然趋势,最终成为普通患者可及的"平民化"治疗药物,为重症患者提供更多治疗机会。

总之,产品整体概念的五个层次体现了以消费者为中心的现代营销观念,这一概念的内涵和外延都以消费者的需求为标准。企业应努力在五个层次上展开营销活动,增加产品的价值,降低消费者购买时付出的成本,只有这样才能获得竞争优势。

考点:运用医药产品的整体概念分析产品

案例 6-1

某医药公司生产的××血脉康胶囊是治疗和预防心脑血管疾病的纯天然中药制剂。该药主推老年消费群体,公司在社区、实体药店、老年活动中心和康养中心开展心脑血管相关自我保健知识的讲座,或派发宣传手册、绘制黑板报和视频介绍等方式,指导老年群体正确选择、合理使用心脑血管药物。如有必要可为老年慢性病患者提供上门服务或者电话指导患者服药及疾病相关检查(如测血压、测血糖、饮食指导等),定期对患者的服药情况进行调查和分析,以提高药物使用的安全性。此外,公司需要加强医药产品销售环节的管理,防止假药、劣质药进入市场带来隐患。

问题: 运用医药产品整体概念分析该医药产品的五个层次。

第 2 节 医药产品组合

一、医药产品组合概述

(一)产品线

产品线也称产品大类,指功能相似、被销售给同样的顾客群、通过同类卖场销售,或者处于同一价格区间的一组密切相关的产品。即一条产品线就是一个产品类别,是由使用功能相同、能满足同类需求而规格、型号、花色等不同的若干个产品项目组成的。在表 6-1 中,该医药企业的产品组合按医药产品用途分为 5 条产品线,分别是消化系统类、解热镇痛类、呼吸系统类、心脑血管类、神经系统类。

(二)产品项目

产品项目是指企业生产的具有不同功能、不同规格、不同价格、不同剂型、不同包装等的各个产品。即一个产品项目,指企业产品目录上列出来的每一个产品。例如,某药厂生产的阿莫西林胶囊有 24 粒/盒和 36 粒/盒装两种规格,这个就属于企业两个不同的产品项目。

(三)产品组合

产品组合是指企业所生产或经营的全部产品项目和产品线的组合和结构,它的出发点是满足消费者的需求。产品组合可以用四个要素来描述,即宽度、深度、长度、关联度。

1. 宽度 也称为广度,指企业所拥有的产品线的数量。如表 6-1 所示,某企业共有 5 条产品线,该企业产品组合的宽度为 5。企业拥有的产品线数目越多,其产品组合的宽度越广,反之则越窄。这个指标反映了企业经营范围的宽窄程度和抵御风险的能力。

2. 深度 指一条产品线里拥有的产品项目的多少。如表 6-1 所示,消化系统类产品线有养胃舒颗粒、气滞胃痛颗粒、西咪替丁片、颠茄片、兰索拉唑片五种药物,那么这条产品线的深度为 5。这个指标反映医药企业满足同类细分市场消费者需求的能力。

3. 长度 指企业经营的所有产品线所包含的产品项目的总数量,即每条产品线的深度之和。如表 6-1 所示,该企业的产品组合中共有 5 条生产线,其组合的长度为 5+4+5+4+5=23。产品项目越多,产品组合的长度越长。

4. 关联度 指不同的产品线之间在生产要求、分销渠道、最终用途或者其他方面相互关联的紧密程度。企业各产品线之间关联性越密切,说明各产品线之间越具有一致性。如某厂的医药产品和保健品采用同一中药材作为原材料,并且使用同一分销渠道,那么这两条产品线的关联度较高。医药企业会开发医药产品组合关联度高的产品,这样可以充分发挥优势,提高企业声誉。

表 6-1 某医药企业的产品组合

产品线	产品项目
消化系统类	养胃舒颗粒、气滞胃痛颗粒、西咪替丁片、颠茄片、兰索拉唑片
解热镇痛类	布洛伪麻片、桑菊感冒片、盐酸金刚烷胺胶囊、羚羊感冒片
呼吸系统类	盐酸氨溴索片、氨茶碱片、沙丁胺醇吸入气雾剂、清肺化痰丸、橘红丸
心脑血管类	硝苯地平片、洛伐他汀分散片、丹红注射液、复方川芎胶囊
神经系统类	甲钴胺片、利培酮片、吡拉西坦胶囊、卡比多巴片、盐酸苯海索片

二、寻找最佳产品组合的途径

不同的企业拥有不同的市场,产品组合也不相同,企业应根据市场的需要,充分考虑企业的经营目标和企业实力,寻找最佳的产品组合,对产品组合的深度、广度、长度和关联度等作出最佳决策。

寻找最佳产品组合常采用波士顿矩阵(Boston matrix)(又称为产品系列结构管理法),如图 6-2 所示,该矩阵是分析企业产品组合和资源分配的策略工具。

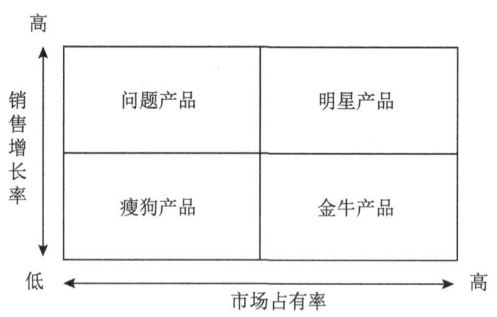

图 6-2 波士顿矩阵

波士顿矩阵认为,决定产品结构有两个基本因素:市场引力与企业实力。市场引力包括整个市场的销售量(额)增长率、竞争对手强弱及利润高低等,其中最主要的是销售增长率,它是反映市场引力的综合指标,是决定企业产品结构是否合理的外在因素。企业实力包括市场占有率、设备、技术、资金利用能力等,其中市场占有率是决定企业产品结构的内在要素,直接显示出企业的竞争实力。

销售增长率与市场占有率既相互影响,又互为条件:市场引力大,市场占有率高,可以显示产品发展的良好前景,企业也具备相应的适应能力,实力较强;如果仅有市场引力大,没有相应的高市场占有率,说明企业尚无足够实力,该种产品也无法顺利发展。相反,企业实力强,而市场引力小的产品也预示了该产品的市场前景不佳。

通过以上两个因素相互作用,会出现四种不同性质的产品类型,从而形成不同的产品发展前景。

1. 明星产品 指销售增长率高、市场占有率高的产品群,这类产品由于市场增长迅速,有可能成为企业的现金流产品,所以企业需要加大投资以支持其迅速发展。对于这类产品应采取发展策略:积极扩大经济规模和市场机会,以长远利益为目标,提高市场占有率,加强竞争地位。

2. 金牛产品 称厚利产品,是指销售增长率低、市场占有率高的产品群,已进入成熟期。这类产品销售量大、利润率高、负债率低,能为企业提供较多现金,可以用来支持其他产品的生存和发展,尤其能作为明星产品投资的后盾。对这类产品应采取维持策略:投资维持现状,保持产品的市场占有率。

3. 问题产品 指销售增长率高、市场占有率低的产品群。这类产品利润率较低、所需资金不足,负债率高,属于前途未卜的产品。对这类产品应采取选择性投资策略:大量投资使其转入明星产品类,或是断然淘汰。

4. 瘦狗产品 也称衰退类产品,指销售增长率低、市场占有率低的产品群。这类产品利润率低、处于保本或亏损状态,负债率高,无法为企业带来收益。对这类产品应采取撤退策略:应立即淘汰,将剩余资源向其他产品转移或整顿产品系列。

考点:产品组合的相关概念

三、医药产品组合策略

医药产品组合策略是医药企业面对市场的变化、自身条件竞争态势,对所生产经营的多种医药产品进行最佳组合的策略,其目的是使医药产品组合的宽度、深度、长度及关联度处于最佳结构,以提高医药企业的竞争能力,取得最高的经济效益。常见的产品组合策略有以下几种。

(一)扩大产品组合策略

扩大产品组合策略是开拓产品组合的宽度和增强产品组合的深度。开拓产品组合的宽度是在原有产品组合中增加新的产品线,甚至增加与原有产品不相关的新产品线,扩大产品经营范围,例如,某药企推出药茶产品。增强产品组合的深度是在原有的产品线内增加新的产品项目,以满足市场对同类产品的不同要求,又如,某一产品线原有医药产品增加新的规格和剂型。

扩大产品组合可以满足不同消费者的需求,提高市场占有率;利用企业信誉,完善产品系列,扩大规模;利用企业资源及生产能力,提高经济效益;减小市场需求变动性的影响,分散市场风险。

(二)缩减产品组合策略

当市场不景气、成本上涨、利润减少时,企业可以考虑缩减产品组合策略。该策略是削减产品线或产品项目,削减那些获利较小甚至亏损的产品线或产品项目,集中资源发展获利多的产品线和产品项目。

缩减产品组合可以集中资源和技术力量改进保留产品的品质,提高产品商标的知名度;生产经营专业化,提高生产效率,降低生产成本;有利于企业向市场的纵深发展,寻求合适的目标市场;减少资金占用,加速资金周转。

(三)产品线延伸策略

产品的市场定位是随着企业的发展和消费者的需求发生变化的。企业在原有产品基础上进行产品线延伸,有以下三种方法。

1. 向下延伸 企业最初定位于市场的高端,生产高档产品,随后想要向下延伸,让高档产品进入中、低档产品市场,或在原产品线下生产低档产品。运用这种策略可以填补现有的市场空白,赢得更多的消费者,扩大市场占有率,在低端市场上寻求更高的销售增长率,并能通过拓展低档产品来反击竞争对手，防止竞争对手的攻击性行为。

2. 向上延伸 企业原来定位于市场的低端，生产低档产品，随后决定向上延伸，让低档产品进入中、高档产品市场，或在原产品线下生产高档产品。运用这种策略可以有效地提升品牌资产价值，改善品牌形象，并有可能为企业带来较高的利润率，当企业的生产技术和营销能力已具备进入高档产品市场的条件时，可以选择向上延伸，以寻求更高的市场占有率和利润。

3. 双向延伸 企业原来定位于市场的中端，生产中档产品，占据了市场优势地位后，决定向产品线的上下两个方向延伸，一方面增加低档产品，扩大市场阵地，力求全方位占领某一市场；另一方面增加高档产品，提升企业形象。

案例 6-2

某制药企业始建于1669年清康熙八年，其中安宫牛黄丸、大活络丸、乌鸡白凤丸、牛黄解毒丸等产品，堪称中成药的经典品种。但现在，占据该药企自营药店显眼位置的柜台上摆满了人参、冬虫夏草等高档保健品，这些产品是由子公司某健康药业生产的。它的定位就是生产高档保健品，面向中高收入人群。短短几年时间，此健康药业采取"店中店"经营模式，在各大高档商场扎根。尽管该健康药业在2004年才成立，但它已经在整个集团分公司利润排名第三了，很有发展潜力。

问题：以上案例采取了哪种产品组合策略？

第 3 节　医药产品生命周期

一、医药产品生命周期的概念

产品生命周期（product life cycle，PLC）是指一种新产品从进入市场到被淘汰退出市场的全过程所经历的时间，即产品从上市到退出市场的时间间隔，需要经历开发、介绍、成长、成熟、衰退的阶段。可见，产品生命周期是产品的市场寿命周期。医药产品生命周期是指从医药产品的研发开始，到注册评价、上市使用、再评价，直到被淘汰退出市场的整个过程。分为开发期、介绍期、成长期、成熟期和衰退期五个阶段，如图 6-3 所示。

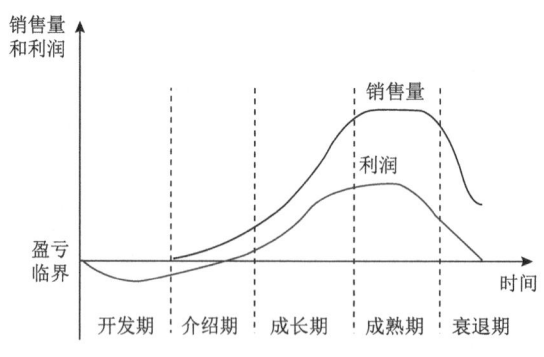

图 6-3　医药产品生命周期示意图

对于医药产品生命周期的理解应注意以下几点。

1. 医药产品生命周期实际上是特指医药产品的市场寿命、经济寿命，而并非医药产品的使用寿命、自然寿命。医药产品的使用寿命是指医药产品的自然使用时间，即具体物质形态的变化，是针对医药产品实体的消耗磨损和耐用程度而言的，是具体的、有形的变化，是一种"自然寿命"。而医药产品生命周期则表明医药产品在医药市场上的变化过程，是针对医药产品的社会形象和销售情况而言的，它是抽象的无形的变化，是一种"市场寿命"或"经济寿命"。

2. 营销学主要研究医药产品品种的生命周期。医药产品类别、医药产品品种和医药产品品牌的生命周期是各不相同的。有些医药产品的类别，还无法预见其周期变化规律，几乎可以无限延长下去，如心血管类药品、解热镇痛类药品等。医药产品品牌的周期变化没有规律性，主要依赖于企业的意愿和营销能力等，可以长期使用下去，也可以经常变化；而医药产品品种的生命周期是典型的，它的发展变化过程有一定的规律可循，其也是人们主要研究的对象。

3. 医药产品的生命周期是相对的而非绝对的。不同的研究对象（行业产品或企业产品），不同的区域，其生命周期是不同的。企业产品受企业自身的生产、营销能力等因素的影响，并不一定和整个行业的产品生命周期保持一致，医药行业在不同的国家，其医药产品的生命周期也是不一致的。例如，一个药物在发达国家已经进入成熟期或者衰退期，而在发展中国家则可能还没有上市或者刚进入介绍期。

总而言之，医药产品生命周期由于受众多因素的影响会产生各种变化，但总的形态基本上还是呈正态分布的，并随着市场竞争和科技的发展，多数医药产品的生命周期都在日益缩短。

二、医药产品生命周期各阶段的特点

（一）开发期的特点

开发期是新药研发及核准上市的整个过程。始于概念验证试验（即一种药物对某种疾病有效的试验）并获得阳性结果，在此期间企业不断增加市场调研和研发等初期投资，医药产品开发周期长、投入多，成本较高，但产品还未上市销售，销售额为零，利润为负。

（二）介绍期的特点

介绍期是产品投入市场，销售缓慢成长的时期。

1. 新产品投入市场时，消费者了解较少，购买的消费者不多，有一些思想新潮、经济状况较好或者疾病发展需要的消费者会购买；医生对产品也不太了解，大部分不会轻易改变自己的处方习惯，导致产品销售量低、生产量小。

2. 由于医药产品销量极为有限，生产量小，导致设备利用率低，制造成本高；为了扩大销量，企业需要投入资金开辟营销渠道，营销成本高；利润较小，甚至为负利润，许多新产品在这个阶段夭折，风险较大。

3. 由于看不到利润，竞争者多属于观望状态，尚未加入。

（三）成长期的特点

成长期是产品已被消费者接受，批量生产，销售迅速扩大的阶段。

1. 医药产品被越来越多的消费者熟悉、接受并使用，销量剧增，市场逐步扩大。

2. 由于产品销量增加，产品已经定型，技术工艺成熟，医药产品已具备批量生产的条件，生产成本相对降低；随着不断扩大的销量分摊了促销费用，单位制造成本下降，利润迅速增加。

3. 由于巨额的利润吸引竞争者纷纷进入市场，使同类产品供给量增加，市场竞争加剧。

（四）成熟期的特点

成熟期是产品进入大批量生产，销售量变动较少的阶段，市场上大多数医药产品处于该阶段。

1. 销售量达到最高阶段，市场趋于饱和，增长速度就会放缓，这时的消费者多是大众。

2. 由于产量大、生产成本低、营销费用相对下降，利润总额升到最高，但这一时期是竞争最为激烈的时期，为了对抗竞争、维持医药产品在市场上的地位，降低价格，利润稳定或下滑。

3. 市场竞争白热化，企业在医药产品的附加形式方面做文章以求稳定的利润回报。

（五）衰退期的特点

衰退期是产品已经老化，销售量和利润不断下降，进入到逐渐被市场淘汰的时期，直到医药产品最终退出市场。消费者需求锐减，这时的消费者是保守类型的。产品销量和利润迅速下降，成本上升，企业退出该市场，或者转入其他更有竞争力的同类产品。

医药产品生命周期各阶段的特点见表6-2。

表 6-2　产品生命周期各阶段特点

阶段	开发期	介绍期	成长期	成熟期	衰退期
销售量	零	低	增加	高	下降
生产量	零	小	扩大	大	萎缩
成本	高	高	降低	低	上升
价格	零	高	较高	一般	降低
利润	负	负或低	上升	高	下降
消费者	无	追新者	早期使用者	大众	落伍者
竞争激烈程度	无	低	加剧	激烈	淡化

三、医药产品生命周期各阶段应采取的策略

为了能得到尽可能多的利润，企业根据医药产品生命周期各阶段的特点，有针对性地采取不同的营销策略。

（一）开发期的营销策略

医药产品开发期只有人力、财力、物力等资源的投入，却没有实现产品的销售。为了实现产品早日上市，营销活动的主要任务是进行深入的市场调查，了解消费者的需求，根据市场需求加快开发步伐，并进行有关新产品的商业前景分析与预测。

（二）介绍期的营销策略

介绍期医药产品成本较高，由于消费者对产品还不了解，企业必须尽快构建消费者对新产品的初级需求，努力提高新产品的知名度。营销的重点放在价格和促销方面。具体营销策略见表6-3。

表 6-3　介绍期的营销策略

价格水平	促销费用	
	高	低
高	快速-掠取策略	缓慢-掠取策略
低	快速-渗透策略	缓慢-渗透策略

1. 快速-掠取策略　又称高价高促销策略，医药企业以高价推出新产品，同时配以高费用、大规模的宣传推销活动，广泛宣传新品的优点，迅速扩大市场销售额，让消费者尽快熟悉了解产品，在竞争对手还没有反应的情况下，抢先占领市场，迅速收回成本，尽可能获取更多利润。对于医药产品来说，新产品介绍期申请专利保护是非常有必要的。

该策略主要适用于三种情况：市场需求潜力大，消费者尚未了解产品；医药新产品有特色，产品无可替代或者疗效优于其他类产品；消费者求新求购心理强，愿意支付高额的费用。

2. 缓慢-掠取策略　又称高价低促销策略，医药企业以高价推出新产品，同时配以低费用、低水平的宣传推销活动，高价格与低促销的结合，从而获取较高的利润。本策略销售费用少，风险较低，也可以获得较好的营销效果。专利可以作为医药企业的壁垒，阻挡其他的潜在竞争者。在专利期内，应尽快稳定消费者群。

该策略主要适用于三种情况：医药市场稳定，竞争威胁不大；消费者相对稳定，对产品认知度高；愿意支付高额的费用。

3. 快速-渗透策略　又称低价高促销策略，医药企业以低价推出新产品，同时配以高费用、大规模的宣传推销活动，以求尽快打入市场，在短时间占有较高的市场份额。本策略可以为医药企业带来较快较高的市场渗透率和市场占有率，实现薄利多销，获取满意的利润。

该策略主要适用于四种情况：产品的需求价格弹性大，消费者对价格比较敏感；产品的认知度不高，需要投入高额的促销费用；产品的市场需求大；产品面临潜在的竞争对手。

4. 缓慢-渗透策略　又称低价低促销策略，医药企业以低价和低促销费用推出新产品。低促销可降低成本，低价能促使消费者容易接受新产品，有利于打开销路，提高市场占有率，企业可获取更多的利润。

该策略主要适用于四种情况：产品的市场大，因此要以低价占领市场；消费者对价格比较敏感；产品的认知度高，没有必要大力宣传推销；潜在的竞争激烈，利用低价建立一定的壁垒。

介绍期营销策略的重点是突出"快"和"准"字，"快"即以最快的速度使医药产品进入成长期，"准"即精准把握市场机会，正确选择医药新产品投入市场的时机，确定适宜的价格。

（三）成长期的营销策略

在成长期，医药企业的任务是迅速普及产品，扩大市场占有率，尽最大努力维持市场成长，并保持销售增长的好势头，使企业获得最大的经济效益。

1. 产品策略　根据消费者的需求和市场信息，提高产品的质量，完善医药产品性能，提升产品自身的竞争力；不断创新，在剂型、规格等方面改进，改良包装和服务，增强产品的竞争力和适应性；增加产品新的用途，使整体产品优于同类产品，以增加消费者的利益和效用。例如，氧氟沙星滴眼液有 10ml/支装，也有 0.4ml/支装，单剂量包装使用方便，不容易被污染；布洛芬由刚开始的片剂开发出混悬剂、栓剂等。

2. 价格策略　成长期市场需求量较大，医药企业可以保持原价或者适当调整价格。对于原来高价的产品，在这一阶段可以适度降低价格，吸引消费者，以增加产品竞争力。虽然一时降价会降低企业利润，但是长远来看，可以薄利多销，带来更多的销售额。该阶段一般不提高价格，防止消费者反感而选用其他产品。

3. 渠道策略　企业应巩固原有的营销渠道，积极开辟新的销售渠道；进一步开展市场细分，创造新的用户；开拓新的市场领域，增设新的销售网点和销售机构；加强向市场渗透的能力，促进市场份额的提高。例如，每年都有部分药品由处方药转为非处方药，这样可以扩大销售渠道，增加产品销售量。

4. 促销策略　在继续做好促销宣传工作的基础上，促销的重点从产品转移到品牌，如在广告宣传上，从介绍医药产品的疗效转移到树立企业和产品的形象，突出医药产品的特色，宣传品牌，以利于进一步提高品牌在社会上的声誉，建立消费者的品牌偏好，争取潜在消费者。同时加强用药咨询服务，强化消费者的购买信心。

成长期营销策略的重点是突出"好"字，医药企业应抓住销售的关键时期，进一步改进和提高医药产品质量,加大促销和宣传力度,扩大市场占有率,使销量和利润持续增长,获得最大的经济效益。

(四)成熟期的营销策略

医药产品经历了成长期的快速增长后,增长速度放缓,进入稳定的成熟期。成熟期是医药企业获取利润的黄金时期。这个阶段市场竞争最为激烈,销售渠道稳定,医药企业应采取相应的策略,努力延长医药产品的成熟期,为企业带来更多的利润。

1. 市场调整策略　努力开发新市场,寻求新用户,来保持和扩大企业的产品市场份额。可采用以下途径实现产品使用人数和使用量的增加:一是开发产品的新用途,寻求新的细分市场;二是通过宣传推广,提高消费者对产品的使用频率和使用量;三是通过产品重新定位,寻求新的消费者。例如,阿司匹林最初发现有止痛的作用,随后又发现有抗血栓的作用,近些年发现还可以抗癌,这样阿司匹林的生命周期得以延长;枸橼酸西地那非最早是治疗心血管疾病的药物,通过后期试验发现此药治疗男性勃起功能障碍效果好,于是枸橼酸西地那非又有了新的定位。

2. 改进产品策略　通过调整医药产品策略来满足消费者的需求,提高销售额。具体的策略有以下几个:质量调整,即注重产品本身的安全性、有效性、口感等;特性调整,即改进产品的剂型、包装、规格等;包装调整,即增加产品美感的需求和使用方便性。例如,将我国的传统中药改进为中成药,方便携带和服用;将阿司匹林普通片改进制成肠溶片,克服了胃肠道反应,这些都是通过改进产品策略成功的实例。

3. 营销组合调整策略　通过改变定价、销售渠道及促销方式来延长医药产品的成熟期。例如,降低价格来加强竞争力;改变广告方式引起消费者的兴趣;采用展销、附赠礼品、加强售后服务等多种促销方式,增加销售额。

成熟期营销策略的重点是突出"改"字,即通过改良,提高产品在市场上的竞争能力,力争稳定的市场份额,以维持高销售额和高利润的状态。

(五)衰退期营销策略

1. 维持策略　这一阶段有很多医药企业纷纷退出市场,但医药产品在市场上还有一定的消费需求,因此,有条件的医药企业可以保持原有的细分市场,在价格、销售渠道、促销方式上维持现状,以满足部分老顾客的需求,维护品牌忠诚者的利益,也有利于医药企业开拓未来市场。

2. 缩减策略　医药企业仍然留在原来的目标市场上继续经营,适当缩小规模,将医药企业的人力、物力、财力等资源,集中使用在最有利的细分市场和销售渠道上去,这样可以大幅度地降低市场营销费用,以增加企业当前的利润。

3. 撤退策略　医药企业决定彻底放弃经营某种产品,完全退出目标市场,转向开发新产品,以完成新旧产品的接替。

医药产品在此阶段已经表现出生产能力和萎缩的市场之间存在矛盾,衰退期营销策略的重点是突出"转"字,即转向研制开发医药新产品或有计划、有步骤地转入新市场。

考点:医药产品生命周期的概念、各阶段的特点以及各阶段应采取的营销策略

案例 6-3

藿香正气水是家庭常用药,此药可以解暑祛湿,多用于外感暑湿引起的发热、胸闷、腹胀、吐泻。但藿香正气水的气味相对比较大,部分消费者不太接受其口感,一些制药企业成功开发了藿香正气丸和藿香正气胶囊,改进了剂型,服用更方便,吸收更快。

问题: 制药企业采用的是哪种策略?

第4节 医药新产品开发

在当代科技迅速发展、市场激烈竞争的情况下，医药企业需要不断地研发医药新产品、改进老产品，才能得以生存和成长。

一、医药新产品的概念及类型

（一）医药新产品的概念

新产品是采用新技术原理、新设计构思研制、生产的全新产品，或在结构、材质、工艺等某一方面比原有产品有明显改进，从而显著提高了产品性能或扩大了使用功能的产品。医药新产品是指在医药领域中，通过科学研究和技术创新开发出的新型药物或治疗方法，旨在提供更有效、更安全的治疗方案。

（二）医药新产品的类型

1. 全新新产品 指采用新原理、新材料及新技术研制成果的市场上前所未有的产品。从研制到大批量生产，往往需要耗费大量的人力、物力和财力，这不是一般医药企业所能胜任的，因此它是企业在竞争中取胜的有力武器。

2. 换代新产品 指在原有产品的基础上，采用新材料、新工艺制造出结构性能有显著提高的产品。它的开发难度较全新新产品小，是医药企业进行新产品开发的重要形式。

3. 改进新产品 指在材料、构造、性能和包装等方面加以全面或局部改进的产品，以提高质量或实现多样化，满足不同消费者需求的产品。它的开发难度不大，也是医药企业产品开发经常采用的形式。

4. 仿制新产品 指市场上已存在，医药企业初次仿制并投入市场的产品。例如，国内医药企业在原研药专利保护期过后生产仿制药，促使药价降低。

二、医药新产品开发的程序

医药新产品开发是从寻求新产品的构思开始，一直到把这个构思转变为商业上取得成功的新产品为止的整个过程，主要包括以下八个步骤。

（一）提出构思

医药新产品构思是企业希望提供给市场的一些可能新产品的设想，新产品设想只是为新产品开发指明了方向，必须把有吸引力的新产品构思转化成为有效的产品概念，才能真正指导新产品的开发。新产品构思的来源主要有消费者的需求和欲望、竞争者的研发经验、营销人员的反馈、科技人员的新技术和新发明等。

（二）构思筛选

汇总各方面的医药新产品构思之后，医药企业根据自己的目标和实力对这些构思评估筛选，选出具有可行性的构思。首先，企业判别构思是否适合企业的发展规划、技术手段、财务实力，剔除不合适的建议；然后再通过评分细致审查企业是否有足够的相关能力开发该构思创意。

（三）形成医药新产品概念

经过筛选后保留的构思，就要进一步将其设计成明确的医药新产品概念。具体描述产品的目标市场、产品用途、价格、包装等。

(四)综合分析

医药企业管理层从多个方面进行综合评估,对医药新产品的市场细分、目标市场选择、市场定位、预计市场占有率等方面分析营销形势,制订营销战略;对新产品的销售额、成本、利润进行预测经济效益;对新产品是否符合企业开发新产品的目标进行分析。通过综合分析评估符合要求,即可进入下一阶段。

(五)医药新产品研发

医药新产品研发需要经过临床前研究毒理学、药效学和药动学等评价药物的安全性,四期临床试验研究评价药物的疗效与安全性。医药新产品研发是一个耗时且耗资的过程,资金和时间的限制会影响研究的深度和广度。但通过改进实验方法、增加技术投入、寻求更多资金和资源、提高法规遵守意识以及积极掌握和运用新技术,医药新产品研发的前景仍然非常广阔。

(六)医药新产品申报和审批

医药新产品一般在完成Ⅲ期临床试验后经国家药品监督管理局批准,即发给新药证书。持有药品生产许可证并符合国家医药产品监督管理局《药品生产质量管理规范》(GMP)相关要求的企业或车间可同时发给批准文号,取得批准文号的单位方可生产新药。

(七)医药新产品营销测试

这一阶段,医药企业将新产品及其营销计划置于小范围目标市场进行试销,了解新产品的市场前景,检验新产品的营销计划,为是否大批量生产正式上市提供全面、系统的决策依据,也为医药产品的改进和营销策略的完善提供思路。

(八)医药新产品正式上市

医药企业要推出新产品,首先是确定上市时机,即企业高层管理者要决定在什么时间最合适将新产品投放市场。如果某种新产品将会影响到本企业其他产品的销售,投入时间就可能会被延迟。如果新产品有很强的季节性,应在销售季节到来时投放市场。其次是选择投放地区,即企业高层管理者要决定在什么地方推出新产品最适宜。企业都会制订市场投放计划,先在主要地区的市场推出,占领市场,再扩大到其他地区。

> **链接** 扬子江药业集团获得全国医药行业质量管理小组成果发表一等奖总数"二十连冠"
>
> 2024年10月16日,由中国医药质量管理协会主办的第45次全国医药行业质量管理(QC)小组成果发表交流会(以下简称交流会)在湖南长沙落幕。扬子江药业集团106项QC小组成果获得一等奖,至此,扬子江药业集团获得全国医药行业QC小组成果发表一等奖总数"二十连冠"。QC小组的课题一般有两种:一种是创新型课题,一种是问题解决型课题。本次交流会学术委员胡征代表评委组点评时说:"与往年相比,本届交流会创新型课题的占比明显提高,其中,'数智化'方面的建设最为亮眼。"扬子江药业集团把"数智化"建设创新型课题作为重点课题,让年轻人参与其中,不断创新,激励一代又一代的扬子江人在质量上不断追求卓越。

第5节 医药产品品牌

一、品牌及相关概念

品牌是企业最持久的资产,比企业具体的生产设施或产品的生命都要长,是企业一种重要的无形资产,往往可以为企业带来难以估算的利益。人们在市场上通过品牌识别特定产品或企业,品牌代表了商品、劳务的一定品质水准。因此,品牌是强有力的资产,医药企业应努力争创品牌,妥善经营和管理品牌。

(一)品牌的含义

品牌的英文名称为 brand,源于古挪威文 brandr,意思是烙印。人们用这种方式来标记家畜等私有财产,以便与其他人的区别开来。到了中世纪欧洲,手工匠人用打烙印的方法在自己的手工艺品上烙下标记以便消费者识别产品的产地和生产者,这就是品牌的来源。

品牌是一个名称、术语、符号或其他能将一个企业的产品或服务与竞争者的产品或服务区分开来的特征。品牌是企业独创有显著特点的标志,是企业对消费者无形的承诺、保证和契约,是企业与消费者建立长远关系中的一个关键要素。

(二)品牌的构成

品牌是一个复合概念,主要由品牌名称和品牌标志两部分构成。

1. 品牌名称 指品牌中可以用语言称呼的部分,也就是可读的部分,可以是词语、字母、数字或者词组等的组合。

2. 品牌标志 指品牌中可以被认定但不易用言语称呼的部分,可以是图案、符号、色彩等。例如,某药企的品牌标志是由红蓝色组成的两把斧头;某药企生产的六味地黄丸标签上是张仲景头像。

> **链接** 商标和品牌
>
> 商标是政府授予的销售某一产品或对其制造进行授权的专享权力,是法律概念。经国家核准注册的商标成为注册商标,其右上角会有"®"标记。商标注册人享有商标专用权,注册商标受到法律保护,任何企业或个人未经商标注册人的许可、皆不得仿效或使用。商标是品牌的组成部分,它只是品牌的标志和名称,便于消费者识别商品或服务。品牌有着比商标更丰富的内涵,品牌不仅仅是一个标志和名称,更蕴含着文化意识层面的内容,体现着人的价值观,品牌是市场和消费者对企业的认可,树立了好的品牌就为企业赢得市场,打下了坚固的基石。

(三)品牌的内涵

品牌是向消费者传递产品的特点、利益和服务,蕴含着丰富的市场信息,一个品牌的内涵主要有以下六个方面,如图 6-4 所示。

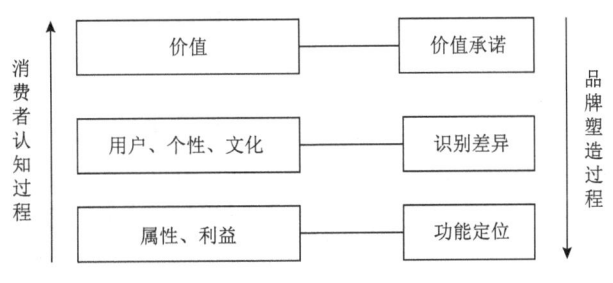

图 6-4 品牌的内涵

1. 属性 指品牌所代表的产品或企业的品质内涵,它是该品牌产品区别于其他品牌产品的最本质的特征,如产品质量、工艺、服务等。例如,中华老字号是数百年商业和手工业竞争中留下的瑰宝,经历了艰苦奋斗的发展史,品牌给消费者提供的最重要信息就是产品质量可靠。

2. 利益 消费者购买医药产品不是购买属性,而是购买利益。这就需要将属性转化为功能性或情感性的利益，即使用该品牌产品能解决消费者的问题，给消费者带来实惠利益。例如，医疗器械"使用过程中安全可靠，减少返修次数"，就是将质量可靠的属性转化为功能性的利益；某原研药"让我感觉更安心，给我带来安全感"，就是将价格昂贵的属性转化为情感性利益。

3. 用户 品牌暗示了购买或使用产品的消费者类型。例如，"小儿止咳糖浆""妇科千金片""老年咳喘片"等，都暗示了使用者的类型。

4. 个性 品牌反映着一定的个性。企业通过塑造品牌独特的个性来形成品牌间的差异，消费者通过外部特征就可以识别、判断出中意的品牌。个性培育或选择要注意突出和稳定的原则。

5. 文化 品牌也代表着一种文化。企业通过对品牌文化的塑造，不断丰富企业文化内涵，形成了具有鲜明特色的企业文化体系。

6. 价值 品牌体现了生产者的一些价值。品牌的价值需要企业长期不懈地努力，在消费者心中建立一定的价值。品牌也体现使用者的价值，表明使用者的价值取向。因此，营销人员要准确分辨出对品牌价值感兴趣的消费者群体，以及识别产品在消费者心目中的价值，从而有针对性地进行宣传推广。

品牌内涵的六个方面可以分为三个层次：一是功能定位，包括属性和利益；二是识别差异，包括个性、用户和文化；三是价值承诺，包括价值。从消费者的认知过程来看，往往是从品牌的利益、属性体验，到品牌的功能定位，之后才意识到品牌在用户、文化、个性上的独特。最后才能领悟到品牌的核心价值。从企业品牌塑造者来看，应该是以价值承诺为核心，建立品牌文化，树立品牌个性，定位目标市场，确保品牌的成功塑造。

考点：品牌的含义、品牌的构成、品牌的内涵

> **链接** 中国品牌日标识的解读
>
> 经国务院批复同意，自2017年起，将每年5月10日设定为"中国品牌日"。其标识是以篆书"品"字为核心的三足圆鼎形中国印。"品"字一方面体现中国品牌日的"品牌"核心理念，昭示开启品牌发展新时代；另一方面蕴含"品级、品质、品位"之意，象征品牌引领经济向高质量发展。"鼎"是中华文明的见证，是立国重器、庆典礼器、地位象征。以鼎作为标识符号要素，象征品牌发展是兴国之策、富国之道、强国之法，彰显中国品牌声誉大名鼎鼎，中国品牌承诺一言九鼎，中国品牌发展迈向鼎盛之时。"印章"是中国传统文化的代表，是易货的凭证、信誉的标记、权力的象征。以印章作为中国品牌标识符号要素，体现了中国品牌重信守诺，象征着中国品牌发展的国家意志。

二、品牌的作用

在现代市场营销中，品牌能带给企业和消费者很多的利益。

（一）品牌对消费者的作用

1. 有助于消费者识别产品的来源或产品制造厂家，避免购买风险，降低购买成本，更有效地选择和购买商品。例如，消费者购买医药产品时会选择熟知的、用过的品牌进行购买。

2. 有利于消费者权益的保护，得到相应的服务便利。例如，选购时避免上当受骗，出现问题时便于索赔和更换等。

3. 有助于消费者形成品牌偏好。好的品牌对消费者具有很强的吸引力，一旦形成品牌偏好，可以满足消费者的精神需求。

（二）品牌对企业的作用

1. 有助于产品的销售和占领市场，抵御市场竞争和风险。品牌形成一定的知名度和美誉度后，企业就可利用品牌优势扩大市场，促成消费者品牌忠诚，使销售者在竞争中得到某些保护。当市场趋向成熟，市场份额相对稳定时，品牌忠诚是抵御同行竞争者进攻的最有力武器。另外，品牌忠诚也为其他企业进入构筑了壁垒。因此，从某种程度上说，品牌可以看成企业保持竞争优势的一种强有力工具。

2. 有助于稳定产品的价格，减少价格弹性，增强对动态市场的适应性，减少未来的经营风险。

3. 有助于市场细分，进而进行市场定位。品牌有自己的独特风格，除有助于销售外，还有利于企业进行细分市场，企业可以在不同的细分市场推出不同品牌以适应消费者个性差异，更好地满足消费者。

4. 有助于新产品开发，节约新产品市场投入成本。一个新产品进入市场，风险是相当大的，投入成本也相当大，但是企业可以成功地进行品牌延伸，借助已成功或成名的品牌，扩大企业的产品组合或延伸产品线，采用现有的知名品牌，利用其一定知名度和美誉度，推出新产品。

三、成功品牌的特点

（一）优良稳定的产品质量与服务

在如今市场竞争激烈的环境中，品牌质量保证是企业赢得客户信任和忠诚度的关键。产品是品牌的载体，是消费者与品牌接触的最直接方式。一个优秀的品牌需要有高品质、创新的产品，满足消费者的需求和期望。同时，优质的服务也是品牌不可或缺的一部分。通过提供周到、贴心的服务，品牌能够增强消费者的满意度和忠诚度，提升品牌形象。

（二）良好的口碑和信誉

口碑和信誉是品牌长期发展的基石。一个优秀的品牌需要注重口碑管理，积极回应消费者的反馈和投诉，及时解决问题，维护品牌形象。同时，品牌还需要通过诚信经营、履行社会责任等方式，赢得消费者的信任和尊重。

（三）强劲的市场竞争力

竞争是营销中最基本的法则，一个成功的品牌是企业进行市场竞争的利器，品牌竞争属于最高层次的竞争，它能使企业保持长久的竞争力。企业提供区别于竞争对手的独特价值，更好地满足目标消费者的需求。在竞争日益激烈的医药产品市场中，企业首先要保证产品的疗效，其次还需推出独特的产品和服务，甚至提供独特的客户体验，提高品牌的竞争力。

（四）深厚的企业文化

品牌由"品"和"牌"组成，其中"品"代表着美誉度和忠诚度，"牌"代表着知名度。这些美誉度、忠诚度和知名度的形成，需要优秀的企业文化作为支撑。企业文化是品牌的灵魂和依托，是凝聚在品牌上的企业精华、渗透到商业运行全过程、全方位的理念和意志。因此，任何企业，在实施品牌战略时，必须注重品牌与文化的融合。只有把优秀的企业文化融入生产、产品之中，才会提升品牌的附加值，扩大品牌价值，也才会有高质量的品牌。我国很多企业，有着悠久的历史，积淀了十分丰厚的文化财富，在继承与创新的基础上，形成先进的、富有特色的企业文化体系，以此来指导品牌形象的塑造，让自身的品牌更具有文化内涵。这样，就会使品牌更具有意蕴和韵味，给用户带来一种心灵的慰藉和精神的享受，从而提升品牌的知名度、美誉度和忠诚度。

四、医药产品品牌策略

医药产品品牌策略是指医药企业怎样合理地使用品牌，以促进产品销售。主要采用的品牌策略有以下几种。

（一）品牌化策略

品牌化策略是决定该产品是否使用品牌的策略。当今社会品牌的商业作用日益为企业所看重，品牌化是一种趋势，像水果、蔬菜等也被放在有特色的包装袋内，冠以品牌出售。对于医药企业来说，医药产品属于特殊商品，与生命健康息息相关，品牌化既可以使消费者了解产品的质量，提升消费者认同感，也有助于激发消费者的购买欲望，故多数企业仍使用产品品牌化策略。

一般来说，可以考虑不使用品牌的产品有几类：一是不会因制造商不同而形成不同质量特点及特色的产品，如钢材、水泥、电力等；二是大多数未经加工的原料产品，如中药药材；三是临时性或一次性生产的产品；四是生产工艺和技术比较简单，没有技术标准，选择性不大的产品，如小商品、小农具。企业不使用品牌可以节省包装、广告宣传等费用，降低成本和售价。

（二）品牌归属策略

品牌归属策略是企业为产品选择品牌归属的策略。有以下三种可供选择的策略。

1. 制造商品牌　也称生产者品牌，即医药生产企业使用自己的品牌。目前，绝大多数制药企业的产品都是使用制造商品牌，自己的产品使用本企业的品牌，更有利于树立产品品牌和企业品牌形象，体现企业的经营特色与竞争优势。

2. 经销商品牌　也称中间商品牌，即中间商向医药生产企业大量购进产品或加工订货，用中间商的品牌上市销售。例如，一些大型医药零售连锁企业，利用自有品牌的良好形象销售产品，把控产品质量。使用经销商品牌，生产企业节省了品牌宣传推广费用，扩大了产品的市场占有率，中间商也能从中获得丰厚的利润。

3. 制造商和经销商共存品牌　即产品一部分使用生产企业品牌，另一部分使用经销商品牌，这样既保留本企业品牌特色，又扩大了销路。

（三）品牌名称策略

品牌无论归属于谁，都必须考虑对所拥有的产品命名的问题，这事关品牌运营的成败。对此问题的决策通常有以下三种可供选择的策略。

1. 个别品牌策略　即企业对不同的产品分别使用不同的品牌。这种策略的优势是企业对各个产品进行市场定位，获得不同的细分市场；企业的整体产品不会因为个别产品的失败或声誉下降，而影响到整个企业的声誉和其他产品的推广与销售，从而提高了企业抗风险的能力；缺点是运营费用太高，会分散企业的资源投入。

2. 统一品牌策略　即企业的所有产品都统一使用一个品牌名称。这种策略的优势是节约品牌设计费和广告费，可降低成本，利用原来品牌的知名度，有利于新产品迅速进入市场；缺点是若某一种产品因某种原因出现问题，就可能牵连其他产品，从而影响整个品牌、整个企业的信誉。

3. 企业名称与个别品牌名称结合策略　即企业决定其不同类别的产品分别采用不同的品牌名称，且在品牌名称之前都加上企业的名称。企业多把这种策略用于新产品的开发。在新产品的品牌上加上企业名称，可以使新产品享受企业的声誉，而采用不同的品牌名称，又可以使各种新产品显示不同的特色。

（四）品牌重新定位策略

品牌重新定位策略指全部或部分调整或者改良品牌原有市场定位的方法。某品牌在市场上最初的定位是合适的、成功的，但随着时间的推移，企业不得不对其品牌重新定位。原因有多方面，比如消费者的偏好发生变化，或面临新的竞争者，或营销环境已发生改变，或公司决定进入新的细分市场等。企业作出品牌重新定位决策时，必须要综合考虑三个方面的因素：一是品牌重新定位所需的资金投入，如调研费用、营销推广费用等，是否有充足的资金成为企业能否执行重新定位的重要因素；二是品牌重新定位后能获得多大的收益，企业营销管理者需要进行细致的分析与研究，预测投入和产出的比例，以决定重新定位是否值得；三是品牌重新定位可能会面临的困难和风险，如企业内部难以达成共识，消费者不认同新的定位，重新定位可能丧失原有的市场等。企业营销管理者应综合分析，选择最佳方案。

（五）品牌扩展策略

品牌扩展策略指企业利用某一知名品牌来推出改良产品或新产品。这种策略的优势是可以加快新产品的定位，减少市场风险，强化品牌形象和品牌效应等。需要注意的是如果把著名品牌使用到不相关的产品领域，可能会使消费者产生反感，有损品牌声誉。

考点：医药企业的品牌策略

案例 6-4

某制药公司是一家地处医圣张仲景故里的大型现代化中药制药企业，拥有两大中国驰名商标。该公司主要生产以六味地黄丸、逍遥丸、天智颗粒、太子金颗粒和痛经宝颗粒为代表的中成药产品和中药配方颗粒产品；逍遥丸在妇科中成药市场表现出色，位列市场份额前列，入选多个品牌榜单。

问题：分析说明该制药公司产品使用的品牌策略是什么？

第 6 节　医药产品包装

一、包装的定义及分类

（一）包装的定义

包装是指在流通过程中保护产品、方便储运、促进销售，按一定技术方法采用的容器、材料和辅助物的总称。产品包装是产品实体的一个重要组成部分，其基本功能是由产品的运输、陈列、销售和使用的需要而产生的。好包装能给消费者带来好感，成为刺激消费者购买的重要因素。

（二）包装的分类

1. 内包装　指直接与医药产品接触的包装，如安瓿、口服液瓶、片剂或胶囊剂泡罩包装用的铝箔等，用于保护医药产品在生产、运输、贮藏及使用过程中的质量，并便于医疗使用。

2. 外包装　指内包装以外的包装，按由里向外分为中包装和大包装。外包装应根据医药产品的特性选用不易破损的包装，主要是为了在流通过程中保护商品，方便储存和搬运。

二、包装的作用

在营销实践中，包装已成为市场竞争的重要手段，成为产品"无声的推销员"。

1. 保护产品　这是包装最基本、最重要的作用。有效的产品包装可以起到防热、防冷、防潮、防挥发、防蛀虫、防污染、防变形、防易碎、保鲜等保护作用。

2. 美化产品，促进销售　产品给消费者的第一印象，不是商品的内在质量，而是其外包装美观与否。一个好的包装可以使产品看上去美观、具有吸引力，而且能够宣传介绍产品、激发消费者购买的欲望。医药产品的包装注明了产品的适应证、用法用量、批准文号、有效期及生产企业名称等信息，可帮助消费者了解医药产品并根据自己的需求进行选购，起到指导和促进销售的作用。

3. 增值作用　精美的包装能提高产品的档次和身价，提高产品的附加值。企业可以给产品制定更高的价格，增加利润；消费者愿意花高价购买那些包装精美、能提高档次的医药产品，以满足其对于美的追求或是社交礼仪的需要，如鹿茸、人参等名贵中药或一些高档保健食品等。

三、医药产品包装的要求

（一）安全性

安全性是医药产品包装最基本的原则。基于医药产品的特殊性，包装材料不能与产品发生化学反应，也不能释放有害物质，保证产品不被损坏、不变质、不变形、不渗漏，满足产品的特性，确保产品的质量和安全。例如，不同剂型的医药产品对包装的要求不同；见光易分解、易氧化的医药产品，应采用遮光密闭容器。

（二）价值匹配性

包装应当与医药产品的价值和质量水平相匹配。不能太贵，耗费不必要的成本，也不能太节约，使档次高的医药产品因为低档包装而形象受损。恰当的包装使消费者感到名副其实、价值合理。

（三）实用性

在保证医药产品质量不受影响的前提下，包装应尽可能缩小产品总体积，以利于节省包装材料及运输、储存费用。同时，医药产品的包装应当便于运输、陈列和展示，便于携带和使用。例如，一些需要长期服用的降压药，采用了按周或按月分格的药盒包装；中药饮片罐装包装，标签面积大，有利于展示产品介绍和品牌形象。

（四）美观性

包装说明与设计要能突出显示医药产品的特色和风格，尽量采用新材料、新形状，使人耳目一新，以此增加消费者对医药产品的信任感。美观大方的包装给人以美的感受，充分尊重消费者的感受和消费习惯。

（五）合法性

包装的设计必须遵守相关的法律规定，《中华人民共和国药品管理法》对医药产品包装做了明确规定。

1. 直接接触药品的包装材料和容器，应当符合药用要求，符合保障人体健康、安全的标准。对不合格的直接接触药品的包装材料和容器，由药品监督管理部门责令停止使用。

2. 药品包装应当适合药品质量的要求，方便储存、运输和医疗使用。发运中药材应当有包装。在每件包装上，应当注明品名、产地、日期、供货单位，并附有质量合格的标志。

3. 药品包装应当按照规定印有或者贴有标签并附有说明书

（1）标签或者说明书应当注明药品的通用名称、成分、规格、上市许可持有人及其地址、生产企业及其地址、批准文号、产品批号、生产日期、有效期、适应证或者功能主治、用法、用量、禁忌、不良反应和注意事项。标签、说明书中的文字应当清晰，生产日期、有效期等事项应当显著标注，容易辨识。

（2）麻醉药品、精神药品、医疗用毒性药品、放射性药品、外用药品和非处方药的标签、说明书，应当印有规定的标志。

考点：医药产品包装的作用和要求

四、医药产品包装策略

（一）组合包装策略

组合包装策略是指按消费者的消费习惯，将数种用途相近或有关联的产品配备成套，装在同一包装容器中销售的一种策略。例如，将旅行中可能用到的药品，如晕车药、抗过敏药、肠胃药、感冒药等，搭配一些简单的医疗用品，如创可贴、消毒湿巾等，装在一个小巧便携的包装中。采用这种包装策略，便于消费者购买、使用和携带，还可以降低包装成本，促进销售，增加产品竞争力。

（二）类似包装策略

类似包装策略是指企业生产的各种医药产品，在包装上采用类似的外形、图案、色彩或其他共同特征的一种策略。例如，某企业针对缓解疼痛的医药产品，无论是外用的止痛膏还是口服的止痛药片，都使用蓝色为主的包装，且在包装的显眼位置突出"止痛"的标识。采用这种包装策略，可以节省包装设计和生产成本，强化品牌形象，带动新产品销售。缺点是只适用于质量处于同水平的产品，质量水平悬殊大的产品不宜采用。

（三）附赠品包装策略

附赠品包装策略是指在包装中附加赠品来吸引消费者、增加产品吸引力的一种策略。例如，止咳糖浆附赠同品牌的润喉含片；血糖仪附赠采血针和血糖试纸；儿童医药产品附赠卡通药勺等。这种策略对少年儿童和低收入消费者具有一定的吸引力，也可以促进新产品推广。

（四）再使用包装策略

再使用包装策略是指原包装的医药产品使用完后，可回收再利用或是移作他用的一种策略。例如，某品牌口服液的礼盒内部有分格设计，在口服液服用完后，礼盒可以被当作首饰收纳盒，用于存放项链、耳环等首饰；眼药水瓶可以被改装成便携式的香水分装瓶等。这种策略要求企业在包装设计时，充分考虑到再利用的特点，以保证再利用的可能性和方便性。

（五）改变包装策略

改变包装策略是指企业采用新技术、包装材料、包装设计等，对原有包装加以改进，改变产品形象的一种策略。例如，某医药产品的包装材料从不可降解的塑料改为可降解的纸质材料，标注环保标识，迎合消费者对环保产品的偏好。采用此策略可以使产品形象焕然一新，满足市场需求，提高产品竞争力，促进销售。

（六）分级包装策略

分级包装策略是根据医药产品的品质、价值、功效、适用人群等因素，将其划分为不同的等级，并为每个等级设计相应包装的一种策略。例如，胰岛素注射液的顶级包装配备专用的冷藏便携箱，优质包装带有温度显示的泡沫包装盒，普通包装是纸盒。采用此策略可以满足不同消费者的需求和期望，但设计成本会提高。

（七）绿色包装策略

绿色包装策略是指企业充分考虑环境保护和可持续发展的要求，使用对生态环境和人类健康无害包装的一种策略。例如，将说明书电子化，通过扫描二维码获取，减少纸张的使用。这种策略有利于环境保护以及与国际包装技术标准接轨，并能赢得消费者的好感与认同，从而为企业的发展带来良好前景。

考点：医药产品包装策略

案例 6-5

中医药老字号企业是见证中医药历史的活化石，一些老字号中医药文化都已经被国家和地方政府收录为非物质文化遗产，同时也得到了相应人员的保护以及支持。A 老字号医药公司是一家拥有近三百年历史的老字号医药企业，产品涵盖心脑血管类、补益类、清热解表类、风湿跌打类、肠胃类等类别，主要产品有血府逐瘀丸、芪黄颗粒、安宫牛黄丸等。根据年销售额显示，该公司整体规模隶属于中小型企业。

经调查分析，发现该企业有以下几个不足之处：首先，老字号品牌是企业最突出的优势，同时也是企业的无形资产，但该公司知识产权保护意识比较薄弱，其品牌具有共享性、品牌"不统一"的现状，导致该品牌还不是注册商标。其次，品牌建设力度不够，缺乏清晰的品牌市场定位。设计陈旧老化，不能满足年轻消费者的价值观和审美观，这阻碍了其老字号品牌的健康发展。再次，该公司太过宣传悠久的历史、神秘的药方、有趣的传说、医药产品的奇效等内容，而这些内容并不能形成一个品牌。最后，企业创新投入不足，缺乏创新人才，影响了公司的长远生存和发展。

问题：1. 针对以上不足之处，请你制订应对策略。

2. 从产品策略角度思考老字号如何更好平衡继承与创新的关系，如何擦亮"金字招牌"？

技 能 实 训

【实训主题】

医药产品策略。

【实训的目的和要求】

掌握产品组合及品牌策略的制订与应用，能够分析其对企业营销的意义。培养分析问题、解决问题的能力，提高团队协作和沟通能力。

【实训情景】

某药企即将推出一种新型的纯中药抗肿瘤制剂，假如你作为营销经理，请运用所学的医药产品策略知识为新药制订恰当的产品品牌策略，并根据产品整体概念，提出合理的营销建议。

【实训步骤】

1. 分析抗肿瘤药的市场现状。
2. 制订产品品牌策略。
3. 提出合理的营销建议。

目 标 检 测

一、名词解释

1. 产品生命周期
2. 产品组合
3. 品牌

二、单项选择题

1. 在医药产品生命周期中，产品销售达到顶峰的阶段是（　　）

    A. 介绍期　B. 成长期　C. 成熟期　D. 衰退期

2. 医药产品组合的深度指的是（　　）

    A. 医药企业所拥有的产品线的数量

    B. 医药企业各条产品线中所包含的产品项目的总和

    C. 一条产品线里拥有的产品项目的多少

    D. 每条产品线之间在最终用途、生产条件、分销渠道以及其他方面相互关联的程度

3. 一家主打抗肿瘤药物的制药集团子公司新开发了药妆生产线，这种产品组合策略属于（　　）

    A. 扩大医药产品组合策略

    B. 缩减医药产品组合策略

    C. 医药产品线延伸策略

    D. 以上都不是

4. 医药产品的包装在产品整体概念中，属于（　　）

    A. 核心产品　　　B. 形式产品

    C. 附加产品　　　D. 期望产品

5. 对于一款新研发的抗癌药物，其能精准杀死癌细胞的功能属于（　　）

    A. 核心产品　　　B. 形式产品

    C. 附加产品　　　D. 期望产品

6. 某医药企业生产 4 类感冒类药品、5 种心血管系统药品、3 种消化系统药品，该企业的产品线有（　　）

    A. 4 条　　　　　B. 5 条

    C. 12 条　　　　 D. 3 条

7. 产品生命周期是由产品的什么决定的（　　）

    A. 市场寿命　　　B. 技术寿命

    C. 使用寿命　　　D. 应用寿命

8. 企业对所生产的多种产品使用同一品牌，这种策略是（　　）
   A. 个别品牌策略　　B. 品牌化策略
   C. 分类品牌策略　　D. 统一品牌策略
9. 某药企推出"医用迷你急救包"，内有电子体温计、创可贴、速效救心丸、硝酸甘油等急救用品，这是采用了（　　）
   A. 类似包装策略　　B. 组合包装策略
   C. 附赠品包装策略　D. 再使用包装策略
10. 品牌中可以用语言称呼、表达的部分是（　　）
    A. 品牌　　　　　　B. 商标
    C. 品牌标志　　　　D. 品牌名称

三、简答题

1. 简述医药产品生命周期各阶段的特点。
2. 简述医药产品品牌策略的内容。
3. 简述医药产品包装策略的内容。

（李慧芳）

第7章 医药产品定价

> **学习目标**
>
> **1. 知识目标** 掌握医药价格构成要素、医药产品定价的基本方法,熟悉医药企业的定价目标及产品定价策略,了解影响医药营销价格的因素。
> **2. 能力目标** 学会如何制定合适的医药产品价格,带动市场需求,为企业带来预期利润。
> **3. 素质目标** 理解医药产品定价的策略及医药产品合理定价的意义,培养学生树立正确的价值观。

医药产品价格是医药产品价值的货币表现。医药产品价格并不是绝对地等于医药产品的价值,而是在产品价值的基础上波动起伏。因此,产品价格应该是产品价值的反映。在医药市场上,医药产品价格的作用是多方面的。对医药企业来说,医药产品价格决定产品的销路和企业利润;对消费者来说,医药产品价格在很大程度上能影响其消费行为;对国家政府部门来说,医药产品价格是实现社会公平,实施政策调控的重要手段。由此可见,医药产品的定价策略是医药企业的一项重要营销策略。

第1节 医药营销价格概述

一、医药价格的构成要素

医药企业要制定出科学合理的价格,首先必须了解医药产品价格的构成,即医药产品价格是由哪些因素构成的。

(一)生产成本

生产成本是医药企业生产产品时各种耗费总和的货币表现。它是价格构成要素中最基本、最主要的因素,是价格构成的主体,在医药产品价格中占有较大比重。生产成本是制定医药产品价格的最低经济界限,即保本界限,医药企业的产品价格如果低于生产成本,就会亏本。一种医药产品生产成本的大小可以影响或决定该产品价格的高低,它的大小和价格的高低成正比。因此,核算产品的生产成本是医药企业制定产品价格的重要依据。

(二)流通费用

流通费用是医药产品从生产领域到消费领域转移过程中所发生的劳动耗费的货币表现。它包括销售费用、财务费用和管理费用。其中销售费用对医药产品价格的影响最大,主要包括广告宣传费用、运杂费用、调研费用、营业推广费用、销售人员工资奖金等。在其他因素不变的情况下,流通费用增加,价格提高;流通费用减少,价格就降低。

(三)国家税金

国家税金是国家通过税法的形式,按规定的税率进行征收而取得的财政收入。它也是构成医药产品价格的重要因素。医药企业必须依法向国家缴纳税金。

医药企业应缴纳的流转税中,按其与医药产品价格的关系可以分为价内税和价外税。

1. 价内税 凡是商品价格中包含的流转税税金(不包含流转税中的增值税),统称为价内税,如消费税。

2. 价外税　就是在商品价格之外征收的税，如增值税。

另外有观点认为，流转税是间接税，如消费税、增值税等都转嫁由消费者负担，企业所得税是由企业纳税人直接负担的税收，属于直接税。

（四）企业利润

利润是生产者为社会劳动所创造价值的货币表现，是产品价格超过生产成本、流通费用和国家税金的部分。企业利润是价格构成要素之一，是医药产品价格中减去生产成本、流通费用和国家税金的余额。它反映了医药企业一定时间内的经营成果，是医药企业生产经营过程中追求的最终目标之一。

二、影响医药营销价格的因素

医药产品价格是影响交易的一个很重要的因素。合理的价格既可以使购买者满意，又能使企业实现促进销售、获取利润的营销策略。而定价的程序受到医药产品成本、企业目标、市场供求、竞争状况、国家政策等诸多内外因素的影响。

（一）内部因素

1. 医药产品成本　是影响、决定产品价格的最重要因素，是医药产品定价的基础。在正常的情况下，任何产品的价格必须高于产品成本。只有这样，才能以销售收入抵偿生产成本和经营费用，否则，企业将无法生存。一般而言，产品成本越低，价格就越低；产品成本越高，价格也越高。

（1）固定成本　指医药企业在生产经营中，所投入的不随医药产品数量（产量或销量）变化而变动的成本费用。如固定资产折旧、厂房、办公费用、管理人员工资等，这些费用不论企业医药产品产量多少都必须支出。平均固定成本是指单位产品所包含的固定成本的平均分摊额，随产品数量（产量或销量）的增加而减少。

（2）变动成本　指医药企业在生产经营中，随产品数量（产量或销量）的变化而变动的成本费用。如原材料、燃料、运输、储存、生产工人的工资等支出。平均变动成本是指单位产品所包含的变动成本平均分摊额，不会随产品数量（产量或销量）增加而变动。

（3）总成本　是指固定成本和变动成本之和。当产量或销量为零时，总成本等于固定成本。平均成本是指单位产品的固定成本和变动成本之和。

（4）边际成本　指每增加或减少一个单位产品而引起总成本变动的数值。在一定产品数量上，最后增加或减少的那个产品所耗费的成本，引起总成本的变化，总成本的这个变化量即边际成本。

2. 定价目标　是医药产品的价格实行以后，医药企业要达到的具体目的。医药企业定价目标是影响医药企业产品定价的一个重要内部因素。不同企业的定价目标或同企业不同时期的定价目标是多种多样，各不相同的。

3. 营销组合中的其他因素　市场营销组合中的产品、价格、分销和促销这四个因素是相互联系、相互制约的，当其中任何一个因素发生变化时，常常会影响其他因素。因此，营销组合中的其他因素直接影响着医药企业产品价格的制定。

（1）医药产品　医药企业对医药产品定价时，必须考虑医药产品的各种市场特性，诸如医药产品的质量、声誉、生命周期、竞争地位等。如果医药产品的质量高、声誉好、在市场竞争中处于优势地位，其价格可远远超过其成本，采取高价政策；反之，只能采取低价策略。

（2）分销渠道　在医药企业生产经营过程中，产品一般需要通过中间商进行推广和销售。在医药中间商的产品销售价格不变的情况下，生产企业的出厂价越低，中间商的利润就越多；生产企业的出厂价越高，中间商的利润就越少。因此，生产企业定价时，不仅要考虑最终消费者愿意支付什么价格，还要考虑中间商经营产品盈利的问题。

（3）销售促进　促销费用是医药产品价格构成的一个重要因素。市场竞争的日益加剧及医药产品的市场不断扩大、促销费用在价格构成中的比重有不断加大之势。各种医药产品的性质不同，其所处的生命周期阶段不同，单位产品的促销费用也不相同，这都将影响到医药产品的价格水平。

（二）外部因素

1. 国家政策法规　定价时首先要考虑的因素之一就是国家政策法规。政府通过行政的、法律的、经济的手段来影响医药产品价格，目的是平衡供求，指导消费。国家通过制定政策来影响医药产品价格，抑制药价虚高、减少社会药费负担，保证企业合理盈利、促进医药行业健康发展。

与药品价格制定有关的法律法规与政策主要有《中华人民共和国价格法》《中华人民共和国药品管理法》《推进药品价格改革的意见》等，其中《推进药品价格改革的意见》中指出，除麻醉药品和第一类精神药品外，取消药品政府定价，完善药品采购机制，发挥医保控费作用，药品实际交易价格主要由市场竞争形成。

取消绝大部分药品政府定价，就意味着"药品政府定价制度"正式终结。当然，政府对企业实行自主定价药品，绝不是放手不管，如果价格出现大幅度波动，根据相关法律法规，政府价格主管部门将依法进行干预。按照我国现行的药品集中招标办法，所有公立医院使用的药品（不含中药饮片），都由当地省级药品集中采购管理部门统一竞价采购，形成药品目录及招标价格。

> **链接**　"灵魂砍价"背后的民生大账
>
> 2020年11月底"医保局专家采购现场灵魂砍价"的系列视频走红网络。"现在是我们一个国家在和你谈判，再给你一次机会"等视频走红网络后，国家医保局专家团与医药企业谈判代表谈判视频的再次走红，引发人们热议。
>
> 2021年3月1日，我国新版医保目录正式实行。至此，目录内的药品基本实现了治疗领域全覆盖。特别是在肿瘤、免疫系统疾病等领域，填补了许多用药空白。经过一次次的带量采购，越来越多的好药、便宜药及时进入临床，给患者带来福音。企业以价换量，进入医保市场，销售额提升快，企业依旧"有利可图"。党的二十大报告回顾过去十年指出"我们深入贯彻以人民为中心的发展思想""人民群众获得感、幸福感、安全感更加充实、更有保障、更可持续"。"灵魂砍价"不仅实现了患者、医保、企业的"三赢"，也彰显了中国特色社会主义医疗保险制度"服务于民"的特点。这便是"灵魂砍价"的民生大账。

2. 医药产品市场供求状况　正常情况下医药产品的价格受市场供求影响很大，供过于求时，价格会出现下跌；供不应求时，价格会随即上涨。而供求又受到价格的影响，价格较高时，一方面需求减少，另一方面资本追逐利益的特性使供给增加，导致价格下跌；价格较低时，需求会增加，而利润下降引起供给减少，从而导致价格上涨。因此，供求与价格之间有着密切的联系。

3. 医药产品市场需求价格弹性　需求价格弹性是指在一定时期内，因产品价格变动而引起的需求数量变动程度。需求变动程度大于价格变动程度，该市场弹性充足；相反，需求变动程度小于价格变动程度，甚至没有变化，该市场弹性不足或无弹性。弹性充足的市场，消费者对价格极其敏感。这一类市场医药新产品导入期时不适合定高价，否则可能出现市场增长缓慢的情况；促销时可采用降价方式，带动销售规模的迅速扩大。价格弹性不足的市场消费者对价格变动不敏感。这一类市场新药导入期适合定高价，可在短期内获得较高利润；销售过程中不适合采用降价方式促销，因为降价并不能促进消费者多买，市场占有率不能提高，单纯降价只会影响企业的利润。

> **链接**　需求交叉弹性
>
> 需求交叉弹性是表示一种商品的需求量变动对另一种商品价格变动的反应程度。
>
> 由于许多产品在使用价值上相互关联，存在着互替性和互补性，其中一个产品的价格变动会影响有关

联的产品需求量的变动。需求交叉弹性表明了这些产品的相互关系，利用其相互的联系制定价格。互替产品和互补产品的需求交叉弹性各不相同。

互替产品是指在消费过程中使用价值可以相互代替的产品，互替产品中一种产品的价格变动，其他产品的销售量呈同方向的变动，需求交叉弹性为正值。

互补产品是指在消费过程中两种或多种产品之间存在着某种消费依存和相互补充关系的产品。互补产品中一种产品的价格变动，不仅会使其销售量发生变动，还会使其他产品的需求量呈反方向的变动，需求交叉弹性为负值。

4. 市场竞争状况 也是影响价格的重要因素。医药企业在制定价格时，应对市场的竞争状况进行充分的调查分析，在此基础上，结合企业的优势，制订出合理的价格策略。

5. 消费者心理 对于任何一种产品，消费者在购买或使用时都会因个人条件、环境的不同而产生不同的心理反应过程（即消费心理）。它体现在消费者对产品价格的态度上，就是所谓的价格心理。消费者在选购自己所需产品时，通常要将产品价格与产品价值（消费者自己感受的价值）作比较。只有他们在感到物有所值时才会购买。消费者对产品和价值的这种感受和评价，就是其价格心理的一种重要表现。同时，消费者在购买产品时的心理动机也是不同的，如在经济欠发达地区，人们的心理动机偏重对物美价廉、经济实惠产品的追求，对价格十分敏感；而在经济发达地区，人们消费的心理动机则偏重追求产品的品牌、档次、时尚、新颖，对价格不太在乎。因此，医药企业定价时，必须考虑消费者的消费心理和动机，研究和掌握消费者的消费心理动机，这样才能制定出适当的产品价格。

考点：影响医药营销价格的因素

第 2 节　医药企业的定价目标

定价目标是医药企业通过产品定价想要达到的具体目的。医药企业定价目标是影响医药企业产品定价的一个重要内部因素。不同企业的定价目标，或同一企业不同时期的定价目标是多种多样，各不相同的，但归纳起来，企业定价目标主要有以下几种。

一、维持企业生存

当医药企业面临生产能力过剩、激烈竞争和顾客需求变化困扰时，往往会把维持生存作为主要目标。此时，生存比利润更重要，为了确保企业继续生产并销售存货，医药企业必须制定较低的产品价格，并希望市场对价格敏感，经营状况不良的医药企业一般都会运用大规模的价格折扣来维持活力。对于这类医药企业来说，只要价格能够覆盖变动成本和一部分固定成本，就能维持生存。然而，应该指出的是，这种没有利润或者较少利润的价格策略，短期内可以维持企业的生存。但长期来看，没有利润会使医药企业失去发展的物质基础和动力，难以长期保持。因而这种定价目标只能是一种暂时的、过渡的策略。

二、获取利润

获取利润是医药企业生存和发展的必要条件，也是医药企业生产经营的直接动力和最终目的。这一定价目标主要有两种形式：追求最大利润和获取适度利润。最大利润有短期和长期之分。选择短期最大利润作为定价目标的医药企业，其产品在市场上必须处于绝对有利的地位。短期的最大利润一般是靠高价格来实现，而医药产品长期保持高价格是不可能的，因为高利润肯定会吸引大量的竞争者加入，而竞争会使价格回归合理水平，从而减少企业的利润。因此，大多数医药企业往往以追求长期最大利润为定价目标，长期最大利润更多地取决于医药产品合理价格所带来的需求量的增加和营销规模的扩大。最大利润还有单一产品最大利润和医药企业全部产品综合最大利润之别。一般而言，医药企业追求的应该是长期的、全部产品的综合最大利润，这样可以取得较大的市场竞争优势，占领和扩大更多的市场份额，拥有更好的发展前景。

以获取适度利润为目标，是指医药企业在补偿社会平均成本的基础上，适当地加上一定量的利润作为医药产品的价格，以获取正常情况下合理利润。这种定价目标不仅可以使医药企业避免不必要的激烈竞争，还能获得长期稳定的利润，而且由于价格适中，消费者愿意接受，还符合政府的价格指导方针，因此这是一种兼顾医药企业利益和社会利益的定价目标。

三、扩大市场份额

市场占有率，亦称市场份额，是指一个医药企业的销售额占整个行业销售额的百分比，或者是指医药企业的某种产品在某医药市场上的销量占同类产品在该市场销售总量的比重。市场占有率是医药企业经营状况及其产品在市场上竞争能力的综合反映。有时，市场占有率的高低比产品销量以及利润的增减更为重要，医药企业为了追求长期利益，巩固和提高自身的市场竞争地位，往往把提高企业产品市场占有率作为定价目标。这时，医药企业通常的做法就是通过给自己的产品制定较低的价格，主要是低于竞争者的价格，来吸引消费者，扩大销售量，占领竞争者的市场，从而达到提高产品市场占有率的目的。

企业以提高市场占有率作为定价目标而制定较低价格，一般还要具备下列条件。第一，市场对产品价格变化比较敏感，因而低价能有效地促使产品销售量增大，从而提高市场占有率。第二，生产批量的扩大，能使生产和销售费用显著降低。第三，医药企业的经济实力足以承受一定时期内低价所造成的成本增加和利润损失。第四，低价能有效地抑制现实的或潜在的竞争，不会导致竞争者之间的价格战。

四、产品质量领先

一些医药企业为了在市场上树立一个产品质量最优的形象，在生产成本、产品开发研究以及促销方面进行了较大投入，为了弥补这些支出，往往都给自己的产品制定较高的价格。从完善的市场价格体系来看，高价格的产品自然代表着或反映着商品的高质量和优质服务。采用这一定价目标的医药企业必须具备以下两个条件：一是高品质的产品，二是提供优质的服务。

案例 7-1

某牌六味地黄丸是某制药股份有限公司生产的中成药，被评为2018年全国中成药优质产品金奖。能在众多六味地黄丸产品中脱颖而出，公司在以下几方面做了工作：第一，药材地道，公司注重药材的培养和选取，坚持"药材好，药才好"的制药理念；第二，拥有多项自主专利，具有先进的工艺技术，获得国家科技重大专项支持，保证丸剂的质量稳定；第三，坚持高标准质量，其是六味地黄丸（浓缩丸）《中华人民共和国药典》标准提供者；第四，先进剂型（浓缩丸）服用方便，吸收快，疗效好，不含糖，更适合禁糖患者使用，受到消费者好评；第五，定价上，因坚持产品质量优先，精选优等地道药材，建立严格的安全医药产品保障系统给优质医药产品带来一定的成本，价格相对较高，但能被消费群众接受。因此，某牌六味地黄丸被国家确认为"优质优价"产品，连续多年全国同类产品销量第一。

问题：某牌六味地黄丸体现了怎样的定价目标？

五、防止恶性竞争

医药企业为避免在激烈的市场竞争中发生价格战，两败俱伤，以适应竞争作为定价目标。采用这种定价目标的医药企业必须经常广泛地收集资料，及时准确地把握竞争对手的定价情况。在将企业的产品与竞争者的同类产品进行审慎比较之后，制定出本企业产品的价格，以高于、低于或等于竞争者的价格出售产品。如果企业竞争能力较强或在某些方面优于竞争对手，可以采取高于对手的价格；如果企业竞争能力弱于竞争对手，可以采取略低于对手的价格；如果企业与竞争对手的条件相当，就可以采取和对手相同的价格。值得一提的是，有时候主动降价也需要企业有足够的实力来应对可能引发的价格战。

第3节 医药产品定价方法

一、成本导向定价法

成本导向定价法是以成本为基础的定价方法，可以分为以下4种类型。

（一）成本加成定价法

成本加成定价法是指在医药产品单位成本的基础上，加上一定的成本加成率来制定医药产品价格的方法。其计算公式如下：

$$单位产品价格=单位产品成本\times(1+成本加成率)$$

其中成本加成率即为预期利润占成本的百分比，也叫预期利润率。

举例：某一医药企业生产某种产品10万件，总固定成本为100万元，单位产品变动成本为10元/件，企业期望达到相对于成本的利润率为15%，则该产品的单价是：

$$单位产品成本=固定成本/产品数量+单位产品变动成本=10+10=20（元）$$
$$单位产品价格=单位产品成本\times(1+成本加成率)=20\times(1+15\%)=23（元）$$

（二）目标利润定价法

目标利润定价法是指在产品总成本的基础上，加上一定的企业目标利润，再根据市场预测目标销售量计算出单位产品价格的定价方法。其计算公式如下：

$$单位产品目标利润额=（总投资额\times目标收益率）/预期销量$$
$$单位产品价格=（固定成本/预期销量）+单位变动成本+单位产品目标利润额$$
$$=单位产品成本+单位产品目标利润额$$

举例：长春某药业有限公司为某中药产品胶囊定价，其单位产品成本为20元/盒，该产品预期销量为300万盒，目标收益率为10%，总投资额为15 000万元，则每盒商品目标收益价格为：

$$单位产品目标利润额=（总投资额\times目标收益率）/预期销量$$
$$=(150\,000\,000\times10\%)/3\,000\,000$$
$$=5（元）$$

目标利润定价法比较适用于企业有发展前途的新产品。因为新产品刚上市时往往销量很小，如果按照此时的生产成本定价，往往价格会高出市场能够接受的水平，产品打不开销路，而按照打开市场后的预测销售量为基础制定医药产品价格，价格水平会低得多，也容易被市场接受，并为企业提供目标利润。

（三）盈亏平衡定价法

盈亏平衡定价法（保本定价法）是在预测市场销售量的基础上，保证企业既不盈利也不亏损的产品价格水平。其计算公式如下：

单位产品盈亏平衡价格=（固定成本/盈亏销售量）+单位产品变动成本

举例：某制药厂药品的固定成本为80万元，单位产品变动成本为12元，根据市场调查，预测该药品的年销售量为5万件，核定其保本价格：

单位产品盈亏平衡价格=（固定成本/盈亏销售量）+单位产品变动成本
= （800 000/50 000）+12
= 28（元）

（四）边际贡献定价法

该定价方法又称变动成本定价法。所谓边际贡献，是指每增加或减少单位产品的销售所获得收入弥补边际成本后剩余部分，也就是产品价格与变动成本的差额。边际贡献定价法是医药企业只计算变动成本，不计算固定成本，而以预期的边际贡献来适当补偿固定成本的方法。其计算公式如下：

单位产品价格=（变动成本+边际贡献）/预计销售量

举例：某医药企业的固定成本为20万元，单位产品变动成本为30元/盒，预期销售量为4000盒，如果企业计划的边际贡献为10万元，则该产品的单价为：

单位产品价格=（变动成本+边际贡献）/预计销售量
= （30×4000+100 000）/4000
= 55（元）

边际贡献定价法的基本点是尽量减少亏损。如果边际贡献不能完全补偿固定成本，企业就会出现一定程度的亏损；如果边际贡献能全部补偿固定成本，则企业不盈不亏；如果边际贡献大于固定成本，企业就可盈利了。边际贡献定价法比较灵活，适用于三种情况。第一种是适用于市场竞争激烈，产品供过于求，库存积压，企业不适合坚持以总成本为基础定价时；第二种是企业生产能力过剩，订货不足，为维持生存，减少固定成本的亏损时；第三种是固定成本已经被主要产品分摊时。

二、竞争导向定价法

以对抗和防止竞争为定价目标的企业定价方法称为竞争导向定价法，可分为以下3种类型。

（一）随行就市定价法

随行就市定价法即"流行水准定价法"，是指企业按照同行业的平均价格水平来制定医药产品价格的方法。采用这种随行就市定价方法，容易被市场接受、风险小，同时也避免了价格竞争带来的市场波动，能够为企业创造合理的利润，是一种较为普遍使用的定价方法。

（二）竞争定价法

竞争定价法即"差异定价法"。企业根据市场竞争策略有意将医药产品价格定得不同于竞争者价格。一般分为以下2种不同的情况。

1. 高于竞争者的价格　当企业的产品在临床疗效、工艺质量控制等方面有明显的优势，同时在购买者中有一定的品牌效应，买主愿意支付更多的费用来购买该产品时，企业可制定高于竞争者的价格，以取得相对高的利润。

2. 低于竞争者的价格　企业为了使产品在市场竞争中增加竞争力，促进销售，扩大市场占有率，可采用低于竞争者价格的定价方法。当然这种定价方法要慎重，否则容易引起价格战，影响整个医药企业的合理利润，不利于行业向高层次发展。

（三）投标定价法

投标定价法是近几年来医药生产经营企业对参加集中招标采购的医药产品采用的定价方法。企业根据采购中心公开发布的招标方案，对同层次竞争者的可能报价进行预测，并在规定时间内密封企业产品报价提交给招标部门，然后招标部门进行集中统一开标，主要以价格优势确定中标者并签订销售合同。因此，中标品种的报价一般低于竞争者，但应高于生产成本，保证其有一定的利润空间，提高企业稳定供货的积极性。

三、需求导向定价法

需求导向定价法又称顾客导向定价法，是企业根据消费者对产品价值的主观判断来制定产品价格的一种方法。它主要有以下2种类型。

（一）反向定价法

反向定价法又称价值定价法、向后定价法，是指企业在定价之前通过市场调查，分析市场需求状况以及购买者对医药产品价格的接受程度，并以此为基础确定医药产品价格。实际工作中，为适应市场需要，有时也采用反向定价法。

出厂价=市场可销零售价÷（1+批零差率）÷（1+进销差率）

或：出厂价=市场可销零售价－批零差价－进销差价

举例：某企业在整理企业产品目录时，发现某产品有生产批文但已多年没有生产，在对市场前景没有把握的情况下，企业派出了专门的调研人员到多家医药批发企业以及大物流基地进行市场调查，确认该医药产品的市场批发价为15元，进销差率为5%，并且有稳定的市场需求量。企业根据该信息马上组织财务人员进行该品种的成本测算，其分摊到一件产品的固定成本为4元，单位产品变动成本为5元，有一定的利润空间，因此企业经营决策人员立即决定将该产品列入生产计划并根据市场情况确定其出厂价为10元。

分析：该企业正是利用了反向定价法的优点。

（二）需求差异定价法

需求差异定价法是指企业根据不同市场、不同消费者对医药产品购买力和购买意愿的不同而对同一医药产品制定不同价格的方法。这种定价方法并不反映成本的差异，但可以为企业获取尽可能多的利润。例如，医药企业根据大医院终端与私人诊所、药店终端两个分销渠道的价格需求不同，可以对同种医药产品设计两种不同的包装，对专供大医院终端的包装制定较高的零售价格而对供私人诊所、药店终端的包装制定相对低一些的价格。

考点：医药产品的定价方法

第4节 医药产品定价策略

定价策略是指医药经营决策者在研究企业的内外部环境后依据企业的定价目标以及相应的定价方法，所采取的定价方针和价格方式，以指导企业正确制定医药产品价格，实现企业的经营目标。医药产品定价策略的关键在于如何让医药产品价格定得既能让购买决策者接受，又能让企业获得稳定的收益，创造双赢的局面。

一、医药新产品定价策略

医药新产品刚推出时，销量比较小，因此新产品的定价非常关键，它是产品能否快速进入市场并取得成功的关键因素。一般来说，新药的价格必须能让市场接受，并能给企业带来一定的利润，以弥补新产品投入、研发的费用，利于企业健康发展。新产品定价策略主要有以下 3 种。

（一）撇脂定价

撇脂的原意是指煮牛奶时先把浮在表面的奶脂撇取出来。撇脂定价策略又称高价掠取策略，是一种新药常用的定价策略。即在新药上市之初，价格尽量定得高些，以便于在短期内获得高额利润的一种定价方法。目的是尽快收回投资，以后分段降低价格。

采用这种定价策略的新产品必须具备一定的独特性、短期内市场无有效的替代品、购买者对价格不太敏感、需求价格弹性较小等条件。高价厚利可以使企业有实力进行全面的产品推广，让购买者尽快了解新药形成品牌效应。但是高价会将部分购买者排斥在外，不利于新药开拓市场扩大销量，同时厚利也会吸引更多的竞争者加入，争夺同一块蛋糕。

（二）渗透定价

渗透定价又称薄利多销策略，是指医药新产品上市之初，把价格定在相对较低的水平上（保本或者微利），以"价廉物美"的形象吸引更多的购买者，迅速提高市场占有率的一种定价方法。这种定价方法的目的是取得在市场上的主动权，以期将来获取更大的利益。

这种定价策略的应用必须满足 3 个条件：①市场必须对价格高度敏感以使低价格能促进市场的增长；②生产和销售成本必须随销售量的增加而减少；③低价能帮助排除竞争，使潜在竞争者望而却步。但是定价过低即使有市场也没有足够的利润，企业的投资回收期限过长，导致企业缺乏可持续发展的动力和后劲。

（三）中间价格

中间价格又称为满意价格策略、温和价格策略，是指医药企业将产品价格定在高价和低价之间，兼顾生产者和消费者的利益，使两者都能满意的价格策略。这一策略的目的是在长期稳定的增长中获取平均利润，因此这一策略为广大企业所重视。

一般来说，医药产品类别不同，其定价策略也会有差异性。对于医院用处方药，由于购买的决策者主要为医生，倾向于采用撇脂定价策略，便于有一定的费用空间来进行产品推广，提升销量。相对于处方药而言，OTC 药是直接面向消费者的，定价不宜过高，过高的价格不顺应当前的消费收入水平，使需求减少，加上竞争对手的替代效应，很可能导致市场份额的丧失。但也不能过低，过低的价格企业没有利润，缺乏可持续发展的动力和后劲。

二、折扣与让价策略

医药产品是特殊商品，国家规定医药产品不允许直接面对消费者进行有奖销售。医药产品的折扣和让价主要针对医药商业批发企业和零售企业，这是促进他们更多地销售本企业医药产品常用的激励方法。常见的折扣与让价策略主要有以下几种。

（一）数量折扣定价

数量折扣是对经销医药产品达到一定数量的商业单位给予一定的折扣优惠。在实际操作过程中可分为累计数量折扣和非累计数量折扣两种。生产企业对长期业务往来的客户常采用累计数量折扣，一般在年初会与相应的医药经销单位签订年销售总量协议，对完成年销售量的企业，年底给予一次性返回。对零散商业客户常采用非累计数量折扣，以鼓励客户大量购买，促进销售。

（二）现金折扣定价

现金折扣是医药生产企业为减少经营风险、加快资金周转，对以现金或在规定期限前付款的医药商业企业给予的一种折扣。它一般体现在销售合同中，如一般医药产品的正常回款期限为 3 个月，现款可给予3%的现金折扣；1个月回款给予2%的现金折扣；2个月回款给予1%的现金折扣等。

（三）交易折扣定价

交易折扣是过去一段时间内，医药生产企业常用的给予在营销过程中各类中间商的不同折扣，它通常指在实际工作中沿用的理论医药批发价（即零售价格除以1.15）概念的基础上的折扣，通过交易折扣可计算出中间商享受的实际购进价格。其计算公式如下：

$$实际购进价格 = 批发价（零售价格 \div 1.15）\times 交易折扣$$

举例：某药品的零售价格为24元，医药生产企业给批发商的交易折扣为75%，则批发商的实际购进价格为多少？

分析：24÷1.15×75%=15.65（元）

当然，国家规定销售方应在发票上填写折扣后的实际价格。医疗和零售单位将折扣收入作为医药产品进销差价收入，应与医药产品批零差价收入合并计算。随着国家对医药产品流通领域价格的管理形式由批发价转到实际购销价格，以前批发价和交易折扣的概念也就逐步淡化了。

（四）推广折让定价

推广折让又称促销让价，是指在新药导入期为了鼓励医药中间商帮助企业开拓产品市场而给予的价格优惠。

案例 7-2

某药店为销售一款保健食品，采用了一种折扣销售方法，具体做法如下：发布广告介绍该款保健食品的功能性质等基本情况，并宣布折扣的具体日期和销售期限，以及告知打折的具体方法。折扣销售期限为半个月，第一天来购买打九折，第二天购买打八折，第三、第四天打七折，往后每隔两天都降一折，以此类推，第15天打一折。活动推出后，前三天顾客多是打听，购买较少，等到第4、5天后顾客越来越多，待到打五折时，顾客开始抢购，结果还未到两周该医药产品便售罄。

问题：1. 该药店售卖医药产品时采取了何种定价策略？
2. 为什么消费者不等到最后一天去享受一折优惠呢，说说你的看法。

三、差异定价策略

差异定价策略是指对同一医药产品或服务，根据流通环节、销售对象时间或地点等方面的不同，制定不同价格的一种策略。

（一）根据流通环节定价

这种定价策略的具体表现形式主要有两种，即购销差价策略和批零差价策略。购销差价反映了生产企业与经营企业之间的关系，它的高低影响生产企业与经营企业各自的利益。合理的购销差价既能促进生产企业生产的发展，又能改善经营企业的经营管理，正确指导消费。同样，合理的批零差价有利于调动批发企业和零售企业两个方面的积极性，也有利于稳定医药产品的零售价格。

链接 购销差价和批零差价

当医药产品从购进到销售时，经营企业要支付一定的流通费用，同时应该得到合理的利润，并向国家缴纳税金，这些流通费用、税金和利润之和就构成了购销差价。在零售企业从批发企业购进医药产品出售给消费者的过程中，也需要支付一定的流通费用，缴纳一定的税金并得到一定的利润，那么这些流通费用、税金和利润之和就是批零差价。

（二）根据时间定价

根据时间定价就是在不同的季节、不同的日期或不同的时刻销售时采取不同的定价。例如，某些医药产品节日时的价格一般比平时优惠，对某些医药产品订货越早，价格越低。

（三）根据购买者定价

根据购买者定价就是对于不同的客户采取不同的价格。例如，部分企业对自己的长期客户可给予较低的价格。

（四）根据医药产品形式定价

根据医药产品形式定价即对于不同规格、不同品牌、不同包装的医药产品实行不同的价格。但是，这种价格差异与医药产品成本变化并不成比例。例如，包装精美别致的滋补药材比简装的滋补药材的价格要高得多。

四、心理定价策略

心理定价策略主要应用于医药产品零售环节，是根据消费心理学原理，针对不同类型的消费者在购买过程中的心理状态来制定医药产品价格的一种策略。下面介绍几种常用的医药产品心理定价策略。

（一）尾数定价

尾数定价又称零头定价，即针对消费者求实、求廉的心理，定价时在整数价格的基础上稍微降低一点，变成零头价格。如某医药产品的零售价格定为9.98元，消费者感觉价格不满10元，处于10元以下的档次，给人以便宜的感觉，使消费者产生购买欲望。这种定价法一般适用于价格需求弹性较强的普通医药产品零售价格的制定。

（二）整数定价

整数定价策略与尾数定价策略正好相反，指医药企业有意识地将医药产品价格制定成整数的一种策略。对价格较高的医药产品一般采用这种策略，同时整数定价能给人一种方便、简洁的印象。采用整数定价策略应注意要确保医药产品的品质，注意同类医药产品价格的差价幅度不可过高，还要加强售后服务，巩固消费者的信任感和安全感。

（三）声望定价

声望定价即针对消费者"价高质必优""一分价一分货"的心理，对在消费者心目中已形成一定品牌效应的医药产品制定较高价格的一种定价策略。

这种定价法是利用顾客仰慕名牌或名店的声望所产生的某种心理作用，由于声望和信用高，用户也愿意支付较高的价格购买。一般适用于著名制药企业的特优医药产品价格的制定。

（四）最小单位定价

同样的价格采用不同的标价单位，对消费者的心理产生不同的影响，一般来说，用较小单位标价会给人以便宜的感觉。

（五）习惯定价

习惯定价指的是消费者在长期中形成了对某种商品价格的一种稳定的价值评估，它所依据的是消费者"习惯成自然"的心理。对于常年销售的医药产品、其价格已形成消费习惯，若发生变动，必然引起消费者的不满，导致购买的转移。如确实需要调整价格，可采用价格调整策略。

(六)招徕定价

招徕定价策略是指医药企业为了招徕顾客特意将某几种医药产品以非常低的价格出售,或是节假日和换季期间对部分产品实行折价让利销售,以此吸引顾客,促进全部商品的销售。

案例 7-3

日本创意药房在将一瓶 200 元的补药以 80 元超低价出售时,每天都有大批人涌进店中抢购补药,按说如此下去肯定赔本,但财务账目显示出盈余逐月骤增,其原因就在于没有人来店里只买一种药。人们看到补药便宜,就会联想到其他药也一定便宜,促成了盲目的购买行动。

问题:创意药房采取了哪种定价策略?

五、地理区域定价策略

一个企业的医药产品不仅会卖给当地客户,还会卖给外地客户,而卖给当地客户与卖给外地客户的费用(如运费)是不同的。那么企业是对不同的客户实行不同的价格,以收回较高的运输成本,还是不论地区远近都制定同样的价格呢,这就涉及地理区域定价策略问题。地理区域定价策略的具体形式有如下几种。

(一)产地价格

产地价格也叫离岸价格,是指企业在制定医药产品价格时,只考虑医药产品装上运输工具之前即交货前的费用,其他一切费用(如交货后的运费及保险费等)一律由买方负担的一种定价策略。这种定价策略定出的价格较低,对于距离产地较近的买主或有运输优势的买主来说比较容易接受,而对于距离产地较远的买主是不利的。

(二)统一运送价格

统一运送价格是指企业对不同地区的买主无论路程远近,都由企业将医药产品运送到买主所在地,并收取同样的运费(按平均运费计算)。采用这种定价策略,意味着卖方负担了全部运输、保险等费用,所制定的价格虽然较高,但买主比较容易接受。因为买主能够预先知道进货成本的确切数字,还能避免运输过程中可能会发生的风险。这种定价策略适用于重量轻运费低且占变动成本比例小的医药产品。

(三)分区运送价格

分区运送价格是指企业将整个市场划分为若干个区域,根据这些区域的距离远近及运费不同,对不同的区域实行不同的价格,距离越远的区域价格越高,但在同一区域内实行同一价格。

(四)基点价格

基点价格是指企业选择几个城市作为定价的基准点,然后按照离买主最近的城市到买主所在地的运费加上产地价格形成医药产品的价格,它不管产品实际是从哪个城市起运的。

(五)运费补贴价格

运费补贴价格就是指企业对距离较远的买主收取低于实际运费的运价,以使这种医药产品的到货价不高于买主附近企业的到货价,实际就是企业给予买主一定的运费补贴。这种策略有利于抢占距离较远的市场区域,提高市场占有率。

考点:区分不同的定价策略

案例 7-4

自 2020 年 1 月份以来，受新型冠状病毒感染疫情影响，人们所关心的医疗用品也变得紧俏。继防病毒口罩、乙醇抢购一空后，缘于各大媒体广泛报道的一则消息："上海药物所、武汉病毒所联合发现中成药双黄连口服液可抑制新型冠状病毒。"双黄连口服液由此遭到疯抢，导致双黄连口服液一盒难求。连花清瘟胶囊、藿香正气丸、维生素 C 泡腾片等也销售一空，相关中药产品随之涨价。

由于疫情的影响，中药材商对未来药材价格预期感到压力。疫情相关的中药材价格波动较大，中药材价格上涨预期不断升高。受疫情影响，物流运输成本、仓储成本的增加也导致药材价格上涨。不少药材商因货惜售，炒高预期想狠赚一笔，后因国家严控市场，不少药材商赔得血本无归。《中华人民共和国药品管理法》实施及新版《中华人民共和国药典》颁布，不少医药企业宣布绝不涨价，所有库存按照市场最低价原则进行销售，以保障工业企业用料不涨价。

问题：1. 本案例中影响医药产品价格的因素有哪些？
2. 针对疫情期间口罩、乙醇、双黄连口服液等医疗用品价格暴涨的情况，你认为市场监督管理局、物价局等相关部门应该采取哪些措施？

技 能 实 训

【实训主题】
辨析医药企业的定价策略。

【实训的目的和要求】
学会分析影响医药产品定价的因素，能选择合适的定价方法并掌握一定的定价技巧，以便于对医药产品制订合理、科学的定价策略。

【实训情景】
某家庭常用的感冒药，消费者对其功效、价格等非常了解。近来原料药价格一直上涨，所以厂家想把该药品进行提价。但是，其他同类药品的价格一直不变，厂家为涨价的事情为难，于是想到变相提价，原来是每盒 10 包装，销售价是 16 元；现改为每盒 8 包装，售价是 13.6 元。从表面上看很合理，实际上每包却涨了 0.1 元。请结合实际，分析影响该药品的定价因素，评价该药品的定价策略是否合理，并说明理由。

【实训步骤】
1. 了解医药产品价格的组成。
2. 结合产品实际，分析医药产品定价的影响因素。
3. 根据医药定价策略，分析该产品的定价是否合理。

目 标 检 测

一、名词解释
1. 成本加成定价法　2. 需求导向定价法
3. 撇脂定价　　　　4. 渗透定价

二、单项选择题
1. 医药超市经常会推出一些低于成本价格的产品销售，以带动超市其他医药产品的销售。这种定价策略属于（　　）
   A. 整数定价　　　B. 尾数定价
   C. 习惯定价　　　D. 招徕定价

2. 医药企业把缴纳的税金加到产品的价格中去，随产品出售转嫁。这种税金被称为（　　）
   A. 价内税　　　　B. 增值税
   C. 所得税　　　　D. 价外税

3. 薄利多销策略又称为（　　）
   A. 撇脂定价策略　　B. 低价渗透策略
   C. 声望定价策略　　D. 最小单位定价策略

4. 医药产品定价的基础和核心是（　　）
   A. 生产成本　　　B. 企业利润

C. 国家政策法规　　D. 市场需求
5. 为满足消费者便宜没好货的心理，一般宜采用（　　）
   A. 尾数定价策略　　B. 习惯定价策略
   C. 声望定价策略　　D. 中间定价策略
6. 为鼓励顾客多购商品，企业会给大量购买商品的顾客的一种减价方法是（　　）
   A. 功能折扣　　B. 数量折扣
   C. 季节折扣　　D. 现金折扣
7. 人参按克计算价格，而不按千克计价，这种定价方法采用（　　）
   A. 满意定价　　B. 整数定价
   C. 招徕定价　　D. 最小单位定价
8. 某种医药产品是某医药公司新研发的产品，其单位成本仅15元，但公司利用大量广告宣传以及消费者的需求，将新药定价为125元/件，仍然有大量消费者争相购买。该定价方法属于（　　）
   A. 习惯定价　　B. 撇脂定价
   C. 渗透定价　　D. 整数定价
9. 企业利用消费者具有仰慕名牌商品或名店声望的某种心理，对质量特优的医药产品定价最适宜采用（　　）
   A. 尾数定价策略　　B. 招徕定价策略
   C. 整数定价策略　　D. 声望定价策略
10. 某种商品的最低价格取决于该种产品的（　　）
    A. 市场需求　　B. 市场占有率
    C. 成本费用　　D. 竞争产品价格

三、简答题

1. 影响医药企业定价的外部因素有哪些？
2. 医药产品的定价方法有哪些？
3. 医药企业的定价目标具体包括哪几种？

（陈燕燕　张　琳）

第 8 章 医药分销渠道策略

> **学习目标**
>
> **1. 知识目标** 掌握医药分销渠道的概念，分销渠道的功能和医药分销渠道的基本类型，影响医药分销渠道选择的主要因素。熟悉医药中间商的不同类型，医药批发商、医药零售商的功能及类型。了解医药产品网络营销的结构模式和类型。
>
> **2. 能力目标** 能对医药分销渠道进行分析，合理运用医药分销渠道策略，对医药分销渠道进行科学设计和管理。增强分析、解决问题的能力。
>
> **3. 素质目标** 树立科学的医药产品质量保证观念，培养良好的职业道德。

第 1 节 医药分销渠道概述

一、医药分销渠道的概念

分销渠道也称营销渠道或流通渠道，指促使产品或服务顺利地经由交换过程被使用或消费的一整套相互依存的组织和个人，是一个由不同成员组成的相互依存的系统。除生产者和最终用户，分销渠道还包括商人中间商（批发商和零售商）、代理中间商（经纪人、制造商代理人和销售代理人）以及辅助机构（银行、保险公司、物流公司、仓储服务公司、广告公司和咨询公司等），它们统称为渠道成员。渠道成员与生产企业合作，使产品在市场上流通，并提供时间效用、地点效用和所有权效用等，在生产者和消费者之间发挥沟通和中介作用。

医药分销渠道，是指医药产品或服务的所有权由生产者向消费者或用户转移或帮助其转移过程中所经过的企业或个人。起点是医药生产企业，终点是消费者或用户即目标消费者，处于生产者和消费者之间、参与了销售和帮助销售行为的单位或个人称为中间商，如医药批发商、医药代理商等。

二、医药分销渠道的特点

医药产品是关乎人民生命健康的产品，普通的消费者很难直接与医药生产企业打交道，只有靠其他手段或途径才能获得医药产品，其中医药分销渠道是实现这一目标的重要一环，医药分销渠道具有以下的特点。

1. 一端连接医药生产者另一端连接消费者 分销渠道成员相互沟通、协调，共同完成医药产品价值的传递和实现使生产者和消费者双方能尽快地满足各自需求。

2. 对分销渠道成员有严格的资格准入限制 医药产品作为特殊的商品，受到政府部门的严格监管，对分销渠道成员的资格准入条件包括：遵循医药产品经营企业开办条件、医药产品经营许可证制度、国家对医药产品管理实行医药产品上市许可人制度；具有依法经过资格认定的药学技术人员；具有与所经营医药产品相适应的场所、设备、仓储设施、卫生环境；具有与所经营医药产品相适应的质量管理机构或者人员；具有保证所经营医药产品质量的规章制度。

3. 选择分销渠道的自由度小 由于医药产品涉及人类健康，医药分销渠道设计和管理具有特殊性，与其他产品的分销渠道有明显区别。

4. 一些特殊产品实行特殊管理 国家对麻醉药品、精神药品、医疗用毒性药品、放射性药品等，实行特殊管理。另外，根据国务院有关规定，对医药产品类易制毒化学品、戒毒医药产品和兴奋剂也实行一定的特殊管理。《中华人民共和国疫苗管理法》规定，国家对疫苗实行最严格的管理制度，坚持安全第一、风险管理、全程管控、科学监管、社会共治。

5. 以医药产品所有权转移为前提 生产者可将医药产品直接销售给最终用户，这样的分销渠道是最短的；但有些医药产品经过两次、三次甚至更多次的转卖和销售，多次转移产品所有权，这样的分销渠道是长渠道。一般来说，医药产品的分销渠道长于原料药、药用辅料等的分销渠道。

6. 包含使医药生产者与消费者相连接的多种流通形式 如商品流、物流、资金流、信息流和促销流等，这些流通形式相辅相成，但在时间和空间上并不完全一致。因此，医药分销渠道的效率，不仅取决于渠道成员，也取决于那些相关联的辅助机构。

7. 医药分销渠道面临着诸多变革 随着健康中国战略全面实施，医药卫生体制改革向更深层次推进，政府出台了一系列措施。例如，医药产品零加成、两票制、带量采购及药店分级管理、分级诊疗、处方外流与医药分开、互联网+医药产品流通、医保控费、互联网+医保支付、国家医保谈判医药产品"双通道"等政策的落实，都对医药产品的采购、批发和零售等产生了极大的影响。

三、医药分销渠道的功能

1. 信息沟通 医药中间商是生产者与消费者之间信息沟通的桥梁，它既能将生产信息通过各种方式传递给市场及其最终消费者从而促进市场需求，又能将市场需求信息反馈给生产者，以便于生产者及时调整生产计划和营销策略，更好地满足医药消费者的需求。

2. 销售促销 好的医药营销企业能建立合理的分销渠道，以促进产品的销售，并提高销售的技巧，使企业的产品能够快速到达目标消费者。销售有直接销售和间接销售，促销有关系促销、互愿促销、现场促销等形式。

3. 仓储养护 医药生产企业的产品进入医药营销企业或销售渠道其他环节的仓库进行仓储养护时，实际上这是作为医药生产企业仓储和货物配送功能的延伸，减少了企业直接销售时租赁仓储的成本。因为中间商相比生产商更接近客户，也可以提供更便捷的服务。

4. 融资功能 医药分销渠道成员聚集并分配资金，以支付渠道运营所需的各项费用，这些费用包括渠道建设、运营、渠道成员间的贷款转移和消费贷款实施等。分销渠道融资功能包括资金的筹集与担保，为渠道运营提供了资金保障，并为医药企业的生产经营提供了必要的信贷支持。

5. 风险承担 医药生产企业将医药产品供给医药营销企业，及时收回货款，可避免医院拖欠货款的风险，也就是说医药营销企业承担了医药生产企业的风险。当然，医药产品价格涨落时的滞后效应，也会产生风险承担问题，一般按双方协议规定或协商解决。

6. 整买零卖 医药中间商有助于解决医药产品生产与消费之间的在数量、品种、规格、时间和地点上存在着的矛盾。单个医药生产企业的产品具有品种少、数量大的特点，而医药消费者的需求表现出数量小、品种多的特点。这种生产与消费上的矛盾，需要依靠医药中间商的协调使双方满意。

7. 健康服务 医药分销渠道是一个多功能系统，它要求通过在适当的地点、以适当的速度、以合格的质量、以准确的数量、以低廉的价格向目标消费者提供最好的健康服务，并不断刺激渠道成员采取多种形式的促销活动引导消费者需求，以致成为一个和谐协调的正常运作的网络系统。

8. 实体分配 医药分销渠道的主要职能是促使医药产品快捷、有效地从生产者手中转移到消费者手中，实现产品在时间、空间转移的过程中，渠道成员所进行的运输、储存、物流和供应链管理以及信息处理等活动。

四、医药分销渠道的基本类型

（一）分销渠道的长度类型

1. 直接渠道与间接渠道　根据医药企业的分销活动是否有中间商参与，可分为直接渠道和间接渠道。

（1）直接渠道　即零阶渠道，是指没有中间商的参与，生产企业将医药产品直接销售到消费者手中，是最简单最便捷的分销渠道（图 8-1）。其特点是可及时了解市场信息，缩短医药产品流通时间，提高医药企业的经济效益。但会增加营销费用，分散生产者的精力，还要承担市场风险。

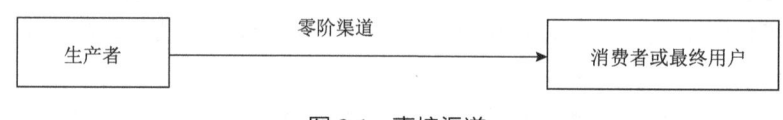

图 8-1　直接渠道

（2）间接渠道　一阶及以上分销渠道，是在医药产品的分销过程中，经过若干中间商转手的分销渠道，是目前医药分销渠道的主要类型（图 8-2）。其特点是增加了交易次数，提高了市场占有率，有利于增加生产投入，减少生产者的经营风险。但延长了流通时间，影响了服务的质量及对消费者情况的及时反映。

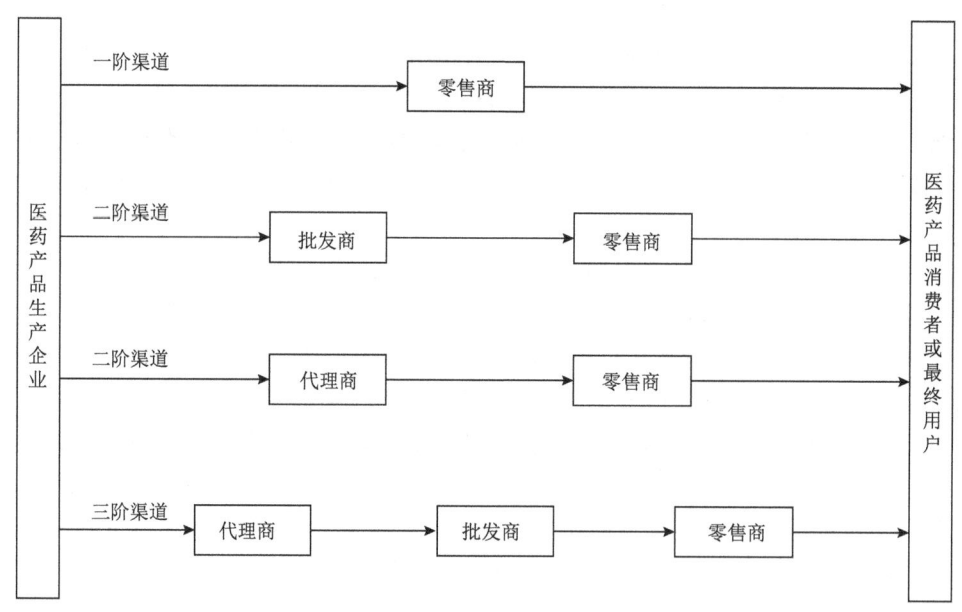

图 8-2　间接渠道

2. 长渠道和短渠道　根据每一条分销渠道层次的多少，又可分为长渠道和短渠道。

（1）长渠道　医药生产企业使用两个或两个以上不同类型的中间商来营销产品。其特点是市场覆盖面大，容易推广，但降低了产品价格的市场竞争力，影响了生产者的决策，增加了医药产品的损耗，不利于医药生产企业与社会各界建立密切的合作关系。适用于普通医药产品。

（2）短渠道　医药生产企业只使用一个中间商或不经过中间商的营销渠道。其特点是增强了产品价格的市场竞争力和生产者的决策力，也有利于医药生产企业与中间商合作。但渠道短，市场覆盖面小，影响市场占有率，生产者所承担的市场风险也大。适用于单位价值量高的新特药、进口药。

(二)分销渠道的宽度类型

根据分销渠道中每层使用的同类型中间商数目的多少,可分为宽渠道和窄渠道。渠道宽窄取决于渠道的每个环节中使用的同类型中间商数目的多少。

1. 宽渠道 医药生产企业在每一个流通环节上使用两个以上同类型中间商推销产品,产品在市场上的分销面广,称为宽渠道。其优点是由多家批发商经销又转卖给更多的零售商,能大量接触消费者,能使产品迅速进入流通和消费领域,也有利于中间商之间开展合理竞争,大批量地销售产品。缺点是同一个流通环节选用的中间商较多,生产企业与中间商直接的合作不够密切,甚至容易引发渠道冲突,增加了企业管理分销渠道的难度。

2. 窄渠道 医药生产企业在每一个流通环节上,仅选用一个中间商或有限的中间商来推销其产品称为窄渠道。其优点是选用数量有限的中间商来销售产品,彼此之间的合作关系较为密切,生产企业对于控制、管理中间商也相对较易,生产企业对于中间商的支持力度相对较大,中间商也会及时将市场信息反馈给生产企业,有利于提高分销渠道的效率。缺点是风险较大,正由于生产企业与中间商之间的相互依赖性强,一旦关系改变,生产企业就会面临巨大的市场风险。

五、医药分销渠道的结构模式

医药分销渠道的结构按照医药产品从其生产者转移到消费者或者用户手中经过的环节,有以下结构模式(图 8-3)。

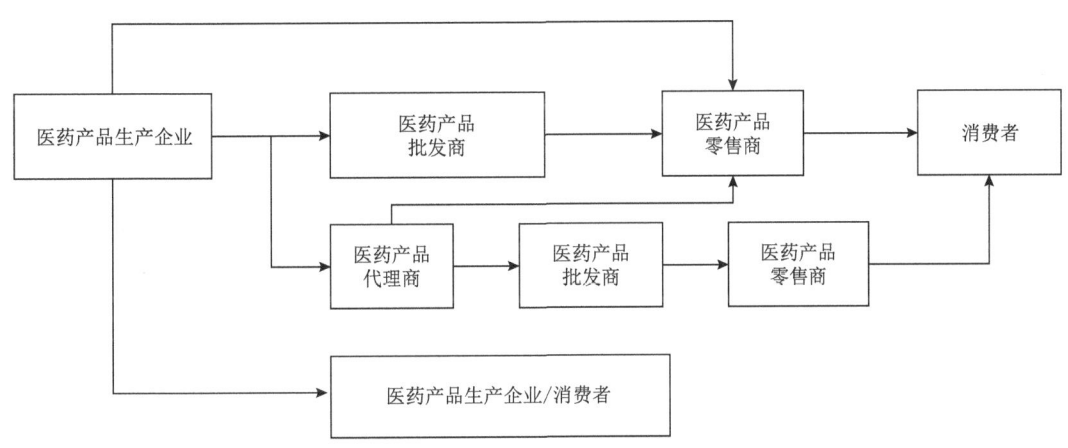

图 8-3 医药产品分销渠道结构模式

1. 医药产品生产企业→医药产品生产企业(或消费者) 又称零阶渠道,是指制药企业将医药产品直接销售给消费者或用户,中间没有经过批发商和零售商等中间商参与转手。它是大型医疗设备、原料药等医药产品的主要分销渠道。还有就是,医药生产企业将本企业生产的 OTC 药通过自办零售药店直接出售给消费者,或者是医院药剂科按照国家规定向患者出售自制的医院制剂等形式。

2. 医药产品生产企业→医药产品零售商→消费者 又称一阶渠道,包括一层中间商,在医药市场中,这种中间商通常是由医院药房或零售药店组成的。而在医疗器械、原料药市场中,他们通常是指各级代理商或经销商。其优点是简单、中间环节少、利润空间较大。缺点是企业需要对数量众多的零售药店发货、铺货、管理、回款等,工作量相当大。

3. 医药产品生产企业→医药产品批发商→医药产品零售商→消费者 又称二阶渠道,通常包括两层中间商,主要由批发商和零售商组成,而在医疗器械市场中,这两层中间商通常包括代理商和经销商的组合。这种渠道类型,有利于节约医药产品的销售时间和费用,节省医药零售企业的进货时间和成本。其特点是环节比较合理,医药产品能较快的到达广阔的市场,有较大地利润空间,在医药营销中起主渠道作用。

4. 医药产品生产企业→医药产品代理商→医药产品零售商→消费者　也属二阶渠道，增加代理商或医药商业企业，增强了企业更大范围市场的医药产品销售能力，适用于实力不足且没有自建销售网络的中小企业，使其医药产品迅速推向其他市场。其缺点是企业利润小，而且对市场信息、动态的把握也比较差，企业是纯粹的医药生产者。

5. 医药产品生产企业→医药产品代理商→医药产品批发商→医药产品零售商→消费者　又称三阶渠道。很多中小企业，为了将自己的医药产品迅速推向全国市场，往往先在全国范围内进行医药产品的招商，寻求区域医药产品代理商，然后代理商再去寻找本区域多家批发商，将医药产品转批给这些批发商，再由批发商负责将医药产品销售给医院药房或零售药店，进而销售给消费者。其优点是既解决了生产企业营销能力不足的缺陷，又可满足医疗单位使用医药产品品种多、数量大的要求。缺点是渠道较长，环节较多，从而增加了流通费用，提高了医药产品价格。

六、新型销售渠道系统

按渠道成员相互联系的紧密程度，分销渠道可以分为传统销售渠道系统和新型销售渠道系统。医药分销渠道的系统类型如图8-4所示。

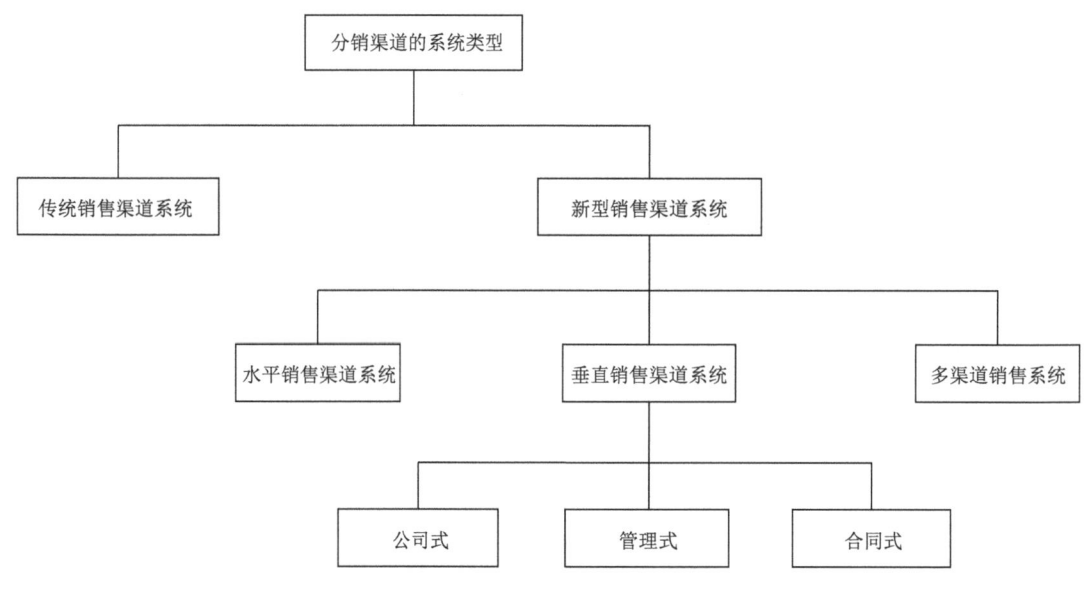

图8-4　医药分销渠道的系统类型

医药传统销售渠道是指由各自独立的医药生产者、医药批发商、医药零售商和消费者组成的分销渠道。渠道的每一个成员都是相对独立，各自为政，为追求自身利益的最大化而展开激烈竞争，即使为此牺牲整个分销渠道的利益最大化也在所不惜。没有一个渠道成员能完全或基本上控制其他成员，各行其是使得分销渠道的效率很低，有些分销活动是重复性的，而有些渠道活动又从未实施。随着社会经济的发展，许多公司都致力于渠道创新，尝试新型的渠道系统。

新型销售渠道系统指在传统渠道中渠道成员采取不同程度的联合经营或一体化经营而形成的分销渠道。在这种渠道系统中，各层次的成员之间形成一种更密切的联系。新型销售渠道系统有垂直销售渠道系统、水平销售渠道系统和多渠道销售系统。

（一）垂直销售渠道系统

垂直销售渠道系统是医药企业不经过中间环节直接将医药产品销售给目标消费者，是效益良好的一种销售渠道系统。这种销售渠道的出现对传统的销售渠道形成了挑战。传统销售渠道是独立的生产商、批发商和零售商组成的一个高度分散的组织网。在此网络系统中，关系松散的生产商、批发商和零售商彼此进行产品交换。没有一个渠道成员能完全地或基本上控制其他成员，传统销售渠道基础很脆弱，内部矛盾很多，容易破裂。

垂直销售渠道则是一个由生产者、批发商和零售商组成的专业化管理和集中计划的组织网。在此网络系统中，各个成员为了提高经济效益，采取不同程度的一体化经营或联合经营或专营。这种体系的交换能力和避免重复经营的特性，使其得以有可能实现规模经营，并与传统销售渠道系统进行有效的竞争。

这种垂直销售渠道在一些发达国家已成为消费品市场的主要销售渠道形式，也是我国目前医药分销渠道发展的主要趋势。垂直销售渠道在一定程度上作为一个整体系统，系统中的每个部分或每个成员在统一协调下，以整个销售渠道系统的效益最大化为其决策目标进行一体化经营或联合经营。在这种系统中，渠道中的每个部分或每个成员不能独立地进行经营，而必须与其他成员互相协调。

采取这样的销售渠道系统，有利于企业控制与占领本医药产品的销售市场，提高整个销售渠道系统的合理经济效益。垂直销售渠道系统通过纵向联合组织实现销售，联合组织有自己的总营销方针和营销目标、各成员机构为实现总的营销方针和营销目标有自己的营销方针和营销目标。根据系统中成员的结合或参与方式的不同，又可分为三种不同的模式。

1. 公司式垂直销售渠道系统 由一家公司拥有和统一管理若干生产企业、批发机构和零售机构，控制分销渠道的若干层次甚至整个分销渠道，联合开展生产、批发、零售等业务。可分为两种类型：一类是由大型工业集团公司拥有和管理的，采用产供一体化经营方式；另一类是由大型零售集团公司拥有和管理的，采用贸工一体化经营方式。

建立公司式垂直销售渠道系统通常需要较大的投资，但建立后可减少管理费用，并能使各种分销职能的工作得到协调和改善，不必太担心货源短缺和中间商经营不当等，能够增强购买力，一般会以廉价或改进服务等形式使消费者受益。

2. 管理式垂直销售渠道系统 与传统的销售渠道系统很类似，即销售渠道系统中各个成员是相互独立的，不同点是系统中的成员间的关系由对立变为合作，即共同协调、共同努力，使得整个渠道系统达到最大效益。一般来讲，实现这种协调系统关系的组织是系统中其他成员认可的、规模大、实力雄厚的组织，且这个组织可以为系统提供某种特定的服务。例如，具有某种名牌医药产品的企业就可以得到中间商的拥戴，担负起协调的功能。有若干小微型企业，大企业支持小微型企业，小微型企业愿意听从大企业的指挥。

3. 合同式垂直销售渠道系统 是一种以具有法律效力的合同来规范和协调系统中成员活动的销售渠道系统，系统中每一个成员的责任和义务都是以合同的形式明确规定的。这种销售渠道系统可分为3种：①批发商发起的合作。由批发商组织各个独立的零售商组成合作组织。这种合作组织主要是为了对付大零售商开展竞争而组织起来的联合组织。在这种合作的组织中，批发商通过大批量进货，然后供给零售商，以节省商品的流通成本。另外批发商也可向零售商提供各种专门服务，以提高所有合作成员的经济利益。②零售商发起的合作。一些独立的中、小零售商为了与大零售商竞争而组成合作组织。这个组织的所有成员通过这种合作组织，以共同的名义统一采购部分商品、统一进行广告宣传活动及共同培训职工等，同时也可以进行某些服务活动，他们的利益分配往往也是被捆绑在一起的，利于品牌医药产品的大型推广和营销。③特许权组织。这是指在经营系统中的所有者即特许者，与希望使用特许者经营系统的被特许者在合同基础上达成某种协议的组织。根据协议规定，被特许者可以享用特许者的某种权利。

（二）水平销售渠道系统

水平销售渠道系统是指由两个或两个以上的渠道成员通过建立联合关系，以共同开拓新的市场营销机会的渠道系统。水平销售渠道系统的这种联合是建立在同类企业间的，如生产企业间联合或零售企业间联合等。采取这种联合，可以克服单个企业在资金、生产技术及营销资源等方面的不足，同时也可以减轻单个企业在开发新市场方面所承担的风险，以取得比单个企业经营更大的效益。这种销售渠道系统，可以是签订暂时的或永久性的协议，也可以成立一个由各个方面都参加的新的机构。

（三）多渠道销售系统

随着社会生产力的发展，医药企业的生产规模在不断扩大，所以对于一个医药企业所生产的全部医药产品，不可能只通过一种类型的销售渠道系统来销售，而必须通过各种不同的销售渠道来共同销售。这种使用多种销售渠道来把自己的产品销售给相同或不同的最终消费者的销售渠道系统，就叫多渠道销售系统，如许多公司采用不同类型的零售商（如超市、百货公司和专卖店等），而且采用互联网线上线下相结合的分销渠道。多渠道销售系统一般有以下两种类型：第一种是医药生产企业通过两种或两种以上销售渠道销售同一品牌的医药产品，而这些销售渠道系统又是相互竞争的，可能引发不同渠道和渠道成员之间的激烈冲突；第二种是医药生产企业通过两种或两种以上的销售渠道系统销售不同品牌的医药产品，这样使用多渠道销售以后，就可以使医药生产企业扩大市场占有率，满足具有不同细分市场的顾客的需求，扩大销售量。

案例 8-1

2022 年，江苏 Z 制药企业依靠科技和营销创新，扩大产能规模，取得显著成绩，实现销售收入和利税分别比上年增长 39% 和 43%。销售突破 50 亿元大关，企业技术中心升级为国家级，获得"中国创新力十强医药企业"等称号。

Z 制药企业在行业内较早开展了专业化推广方式的系统培训工作，即"专业能力提升特训营"，此培训项目覆盖了全部省区和办事处。同时，不断强化医院和公司合作，共完成"百家医院管理工程项目"活动 434 场次，调整并确立了"500 家战略合作医院"新目标，目前已累计完成 80 多家医院签约。公益项目"肝病研究基金"科学有序实施，获得政府部门的大力赞赏和支持。营销模式的创新、品牌建设、学术推广促进了销售额快速增长。

问题： Z 制药企业营销渠道模式有何特色？

第 2 节 医药分销渠道的选择

一、选择医药分销渠道的意义

医药分销渠道在医药行业中具有重要作用，它不仅关系到企业如何将产品有效地传递到最终消费者手中，还涉及市场需求、产品特性、供应链管理等多个方面的因素。通过选择和管理合适的分销渠道，医药企业能够实现一系列战略决策和执行计划，从而有效地将产品传递到最终消费者手中。这个过程需要考虑医药产品的特殊性质，如在物流配送方面，医药产品常面临着严格的温度、湿度等条件控制要求，以确保医药产品的质量和安全性。这要求制药企业在物流配送过程中采取严格的质量控制措施，并建立应急预案以应对各种突发情况，如交通延误、自然灾害等，从而保障医药产品的正常供应，确保产品的质量和合法性。同时通过优化分销层次和合作伙伴管理，以提高分销效率和确保产品质量。

综上所述，选择医药分销渠道的意义不仅在于实现销售目标，还在于确保医药产品能够及时、安全、有效地传递给最终用户,同时为企业提供市场竞争优势和市场信息的反馈,促进医药行业的发展。

二、影响医药分销渠道选择的因素

医药分销渠道决策是企业管理层面临的最重要决策,企业所选择的渠道将直接影响其营销决策。医药企业要把生产的医药产品及时地销售出去,必须正确合理地选择分销渠道。而在选择分销渠道之前必须认真分析和研究影响分销渠道选择的各种因素。

(一)政策法规因素

医药分销渠道受国家有关医药产品的购销政策、价格政策,以及招投标政策、法令、条例、规章等影响。这些都是企业选择分销渠道时应认真考虑的。特别是政府有关立法及政策规定,包括医药产品管理法、财税政策和整顿医药产品市场的一系列法律法规。

(二)医药市场因素

1. 目标市场 如果市场容量大而单次购买量小,应选择分支多而广的分销渠道,以扩大市场占有份额;如果市场容量小而单次购买量大,应选择分支少而窄的分销渠道。如果目标市场范围越大,则分销渠道应相应越长,反之亦反。

2. 顾客特点 潜在顾客的数量、分布状况、购买心理、文化特征、态度倾向等均会对渠道的选择产生影响。如顾客越集中,越应采用直接渠道和短渠道,反之顾客较为分散,则需更多发挥中间商的作用,采用宽而长的渠道。

3. 购买习惯 对于一般常用药物,价格低廉,顾客无须仔细地选择,要求购买方便,希望随时就近购买,因此,应选择分支多而广的销售渠道,销售网点也尽量分散;而对一些价格昂贵的特殊医药产品等,一般应选择分支少而窄的分销渠道。

4. 季节特性 很多产品在销售市场往往有淡季和旺季之分。一般淡季时销售渠道可窄些,旺季时应扩大销售渠道,充分利用中间商的作用。例如,清凉油、风油精之类的产品,夏季是其销售旺季,市场容量很大,销售时间集中,这时应多采用广泛的分销渠道,充分发挥中间商的作用。

5. 竞争状况 同类产品一般采取同样的分销渠道,这样比较容易占领市场,但竞争压力会比较大。一般说来,医药企业应尽量避免与竞争者使用相同的分销渠道,除非企业的竞争实力超过竞争对手。

(三)医药产品因素

医药产品因素是在选择分销渠道过程中,最需要重视的一类因素。医药产品自身特点对分销渠道的决策起着决定性的作用。医药产品因素主要考虑以下几个方面。

1. 医药产品的价格 医药产品价格越高,销售渠道的环节就应越少,可采用直接销售或只经过很少的中间环节,以避免最终售价的提高而影响销售;反之,价格较低的产品,其利润较低,需要批量销售,方能赢得一定的利润,采用中间商销售,才能扩大销路。

2. 产品重量与体积 医药产品的重量和体积会直接影响到产品运输费用和储存费用。因此,对于体积大的重型产品,应选择直接供应或者中间商极少的间接渠道;小而轻的产品,则可以选择较广的分销渠道。

3. 产品的理化性质 对有效期短的医药产品,应选择尽可能短的分销渠道,以便及时销售;对于易腐易损的医药产品,如必须在低温下保存的医药产品或储存养护要求高的医药产品等,也不宜采取过多的中间环节转手,以减少搬运过程中的损耗。

4. 技术与售后特点 技术性强、对售后服务要求高的或需要经常保养的医药产品分销渠道要窄。对于技术极为复杂的产品,或者是销售后技术服务非常重要的产品,应尽量由生产企业直接供应用户;如果确需通过中间商推销的,生产部门应设立专门的技术服务网点,以方便为用户服务。

5. 产品的生命周期 导入期为了较快地把新产品投入市场，生产企业应组织推销力量，扩大分销渠道，直接向消费者或利用原有分销渠道销售；成长期则应在巩固原有渠道基础上增加渠道宽度；成熟期为了适应竞争，应拓展渠道宽度，增加销售网；衰退期为了缩减开支，渠道宜窄、短。

（四）医药企业自身因素

医药企业自身因素主要取决于企业控制渠道的愿望和能力。

1. 企业规模与声誉 企业实力主要包括人力、物力、财力，如果企业实力强，可建立自己的分销网络，实行直接销售，否则应选择中间商推销产品。在一般情况下，企业规模大，资金雄厚，市场声誉高，对分销渠道就有更多的选择余地，甚至可自立销售机构，不需任何中间商；而对资金有限的中小企业来说，一般必须充分依靠中间商的力量。

2. 营销经营与能力 一般而言，企业的营销管理能力较强，市场营销经验丰富，可采用短的分销渠道；相反，则应尽可能利用中间商进行销售。从我国目前的情况看，大多数医药企业只具备生产管理能力，缺乏销售业务管理能力和营销经验，因此，大部分医药产品还必须依靠中间商进行销售。

3. 对渠道控制程度 有些企业为了有效控制分销渠道，宁愿花费较高的直接销售费用，建立较短而窄的渠道。也有一些企业可能并不希望控制渠道，则可控制销售成本等因素采取较长而宽的分销渠道。

4. 售后服务的能力 如果企业有强大的售后服务网络，那么企业可采取直接分销渠道，反之企业应利用中间商帮助其销售。

考点：影响医药分销渠道选择的因素

第3节 医药分销渠道管理

一、分销渠道成员的选择

（一）选择渠道成员时需考虑的因素

在医药市场中，一个优良的医药商业客户的标准是具备必需的医药产品经营资格和条件，具有良好的商业信誉，能够快速准确地将医药产品推向目标市场，并能通过与生产者合作进行市场推广活动，迅速抢占相关市场以提高该医药产品的市场占有率。可见，医药企业选择合适的合作伙伴的重要性是不言而喻的。因此，选择渠道成员的标准应包括中间商的商业信誉、经营特征、业务状况及交易情况等。

1. 商业信誉 能够反映商业信誉的信息资料，一是医药企业的基本信息，主要包括医药企业的名称、地址、电话、隶属关系、经营管理人员、法人代表及单位等级、经营医药产品所必需的药品经营许可证或医疗器械经营许可证、企业营业执照。二是业务情况：①是否代理过形象出众的医药产品；②其他商务代表对该公司的评价；③在当地的实力和地位；④当地其他商业客户对其看法等。

2. 经营特征 经营特征反映各个中间商的服务区域、销售网络、销售能力、发展潜力、经营理念、经营方向、企业规模、经营体制、权力分配等经营销售方面的能力。

3. 业务状况 业务状况体现各中间商之间以往的经营业绩、同类产品的销售情况、本企业产品所占的比例、管理者及业务人员的素质、与其他竞争者的关系、与本公司的业务关系及合作态度等。

4. 交易情况 各中间商的交易情况主要包括客户的销售活动现状、存在的问题、保持和扩大产品市场占有率的可能性及优劣势、未来的变化及对策、企业形象、声誉、信用状况、交易条件等。其中特别需要着重考察的是其信用（资信）状况，该商业客户的销售回款额、在外应收款数量、回款期限、会计师事务所审计报告、银行信誉等级等。

（二）选择渠道成员的一般方法

选择渠道成员的方法很多，如销售量分析法、销售费用分析法等，这里重点介绍企业最常用的一种方法，即强制评分选择法。强制评分选择法的基本原理是对拟选择作为合作伙伴的每个中间商，就其从事商品分销的能力和条件打分评价，做出最终选择。由于不同的中间商存在分销优势与劣势的差异，因而每个项目的得分会有所区别。注意到不同因素对分销渠道目标完成的关系程度，可以给不同的因素赋予一定的权数，然后计算每个中间商的总得分，选择得分较高者。这个方法主要适用于一个较小的区域市场。

二、分销渠道成员的激励

激励医药分销渠道成员是渠道管理中最基本的内容，它是指生产企业在中间商选定后，为促进渠道成员实现渠道目标，不断地采取各种措施激励渠道成员，促使其做好工作。激励渠道成员的主要方法如下。

1. 价格激励 对利润做必要的让步，了解中间商的经营目标和需要，必要时可做出一些利润让步来满足中间商的利益要求，以鼓励中间商。

2. 奖惩激励 鼓励中间商销货与回款，如在一定时期内，中间商的医药产品销售累积到一定的数量，或是实现如期回款，给予一定额度的返利；相反，当中间商没能达到约定的销售量或不按期回款时，则给予一定的惩罚。

3. 广告支持 当医药生产企业进入一个新市场时，其商标或品牌通常不被当地人所知晓，因而中间商一般不愿意经营这种产品，除非医药生产企业提供强有力的广告宣传支持，提高产品的知名度。广告宣传对医药生产企业能够起到弘扬其品牌，正面传播其医药产品效力的作用，对医药产品的销售带来利好。

4. 授权激励 给予中间商适当的权利，如独家经销权或者其他一些特许权。确保中间商的销售区域和分销专营权，避免出现串货或占着市场不开发的现象，主要从销售区域、授权期限、分销规模、市场覆盖、违约处置等方面加以激励。

5. 信息支持 可以通过提供技术指导、举办医药产品展示会、指导商品陈列、对销售人员提供业务培训等，提高营销人员素质，改善经营管理，促进医药产品销售。

6. 客服支持 主要包括完善客户投诉处理程序、售后服务政策、客户接待政策等，可以解除中间商的后顾之忧，使客户满意度提升。

三、分销渠道成员的评估

选择分销渠道成员首先要确定其营销实力。对不同类型的中间商以及他们与企业的关系，应确定不同的评价标准。这些标准包括4个基本方面。

1. 中间商的销售能力 要了解该中间商是否有营销能力、特别强的销售队伍，其市场渗透力有多强、销售地区有多广、曾经销售过哪些产品、能为顾客提供哪些服务等。

2. 中间商的支付能力 为确保中间商的财务实力，要了解该中间商是否有足够的支付能力。

3. 中间商的管理能力 如销售管理能力、市场渗透管理能力、网络管理能力、服务管理能力、运输仓储管理能力、资金周转管理能力和抵御风险的管控能力等。

4. 中间商的商业信誉 中间商是否拥有稳定且忠诚的顾客群，是否拥有良好的经营信誉度、经营态度和合作意向，中间商的用户反应、合同执行、结算信誉等情况。

要了解中间商的上述情况，企业必须收集大量的有关信息，整合信息资源。如果有必要的话，企业还可以派人对被选中的中间商进行实地调查，主要调查其人力、财力、物力和营销能力。

四、分销渠道的控制调整

（一）分销渠道控制

中间商基本是一些独立企业，不是医药生产企业的从属机构，所以，生产企业要控制全部分销渠道是比较困难的。但一般来说，能够成功地控制渠道的企业往往能够在市场上获得成功。

要控制渠道，首先要让各个中间商了解企业的营销目标；其次要确定评价中间商工作绩效的各项标准，包括销售目标、市场份额、平均存货水平、向顾客交货时间、市场成长目标、广告宣传效果等。下一步就是企业定期按一定的标准衡量中间商的表现，监督中间商的销售额、市场覆盖、服务、付款以及利润等方面的情况，然后对那些业绩不佳的中间商进行分析诊断，并采取相应的激励措施。一旦渠道控制失灵，就应该考虑调整或更换中间商。

（二）分销渠道调整

为适应变化着的营销环境，企业对分销渠道要进行改进和调整。如消费者购物方式和消费行为发生变化，市场格局有了调整，产品生命周期进行了更替，新的竞争者加入，以及创新的分销渠道出现等。

1. 增减渠道成员 增加或减少原有渠道中的某一个或某几个成员。

2. 增减分销渠道 增加或减少某一条或某几条分销渠道。

3. 调整整个渠道 将企业原先设计的分销渠道整个推倒重来，这是分销渠道调整的最高层次。这一调整不仅要重新设计和建立新的分销渠道系统，而且可能迫使企业改变市场营销组合和营销策略，企业必须谨慎评估、权衡得失、科学决策。

考点：中间商的评价和激励，如何有效控制医药分销渠道

第4节 医药批发商

一、医药批发商的概念

批发是指将商品或服务出售给那些为了转售、再加工或商业用途而购买的组织或个人时所发生的一切活动。广义的批发是指将商品出售给除去最终消费者以外的购买者的销售活动。批发是一种商业活动过程，是中间分销商的一类商业职能。批发的基本特征是其销售服务对象是中间用户。批发商是指专门从事批量商品买卖，为转售、再加工或商业用途而进行批购和批销的人员和机构。

医药批发是指将医药产品或服务销售给具有合法资质的医药零售商或经营客户的商业性的合法组织机构，不包括医药生产企业和最终消费者之间的交易。其特点是：①处在医药产品流通的起点和中间环节；②销售对象是医药间接消费者；③交易次数少、批量大。

由此可见，医药批发商的业务是将医药产品销售给为了转卖或者有其他经营用途的商业组织或个人。医药批发商处于医药分销渠道的中间环节，是医药分销渠道的重要组成部分。

二、医药批发商的功能

1. 整批零卖 用户担心滞销、价格变动等，一般每次只订购少量产品，医药批发商能整批零卖，满足顾客需求。

2. 推销促销 医药批发商能提供推销队伍，使生产者能以小成本接近顾客，医药批发商更了解消

费者对产品和服务的需求，反馈的商品信息、行业动态等有利于生产者的市场销售。

3. 储运服务 医药批发商通常具有运输和仓储设备，可以为生产者和用户提供储运服务，减少供应商和顾客的储运成本和风险，为购销双方带来利益。

4. 信息沟通 由于信息量是随样本数目的增多而增大的，医药批发商将来自医药企业和零售产业的医药产品及服务信息汇集在一起，成为信息沟通的中枢；同时，还要向医药企业和消费者提供市场竞争、医药产品定价、医药新产品开发等相关信息。

5. 实体分配 医药批发商通过向众多的医药企业批量进货，集中品种多样的医药产品，根据医药市场需求和医药消费者购买习惯，分类编配整理医药产品，将其转销到各地区的医药目标市场。

6. 融资功能 医药批发商一方面向零售商提供商业信贷，为其融通资金；另一方面，他们通过提前订货，准时支付，又为医药企业融通了资金。

7. 管理咨询 医药批发商通过为零售商训练医药代表、布置店堂和陈列医药产品、建立会计与存货管理制度，帮助医药零售商改进经营管理。

三、医药批发商的作用

医药批发商在医药流通领域中扮演着至关重要的角色，其作用主要体现在以下几个方面。

（一）连接生产消费，促进产品流通

医药批发商作为医药流通市场上的主力，是连接医药生产企业和消费终端（如药店、医疗机构等）的桥梁。他们从医药生产企业大量购进医药产品，并成批销售给下游的零售企业或医疗机构，确保医药产品能够顺畅地从生产领域流通到消费领域。

（二）简化交易关系，提高经济效益

通过医药批发商的介入，可以大大减少医药产品销售中的交易次数。如果生产企业直接将医药产品售予零售商或医疗机构，交易次数将大幅增加，相应的交易成本和费用也会显著提高。而医药批发商的存在，可以集中进行医药产品的采购和销售，从而简化交易流程，降低交易成本，提高整体经济效益。

（三）合理储备医药产品，保证市场供应

由于医药产品的生产和消费之间存在着时间和空间上的差异，以及医药产品需求的及时性、方便性、突发性、分散性等特点，要求医药产品在离开市场领域未进入消费领域之前，必须有一定数量的储备。医药批发商通常具备较大的仓储能力和完善的物流体系，能够合理储备医药产品，确保在市场需要时能够及时供应，避免医药产品短缺或断供的情况发生。

（四）有利于医药产品的集中与分散

医药批发商在医药产品批发过程中，从各生产企业调集各种医药产品，又按照需要的品种、数量分散给下游的零售企业或医疗机构。这一过程中，医药批发商担负着繁重的集散任务，起着调节供应的蓄水池作用。它们既为医药生产企业服务，大批量购进医药产品以减少生产企业的库存压力；同时也为社会药房、医疗机构药房服务，使它们能就近、及时买到所需医药产品，并减少药房的库存费用。

（五）提供市场信息与服务

现代化医药批发企业不仅具备丰富的医药产品资源和渠道，还具备市场分析、价格谈判等能力。他们能够收集并整理市场信息，为上下游企业提供有价值的市场信息和数据分析。同时，他们还通过应用计算机信息管理系统，与购货的药房建立信息网络体系，提供自动化订货服务等多种增值服务，改善药房的经营条件和方式。

四、医药批发商的类型

医药批发商的类型多样,他们在中游医药流通领域扮演着重要角色,主要负责产品的采购、仓储、管理和销售。以下是一些主要的医药批发商类型。

(一)按专业性和经营范围分类

1. 专业医药批发商 是指专门经营某类或某几类医药产品的批发商,主要向同类制药企业进货,再转售给医药零售商和医院。其特点是医药产品种类有限但各品种规格多、选择性和替代性强、数量巨大、具有较强的专业知识和强大的售后服务。如药材公司、医药公司、中药材市场等都是属于这个类型。

2. 综合医药批发商 是指向医药零售企业销售各种医药产品的商业机构,医药产品范围广、品种多,但深度不如专业医药批发商。其特点是能够满足不同零售药店和医疗机构对多样化医药产品的需求。

(二)按业务模式和服务方式分类

1. 代理销售商 是指负责代理销售某些制药企业的产品,通过自身的销售网络和渠道,将医药产品销售给下游客户的批发商。其特点是与制药企业建立紧密的合作关系,专注于特定品牌或产品的市场推广和销售。

2. 流通调拨商 是指专注于医药产品的流通和调拨,确保医药产品在不同地区、不同渠道之间的顺畅流通的批发商。其特点是具有强大的物流能力和市场覆盖能力,能够快速响应市场需求变化。

3. 基层市场批发配送商 是指主要服务于基层医疗市场,负责将医药产品批发并配送到基层医疗机构。其特点是具有广泛的基层市场覆盖能力和高效的物流配送体系。

4. 第三方物流商 是指虽然不直接参与医药产品的买卖,但提供医药产品的仓储、运输和配送等物流服务的批发商。其特点是能够降低医药批发商的物流成本,提高物流效率和服务质量。

(三)其他类型

1. 区域配送商 专注于特定区域的医药批发和配送服务,具有区域市场优势。

2. 过票挂靠商 在某些特定情况下,通过挂靠或合作的方式参与医药批发业务。

3. 大型批发商 规模庞大、实力雄厚的医药批发企业,能够提供全面的医药批发服务。

医药产品批发商的类型多样,它们在中游医药流通领域发挥着重要作用,通过不同的业务模式和服务方式,满足下游客户对医药产品的需求。

第5节 医药零售商

一、医药零售商的概念

医药零售商是指将购进的医药产品直接销售给消费者的医药产品经营企业。这些企业通常被称为医药零售企业,它们直接面向消费者提供医药产品和服务。医药零售企业可以直接在药店或超市的医药产品专柜进行销售,也可以通过网络平台进行销售,以满足消费者的需求。

二、医药零售商的特点

医药零售商以目标消费者为服务对象,是向消费者提供医药产品和服务的中间商,在我国由各种医药零售药店和各级各类医疗单位组成。医药产品的质量、价格、信誉、疗效、使用中存在的问题等,都可直接或间接地从零售活动中获得,因此零售商具有其他营销手段不可替代的特点。

（1）接收信息快捷，因为医药零售商的交易对象一般是直接目标消费者。

（2）医药产品的信息量大，医药零售商每次交易的数量或金额比较少，但交易次数频繁。

（3）处于商品流通的最终环节，直接实行资金的回笼，降低因库存医药产品而带来的积压成本。医药零售商售出的医药产品可离开流通领域，进入消费领域。

三、医药零售商的作用

医药零售商在医药产业链中扮演着至关重要的角色，其作用主要体现在以下几个方面。

（一）直面消费者，满足多样化需求

医药零售商直接面对消费者，是消费者获取医药产品的重要窗口。他们通过精心陈列医药产品、提供专业的用药咨询和推荐，满足消费者对医药产品的多样化需求。这种直接面对消费者的模式，使得零售商能够更准确地了解消费者需求，从而及时调整商品结构和销售策略。

（二）促进医药产品流通，保障市场供应

医药零售商作为医药产品流通链的终端环节，承担着将医药产品从生产企业传递到消费者手中的重任。他们通过采购、储存和销售医药产品，确保了市场上医药产品的充足供应，维护了市场的稳定。同时，零售商的采购行为也促进了医药产品在供应链中的流通，推动了医药产业的健康发展。

（三）提供专业服务，提升消费者体验

医药零售商通常具备一定的药学知识和专业技能，能够为消费者提供专业的用药指导和咨询服务。这种专业服务不仅有助于消费者正确选择和使用医药产品，还提升了消费者的购药体验和满意度。此外，一些零售商还通过提供便捷的支付方式、快速的物流配送等增值服务，进一步提升了消费者的购物体验。

（四）推动市场竞争，促进产业升级

医药零售商之间的竞争有助于推动市场竞争的加剧和医药产业的升级。为了吸引更多消费者和保持市场竞争力，零售商需要不断提升自身的服务水平和经营能力。这种竞争机制促进了零售商之间的优胜劣汰和资源整合，推动了医药产业的持续健康发展。

（五）承担社会责任，保障公众健康

医药零售商在经营过程中还承担着重要的社会责任。他们需要确保所销售的医药产品质量可靠、价格合理，并严格遵守相关法律法规和医药管理规定。此外，零售商还需要积极参与社会公益事业和公共卫生事件应对工作，为保障公众健康和社会稳定作出贡献。

四、医药零售商的类型

1. 按医药产品适用的对象分类

（1）医药专卖店　主要是针对一些特殊群体而销售医药产品，其销售品种比较单一，规模比较小，如夫妻用品。

（2）折扣药店　这种医药零售形式是在经济体制改革的条件下出现的，主要是针对OTC药市场而设立的，销售品种多、经营方式灵活。

（3）个体医院药房和个体诊所　主要是针对处方药的销售，根据医生所开的处方销售给消费者医药产品。

2. 按医药零售目标消费人群的不同分类

（1）传统药店（主要卖医药产品）。

（2）社会便利药店（卖医药产品和非医药产品等）。

（3）专业或专科药店（房）（主要卖处方药或某一类医药产品如糖尿病药房、儿童药房等）。

（4）平价医药产品超市或连锁药店大卖场（主要卖医药产品，以低价和多种营销方式、手段广泛地吸引消费者）。

另外，随着电商平台的兴起，越来越多的零售药店开始探索线上线下商务模式（online to offline，O2O），这是一种将线上的消费者带到现实的商店中进行购买消费的商业模式。

网络药店是一种通过互联网进行医药产品交易的电子商务模式。以互联网为载体，以线下门店为基础，打通线上线下渠道。网上销售药品必须具有互联网药品交易服务资格证，向个人消费者零售药品应当是实体药品零售连锁企业。消费者可以在网上下单，线下门店根据订单配送，极大地满足消费者需求并提升消费体验。网络药店成为医药零售行业的重要发展趋势。

五、医药连锁经营

（一）定义与特点

1. 定义　医药连锁经营就是指医药流通领域的具有合法资质的直营若干药店或管理药店，以统一进货或授予特许权等方式联合起来，实现装修格调一体化、服务标准化、经营专业化、管理数字化、分配定量化、共享规模效益的一种现代医药商业经营方式和组织形式。医药连锁经营是指在一个连锁总部统一管辖下，将众多药店以统一进货或授权特许等方式连接起来，实现统一标准化经营，共享规模效益的一种组织形式。

2. 特点

（1）品牌统一　所有门店使用统一的品牌标识，有助于提升品牌知名度和美誉度。

（2）管理规范　总部对门店进行统一管理，包括采购、配送、质量控制、人员培训等，确保各门店经营活动的标准化和规范化。

（3）规模效益　通过连锁经营，实现医药产品采购的规模效应，降低采购成本，提高盈利能力。

（4）市场拓展　利用品牌影响力和标准化管理，快速拓展市场，提高市场份额。

（二）类型划分

根据经营规模和运营模式的不同，医药连锁经营可以分为以下几种类型。

1. 按经营规模划分

（1）小型连锁药店　门店数量一般在10～20家，具有较强的区域性特征，由单体药店发展而来。

（2）大中型连锁药店　门店数量在20家（含）以上，整体规模较大，门店分布广泛，具有一定的品牌竞争力。

2. 按运营模式划分

（1）直营连锁药店　门店由总部全资或控股设立，资源上获得总部的直接支持，采取集中管理、分散销售的模式。

（2）加盟连锁药店　被特许者通过与特许者签订特许经营合同获得商标、产品和经营模式等，在合同框架内从事业务，并向特许者支付费用。

（三）优势与挑战

1. 优势

（1）采购成本优势　连锁药店规模较大，采购时具有更高的议价能力，可以降低采购成本。

（2）品牌优势　品牌知名度和美誉度较高，更容易获得消费者的信任。

（3）管理优势　统一的管理规范和操作流程，提高了门店的经营效率和服务质量。

（4）市场拓展优势　通过加盟等方式快速扩张市场，提高市场份额。

2. 挑战

（1）市场竞争加剧　随着连锁药店数量的增加，市场竞争日益激烈。

（2）加盟费用和管理压力　加盟连锁药店需要支付一定的加盟费用，并面临较大的管理压力。

（3）政策变化　医药行业的政策变化可能对连锁药店的经营产生影响。

（四）发展趋势

1. 数字化转型　利用大数据、云计算等信息技术手段，实现医药产品采购、销售、库存等环节的数字化管理，提高运营效率。

2. 线上线下融合　推动线上线下融合发展，构建"O2O"销售模式，满足消费者多样化的购药需求。

3. 健康管理服务　拓展健康管理服务领域，为消费者提供全面的健康管理解决方案。

4. 品牌建设　加强品牌建设和推广，提高品牌知名度和美誉度，增强市场竞争力。

总之，医药连锁经营凭借其品牌优势、管理优势、采购成本优势和市场拓展优势等特点，在医药零售行业中占据重要地位。未来，随着数字化转型、线上线下融合等趋势的加速发展，医药连锁经营将迎来更加广阔的发展前景。

考点：医药零售商的定义和类型以及医药连锁经营

案例 8-2

多年来，补血保健品市场竞争非常激烈，A医药企业要想在渠道上有所作为，恐非易事。最可能成功的办法就是"让开大路走两厢"，抓住终端这一销售的"神经末梢"。我们知道，无论采用何种经销模式，补血类保健品的终端都集中于大中型商场、大卖场和药店。如果说"大中型商场+大卖场+药店"的终端设计体现了"消费类渠道"的特色，那么A医药企业能否采用更具"专业性渠道"特色的终端设计呢？比如，"医院+OTC药店"。事实上，采用"医院+OTC药店"还有一个优势，就是可以运用医院专业推广和专业医生咨询等方法内外激活渠道销售力。A医药企业通过终端渠道变革，打开了市场。一年后，该企业产品以极小的市场成本遍布新的销售终端，并充分发挥产品优势，使销售量每月成倍增长。

问题：分析A医药企业的分销渠道策略。

第6节　医药产品网络营销

一、医药产品网络营销的概念

医药产品网络营销是指利用互联网及其相关技术，如搜索引擎、社交媒体、电子商务平台等，对医药产品进行宣传推广、信息传递、交易促成等一系列市场营销活动的总称。它打破了传统医药销售的地理和时间限制，通过数字化手段直接接触目标客户群体，提升营销效率，增强用户体验，并促进医药行业的健康发展。医药产品网络营销不仅涵盖了医药产品、保健品、医疗器械等传统医药产品，还涉及健康咨询、远程医疗等新兴服务领域。

二、医药产品网络营销的结构模式

（一）平台搭建与运营

1. 官方网站　企业建立官方网站，作为品牌展示、产品介绍、客户服务的主要窗口。

2. 电商平台入驻　在阿里健康、京东大药房、天猫医药馆等主流医药电商平台开设旗舰店,利用平台流量进行产品销售。

3. 社交媒体营销　利用微博、微信公众号、抖音、快手等社交媒体平台进行内容营销,增强品牌曝光度和用户黏性。

4. 移动 APP　开发医药电商 APP,提供便捷的在线购药、健康咨询、医药产品信息查询等服务。

(二)物流配送体系

1. 自建物流　部分企业为保证医药产品质量和配送效率,会自建物流体系,实现从仓库到消费者的全程管控。

2. 第三方物流合作　与顺丰、京东物流等第三方物流公司合作,利用其成熟的配送网络进行医药产品配送。

(三)数据分析与决策支持

通过大数据分析用户行为,精准定位目标客户群体,优化营销策略。利用客户关系管理系统(customer relationship management system,CRMS),管理客户关系,提升用户满意度和忠诚度。

三、医药产品网络营销的类型

(一)企业对企业模式:卖方向采购终端

企业对企业模式(business-to-business,B2B)主要指医药产品生产企业或批发商通过网络平台向医疗机构、药店、诊所等采购终端销售产品的模式。这种模式强调供应链的高效整合,通过电子采购系统实现订单处理、库存管理、物流配送等环节的自动化和信息化,降低交易成本,提高交易效率。同时,医药企业还能根据采购终端的需求变化,灵活调整产品结构和销售策略。

(二)企业对消费者模式:直接面向消费者

企业对消费者模式(business-to-consumer,B2C)是指医药产品生产企业或零售商通过网络平台直接向消费者销售产品的模式。这种模式下,消费者可以通过电商平台或医药电商 APP 方便地查询、选购医药产品,享受在线支付、快递配送等一站式服务。B2C 模式不仅拓宽了医药产品的销售渠道,还提高了消费者的购药便利性和满意度。为了保障用药安全,B2C 模式通常要求平台具备严格的资质审核机制和售后服务体系。

(三)线上线下商务模式:线上下单,线下配送

线上线下商务模式(O2O)结合了线上与线下的优势,消费者在线上平台完成下单支付后,由线下实体店铺或合作商家负责商品的配送服务。在医药领域,这种模式尤其适用于需要专业指导或特殊存储条件的医药产品销售。通过 O2O 模式,消费者可以享受到线上购物的便捷性和线下服务的专业性,同时医药企业也能有效利用现有资源,扩大服务范围,提升用户体验。

医药产品网络营销凭借其独特的优势和广泛的应用场景,正逐步成为医药行业发展的重要驱动力。通过不断探索和创新,医药产品网络营销将进一步推动行业转型升级,为人民群众提供更加安全、便捷、高效的健康服务。

案例 8-3

M 医药公司作为具有 400 多年历史的中华老字号企业,较早就注重利用网络服务平台等渠道与消费者进行便捷的沟通交流。2011 年,公司以网络视频广告为主,开展消费者教育和互动活动。2012 年公司又提出"聚焦口碑、借力创新、传播增值"的营销理念,实施"创意视频传播"+"社会化口

碑扩散"的网络营销模式。公司打造了一系列独具特色以产品功能和消费者教育为主的视频和以品牌内涵诉求为主的微电影，受到广泛关注。公司设置奖励推动员工在博客、微博、搜索引擎平台等积极主动地宣传公司的口碑。2012年，M医药公司的销售额保持两位数以上的稳健增长，品牌认知和消费者满意度稳步提升，品牌在年轻消费者中的认知度和满意度得到明显提升。

问题：M医药公司的网络营销模式有何特点？

技 能 实 训

【实训主题】

六味地黄丸分销渠道设计。

【实训的目的和要求】

理解医药分销渠道在医药市场中的作用，掌握为企业选择一条占用资源少、效益大的渠道类型的技巧。培养学生的实际应用能力。

【实训情景】

甲药厂是生产"六味地黄丸"的企业，"六味地黄丸"的规格为丸9g×10丸/盒，60盒/件，服用后无特殊要求，价格适中，有效期3年，运输中不易损坏、流失或腐烂变质，而且该医药产品处于成熟期。市场形势比较乐观，整个经济形势景气，目标市场的顾客数量较多但地点分散，且购买批量小，购买频数高。企业的资本实力一般，计划提高企业技术开发与生产能力，增强企业核心竞争力，所以较多考虑增强和发展同批发商、零售商的合作关系，而相应减少流通领域的投入。

企业选择哪种销售渠道类型，既受一些来自医药产品本身、市场和企业的硬性约束因素影响，也有相当大的灵活选择的余地。请根据所学知识分析甲药厂的状况，为其分别设计一条直接和间接销售渠道并说明原因。

【实训步骤】

1. 将学生分成若干组，每组6~8人，分工合作。
2. 了解直接和间接销售渠道的优缺点，为甲药厂的"六味地黄丸"分别设计一条直接和间接销售渠道。
3. 以小组为单位，进行成果汇报与实训交流，师生共同评价工作成果。

目 标 检 测

一、名词解释

1. 医药分销渠道　　2. 医药批发商
3. 医药产品网络营销　　4. 医药连锁经营

二、单项选择题

1. 医药分销渠道的功能不包括（　　）
   A. 信息沟通　　B. 销售促销
   C. 风险承担　　D. 价格保护
2. 体积大的重型医药产品一般选择（　　）
   A. 长渠道　　B. 短渠道
   C. 宽渠道　　D. 多渠道
3. 同一渠道层次的各个企业之间的冲突是（　　）
   A. 垂直冲突　　B. 水平冲突
   C. 多渠道冲突　　D. 特殊冲突
4. 分销渠道的评估标准不包括（　　）
   A. 经济性　　B. 可控性　　C. 差异性　　D. 适应性
5. 中间商一般处于（　　）
   A. 生产者之间　　B. 消费者之间
   C. 生产者与消费者之间　　D. 批发商与零售商之间
6. 因市场环境的变化，某医药产品市场需求增大，现有渠道无法满足市场供应要求，宜采用的分销渠道调整策略是（　　）
   A. 减少渠道数量　　B. 增加渠道数量
   C. 缩减原有渠道宽度　　D. 维持原有渠道不变
7. 下列产品适合选用短渠道的是（　　）
   A. 体积小　　B. 单位价值低
   C. 科技含量高　　D. 适用性广

8. 医药批发商的功能不包括（ ）
   A. 零买整卖　　　　B. 推销促销
   C. 储运服务　　　　D. 实体分配
9. 医药连锁经营的特点**不**包括（ ）
   A. 品牌统一　　　　B. 管理规范
   C. 规模效益　　　　D. 个体经营
10. 以下关于医药产品网络营销的说法**错误**的是（ ）
    A. 通常需利用互联网及其相关技术
    B. 能销售药品、保健品、医疗器械等
    C. 需有配套的物流配送体系
    D. 网络销售不受法律法规的约束

三、简答题

1. 医药分销渠道的概念和特点是什么？
2. 影响医药分销渠道选择的主要因素是什么？
3. 分销渠道成员的激励方法有哪些？
4. 产生渠道冲突的原因是什么？

（胡　伟）

第9章 医药市场促销策略

> **学习目标**
>
> **1. 知识目标** 掌握医药市场促销组合内容、医药营业推广的方式及医药公共关系的协调。熟悉医药广告媒体的种类及选择、医药广告的法律管理。了解医药人员推销的方式及特点、医药营业推广的概念和特点。
>
> **2. 能力目标** 能理解促销方案的内容,并能准确地执行促销方案;能合理地进行促销活动的总结,提高营销技能,增强分析、解决问题的能力。
>
> **3. 素质目标** 提升自身修养,培养良好的职业道德和专业素质。

医药企业在竞争日趋激烈的市场环境下,如何及时有效地将企业信息、产品信息以及服务信息传递给目标客户,加强医药生产者、经营者与消费者的沟通与信任,从而激发终端决策者与购买者的消费需求,促使其购买。合法合理并且精妙的促销策略与促销手段,有助于医药企业赢得良好的社会形象和经济效益,是市场营销活动的重要部分和关键环节。

第1节 医药市场促销概述

医药企业为了实现经营目标,不仅要努力开发适销对路的医药产品,制定具有竞争力的价格,选择合理的分销渠道,还要努力树立企业及产品在市场上的优良形象,及时有效地将医药产品或服务信息传递给目标客户;促进生产者、经营者和消费者之间的信任关系,激发消费者购买欲望和兴趣,刺激需求,使其作出购买医药产品的决定。由此可见,促销活动是现代医药企业市场营销活动的重要组成部分,促销策略也就成为医药企业营销决策的重要内容之一。

一、医药市场促销的概念和作用

(一)医药市场促销的概念

医药市场促销是指医药企业通过人员推销和非人员推销的方式向消费者传递医药产品或服务的信息,从而激发其购买欲望,促进其购买的活动过程。常用的促销手段有人员推销、产品广告、营业推广和公共关系。医药市场促销包括以下三层含义。

1. 促销的目的 激发消费者的购买需求和欲望,提高企业经济效益。促销的最终目的是通过信息沟通或者宣传,激发目标客户的购买欲望,促进产品的销售。由消费者购买行为理论可知,消费者产生购买欲望是受到某些条件刺激,作出购买决策的前提是信息搜集。促销正是利用这一原理,通过多种传播途径把产品或服务等信息传播给消费者,促进产品的销售。

2. 促销的方式 分为人员促销和非人员促销。人员促销也称人员推销或直接促销,是企业的推销人员(如产品专员、药店促销员)向目标客户直接宣传某种产品或服务的一种促销方式,如产品专员对医院或药店进行医药产品推广活动,或制药企业召开新药发布会等。非人员促销又称间接促销,是指企业通过媒体或推广活动向消费者宣传产品或服务,一般包括医药广告、医药营业推广及医药公共关系等形式,如非处方药在各种媒体上的广告宣传,处方药在专业杂志上的介绍等。

3. 促销的内容 传递各种信息。及时有效地将产品或服务的信息传递给消费者，并将消费者对产品的需求信息及时传达到企业，企业进而改进其产品或者服务，使之更能满足消费者的需求。因此，信息沟通是促销的关键和核心。

综上所述，促销实质上就是一种信息传播和沟通活动。

> **链接　百年"戒欺"**
>
> 杭州古韵深厚的"老字号"胡庆余堂里面匾额很多，大都是朝外悬挂，唯独有块横匾是面朝里挂——它是专门给经营人员看的，其上"戒欺"二字遒劲有力，是由创始人胡雪岩于开业之初跋文写就，匾文如下："凡百贸易均着不得欺字，药业关系性命，尤为万不可欺。余存心济世，誓不以劣品弋取厚利，惟愿诸君心余之心，采办务真，修制务精，不至欺予以欺世人，是则造福冥冥，谓诸君之善为余谋也可，谓诸君之善自为谋亦可。"此番言辞，不仅是胡雪岩对胡庆余堂经营者的谆谆告诫，更铸就了胡庆余堂制药不可动摇的基石，成就了其在药业界的卓越地位与长盛不衰。

（二）医药市场促销的作用

促销是整个医药企业营销活动顺利进行的关键环节和重要保证。通过医药市场促销活动，可以帮助消费者认识医药产品的特点和性能、疗效及价格，激发其购买欲望，达到企业扩大销售的目的。医药促销的作用主要有如下几个方面。

1. 传递与反馈市场信息，激发购买欲望　促销的实质就是信息传递。信息传递的过程包括两个方面：一是医药生产者将医药产品和服务的有关信息及时地传递给医药批发商、医药零售商和消费者，以引起他们的注意和购买兴趣，提高产品的销售量；二是建立市场反馈系统，及时地将医药中间商和消费者的建议反馈给企业，利于企业进一步改进促销模式，更好地满足消费者的需求。

2. 扩大需求，促进销售　促销的落脚点就是扩大需求，唤起消费者对企业及其产品的好感。当企业产品需求低时，促销可以扩大需求；当需求处于潜伏期时可以开拓需求；促销在一定条件下还可以创造需求，从而使市场需求朝着有利于企业产品销售的方向发展。

3. 突出产品特点，提高竞争力　通过顾客让渡价值理论可知，在市场上同类产品较多的情况下，消费者会优先选择利益或价值较大的医药产品。我国医药产品同质化现象比较严重，企业间的市场竞争日益激烈，医药企业可通过促销，突出医药产品的特点，宣传其产品与竞争者的差异，强调能给消费者带来的独特利益，促使消费者偏爱本企业的产品，有利于提高本企业产品的市场竞争力。

4. 提高医药企业形象，巩固市场地位　医药企业的形象和声望是企业的无形资产，直接影响其产品销售。通过促销活动，可以树立良好的企业形象，尤其是通过对名、优、特、新产品的宣传，使消费者对企业及其产品信任感和忠诚度逐渐提高，从而提高企业的竞争力，巩固和提高市场占有率。

二、医药市场促销组合策略

（一）医药市场促销组合的概念

医药市场促销组合是指医药企业在市场营销过程中，对人员推销、广告、营业推广、公共关系等促销手段的综合运用。促销组合运用是否得当，关系到医药企业的产品能否顺利流转到消费者手中，影响到企业经营活动的成败。

（二）医药市场促销的总策略

医药企业促销的总策略有"推动"与"拉引"之别。所谓推式策略，是以中间商为主要促销对象，生产企业把产品推进分销渠道至批发企业，再由批发企业推给零售企业或医疗机构，直至最终推向消费者（图9-1）。推式策略以人员促销为主，将产品推向市场终端，即通过中间商的努力，将产品转移给消费者。其主要特点是生产企业通过对产品卖点、消费需求、折扣率、促销支持等的宣传，取得中间商的信任和支持。主要适合高品质新特药、高价值、专业度强的医药产品。

图 9-1　推式策略

拉式策略是指医药企业主要运用非人员促销的方式刺激目标消费者主动购买，从终端拉动产品销售的方法。即由消费者向零售企业或医疗单位询购，零售企业向批发企业要货，批发企业向生产企业进货的过程（图 9-2）。其主要特点是通过广告宣传、公共关系或营业推广等方法提高产品在目标消费者心目中的知名度和美誉度，进而达到促进销售的目的。此种策略主要适用于科技含量不高、价值较小、用途广泛的产品，如非处方药、常见慢性病药、感冒治疗药等。

图 9-2　拉式策略

通常企业多采用推拉结合策略促销，通过双向多维度的促销把产品推向市场。如通过学术宣讲、互联网平台宣传等推式策略使客户尽快获取产品信息及领域动态；通过患者教育、医生义诊、平台搭建、广告宣传与中华医学会和中国药学会等合作开展各类学术活动等拉式策略树立产品品牌和企业形象。

（三）促销组合影响因素

由于医药企业经营的产品不同，不同促销方式又各有长短，所以企业在营销活动中对各种促销方式进行组合运用。促销组合策略就是指在不同促销组合中确定最佳组合策略。最佳组合策略的确定应根据促销目标、医药产品和市场的特点、销售预算等因素合理选择，高效搭配。具体地讲，医药企业在选择促销组合时必须考虑如下几个因素。

1. 医药产品的特性　不同性质的医药产品需要采取不同的促销组合策略。常用药物的特征是应用面广、使用量大、可选择性强，需要经常大量地提供信息，因此应采取广告宣传为主，辅之公共关系的促销组合策略。OTC 产品促销主要针对消费者，国家政策限制不多，促销方式也较丰富，因此 OTC 产品多采取大众媒体广告宣传为主的促销方式；处方药促销主要针对医生，且只能在专业杂志进行广告宣传，故处方药应采取以人员推销为主的促销方式。而新特药、三类医疗器械、医疗设备等医药产品具有技术性强、价高、批量大等特征，其进购对象主要是医疗卫生单位，购置时要经过审批手续，因此应以人员推销为主，配合营业推广和公共关系。

2. 医药产品生命周期　在产品生命周期的不同阶段中，企业营销目标不同、市场竞争状况不同及目标消费者需求变化也不同，采用适宜且动态的促销策略，才能取得较好的促销效果和收益。

（1）产品导入期　促销的目标主要是宣传医药产品的创新特性，使顾客了解、认识产品，并产生浓厚的兴趣，因此促销方式采用人员推销、广告宣传为主，营业推广和公共关系为辅的促销组合方式。

（2）产品成长期　产品销售量有较大增长，竞争者也随之增加，这时的促销目标是进一步引起消费者的购买兴趣，因此促销组合应采用广告宣传为主，营业推广及公共关系为辅的促销策略。广告内容应从宣传产品的新特性转向宣传质量和服务为主，以适应新增加的购买者心理要求。

（3）产品成熟期　当产品进入成熟期，市场竞争最为激烈，因此促销组合应采用以营业推广和公共关系为主,强调非产品因素的差异化优势,以广告及人员促销为辅的促销组合策略,强调产品的优点,提高企业的声誉。

(4)产品衰退期　当产品进入衰退期时,销售量下降,新产品出现,企业的促销目标是使一些老用户继续信任自己的产品,坚持购买,并消除其不满足感。为了减少促销费用,除以营业推广为主要手段外,其他促销方式尽量减少或停止使用。

考点:医药市场促销的概念和作用,医药市场促销组合策略

第2节　医药人员推销

一、医药人员推销的概念、特点和方式

(一)医药人员推销的概念

医药人员推销,又称为直接推销,是指医药企业派出营销代表直接与中间商、现实或潜在顾客进行面对面接触,通过双向的信息沟通和交流,促进产品和服务的销售,并且通过客户的反馈进一步提高企业营销能力。

(二)医药人员推销的特点和方式

人员推销的特点是双向信息交流,针对性强,有助于营销人员及时掌握顾客的需要,随时调整自己的推销方案,在争取顾客偏爱、建立顾客购买信心和促成迅速成交等方面效果显著。不足之处在于推销费用高、推销范围有限、对营销人员有较强的专业要求等。

目前,医药人员推销的方式主要有电话推销、面谈推销、柜台推销以及会议推销。

1. 电话推销　即利用打电话或发信息的方式向目标顾客进行推销。其优点是便捷省时、推销范围广,不足之处是不能单独用于复杂推销,易被拒绝。

2. 面谈推销　即营销人员走出去,主动邀约目标顾客进行推销。该方式主动性强,效果显著,但费工、费时、劳动量大,并需较充足的准备,来提高面谈成功率。

3. 柜台推销　即营销人员在固定营业场所设置柜台进行推销。该方式场所固定,容易取得顾客信任,花费人力较少,一般在零售药店、商超医药产品专柜应用较广。

4. 会议推销　即营销人员在订货会、交流会、推广会、交易会等各种商品购销会议场所进行推销。该方式聚集了众多生产厂家、医药批发商、个体经营者和终端用户,有助于在短时间内进行大量洽谈活动,省时省钱,但易受参会人数、地域范围的限制,而且竞争激烈。

二、医药人员推销的作用

人员推销在促销领域发挥着重要的作用,在传递医药产品信息、刺激消费需求、建立产品形象、提高企业竞争力方面扮演着重要角色。

1. 增强信息的双向传递　人员推销是一种面对面的促销活动。一方面,推销人员通过与推销对象交流产品的相关信息,如医药产品的作用机制、功能、使用方法、注意事项、价格及同类竞品情况等信息,让推销对象了解产品,促进产品销售;另一方面,通过与推销对象的交流,能及时了解目标市场对企业产品和服务的评价,为企业制订合理的营销策略提供依据,进一步满足目标客户的需求。

2. 利于促销的深入开展　人员推销的目的是激发目标客户对产品的需求,促进产品的销售;同时,推销产品还要提供必要的相关服务,帮助顾客解决问题,增强客户对医药产品的信心。

3. 便于促销的灵活调整　由于推销人员和推销对象是直接联系的,可以通过交谈和观察了解顾客,

根据不同顾客的特点和反应，有针对性地及时调整销售方式和技巧，更好地诱导顾客产生购买行为。

4. 促进长期性发展 在人员推销过程中，推销人员和推销对象多次面对面直接交流，便于建立长期的友谊和感情，让顾客对本企业的医药产品产生一定的偏爱，可以为未来其他产品或服务奠定良好的销售基础。

三、医药人员推销的对象

医药人员推销的对象主要有四类：医药批发企业（医药公司）、药店（连锁药店、个体药店）、各医疗机构（大型医院、社区门诊、个人诊所）、消费者（购药的患者）。以上几类推销对象性质、特点不同，医药促销人员要区别对待，熟悉推销对象的需求特点，从而取得良好的销售业绩（更多内容，详见第10章医药营销技能与实践）。

第3节 医药广告

一、医药广告的概念、分类和特点

（一）医药广告的概念

广告是医药企业促销的重要方式之一。广告有广义和狭义之分。广义的广告是指一切面向大众的公开宣传，包括商业性和非商业性广告；狭义的医药广告即商业性医药广告，是指医药企业付出一定的费用，通过特定的媒体传播医药产品或服务信息，以促进销售为主要目的的手段。医药市场营销学研究的是狭义的广告，狭义的广告概念包含了如下几点含义。

1. 广告的对象是医药目标消费者，广告是大众传播。
2. 广告的内容是传播医药企业、产品或服务信息。
3. 广告的手段是通过特定的媒体如电视、互联网、广播、报纸、杂志等发布信息，对媒体要支付一定的费用，它有别于新闻信息传播。
4. 广告的目的是促进医药产品的销售，以获取利润。

（二）医药广告的分类

根据不同的标准，可将医药广告分为不同的种类。

1. 根据广告的内容和目的来划分

（1）产品广告 针对医药产品销售而开展的广告宣传活动。

（2）企业广告 也指医药企业形象广告，通过对于企业形象的广告宣传，扩大企业知名度及美誉度，提高其在目标消费者心目中的形象和地位，间接促进产品的销售。

2. 根据广告传播的区域来划分 可分为全国性广告和地区性广告。

3. 按照广告的形式来划分

（1）影像广告 是指通过互联网、电视、电影、电子广告屏等传媒而发布的广告。

（2）听觉广告 是通过各种声音而发布的广告。主要是通过广播电台完成。

（3）图文广告 是指通过各种报纸、杂志、广告牌、广告栏等作为载体。

（4）销售现场广告 是在药店或展销柜等场所，通过实物展示、演示等方式进行广告信息的传播。

（三）医药广告的特点

1. 以信息传递为主要手段 医药广告的基本功能是通过信息传递加强医药生产者、销售者与消费者之间的联系，有效地扩大产品销售市场。

2. 以诱导为主要方式 医药广告通过语言文字或视觉形象,去适应顾客的心理,引起顾客的注意和兴趣,从而刺激需求,扩大销量。

3. 侧重于长期沟通 医药广告的促销效果具有滞后性和积累性,它并不追求立竿见影的效果,而是注重企业与消费者的长期联系与沟通,促使消费者长期购买和重复购买。

二、医药广告媒体的种类及其选择

(一)医药广告媒体的种类

广告媒体是医药企业进行广告宣传的必要条件。广告就是借助于媒体本身的适应性、传达性和吸引力达到传递信息的目的。常见的有电视、报纸、杂志、广播、网络、户外、直邮、交通工具、电影、商品陈列、购物点(point-of-purchase,POP)广告等,近几年还出现了专业期刊网络平台、电商网上药店、社交媒体发布平台、短视频平台等新应用场景。各类常见媒体间的特点对比如下(表9-1)。

表 9-1 常见广告媒体的特点对比

媒体	优点	缺点
报纸	灵活、及时,本地市场覆盖面大,能广泛地被接受,可行性强	保存性差,复制质量低,相互传阅少
电视	综合视觉和听觉,富有感染力,能引起高度注意,触及面广	成本高,干扰多,瞬间即逝,观众的选择性少
广播	大众化宣传,地理和人口方面的选择性较强,成本低	只有声音,不如电视影音同步,视听感强,展露瞬息即逝
杂志	地理、人口的可选性强,可信并有一定的权威性,复制率高,保存期长,传阅者多	广告购买前置时间长,可能出现发行量浪费,版面无保证
户外广告	灵活,表现形式多样,展露时间长,费用低	覆盖面小,受众量难统计
广告册	灵活性强,全彩色,展示多样性信息	制作成本较高,信息更新不及时
互联网	非常高的选择性,交互机会多,相对成本低,传播速度快	在某些地区,新媒体用户少,受通信技术影响

(二)医药广告媒体的选择

不同的广告媒体有不同的作用,医药企业要达到预期的广告效果,必须慎重而恰当地选择广告媒体。要本着以尽量少的广告费用,取得理想广告效果的原则。要综合考虑如下几个因素。

1. 医药产品的特征 选择哪种广告媒体,首先要考虑所宣传的医药产品的特征。对于非处方药、保健食品和家用医疗器械等宜选择影响面广的电视、互联网、广播等大众媒介。对于处方药、化学试剂、中药材、大型医疗器械等宜选择专业报纸、杂志等广告媒体。

2. 媒体的特征 不同的广告媒体其表现手法、传播范围、传播速度和影响程度各不相同,对广告效果有很大影响。选择广告媒体时,首先要了解不同媒体的特点,为此须进行媒体调查。媒体调查的主要内容包括媒体的传播范围与对象、媒体被接受状况、媒体的费用、媒体的影响力等。

3. 目标消费者的特性 要了解消费者的消费习惯、购买力、偏好、对媒体的信赖程度等。例如,老年人爱看老年电视节目,小朋友爱看动画片,年轻人爱上网等。因此,中老年常用医药产品和保健食品的广告可以选择电视媒体和老年专业报刊,儿童保健食品广告宜在动画电视节目中间播放。

4. 媒体的费用 不同广告媒体费用相差很大,即使同种媒体因覆盖面不同,广告费用也差距不小。如相同时间段的中央电视台的广告费通常是省级电视台广告费的数倍甚至是数十倍。在进行媒体选择时既要达到理想的广告效果,又要考虑企业的经济能力,做到以有限的广告费用取得最佳的广告效果。

5. 市场竞争状况 当医药企业处于激烈竞争的市场环境时,要尽量选择影响面广、影响力强的广告媒介，使企业在消费者心中留下深刻的印象。

在现实中，医药企业往往选择几种媒体组合运用，以提高广告投放的总体效果。

三、医药广告效果的测定

广告效果是指广告对消费者所产生的影响结果。对医药广告效果的测定有利于企业更有效地制订广告策略，降低广告费用，提高广告效益。

（一）广告促销效果的测定

常用广告费用增销率法，即测定计划期内广告费用增减变化对广告产品销售的影响。

公式：广告费用增销率=（销售量增长率/广告费用增长率）×100%

广告费用增销率越大，表明促销效果越好，也就是广告效果越好。

（二）广告传播效果的测定

广告传播效果是指消费者接触广告后的反应及消费者对医药产品或企业的认知度的变化情况。广告传播效果主要从以下三个方面进行测定。

1. 注意程度的测定 即对各种广告媒体的收听率、收视率、阅读率的测定。因为消费者的注意才是产生购买行为的先决条件。只有消费者注意到某一医药广告后才有可能产生购买该产品的动机，进而产生购买该产品的行为。

2. 记忆程度的测定 即测定消费者对广告中的企业名称、产品名称、商标及产品性能的记忆程度，其中主要的是知名度测定。记住得越多、越准确，说明广告的传播效果越好。

3. 理解程度的测定 即测定广告内容被消费者理解的程度。不同的广告内容通过不同的广告形式和技巧表达出来，广告表达能否被消费者理解直接关乎广告效果。测定广告的理解程度，对改进广告表达形式和技巧有重要的参考作用。

对广告传播效果的测定主要有询问调查法和表格调查法两种。询问调查法是通过面谈或电话的方式向消费者询问他们对广告的注意、记忆、理解等情况；表格调查法是调查人员设计调查问卷，投放给消费者填写的一种方法。

考点：医药广告的概念、广告的媒体以及广告效果的测定

四、医药广告的法律管理

医药广告除具有一般广告特点外，因医药产品的特殊性，应依据医药广告的相关法律、法规和政策规定，对医药广告实施监督、管理与控制。通过法律法规进行广告管理是我国实行广告管理的重要手段，与医药产品广告管理相关的法律法规主要有《中华人民共和国广告法》《中华人民共和国药品管理法》《中华人民共和国消费者权益保护法》《中华人民共和国反不正当竞争法》《互联网广告管理办法》《药品网络销售监督管理办法》以及相关地方性文件等。

《中华人民共和国广告法》对医药产品广告做了明确规定。

1. 麻醉药品、精神药品、医疗用毒性药品、放射性药品等特殊药品，药品类易制毒化学品，以及戒毒治疗的药品、医疗器械和治疗方法，不得作广告。

前款规定以外的处方药，只能在国务院卫生行政部门和国务院药品监督管理部门共同指定的医学、药学专业刊物上作广告。

2. 药品广告的内容不得与国务院药品监督管理部门批准的说明书不一致，并应当显著标明禁忌、不良反应。处方药广告应当显著标明"本广告仅供医学药学专业人士阅读"，非处方药广告应当显著标明"请按药品说明书或者在药师指导下购买和使用"。

3. 医疗、药品、医疗器械广告不得含有下列内容
（1）表示功效、安全性的断言或者保证。
（2）说明治愈率或者有效率。
（3）与其他药品、医疗器械的功效和安全性或者其他医疗机构比较。
（4）利用广告代言人作推荐、证明。
（5）法律、行政法规规定禁止的其他内容。

案例 9-1

2024 年 4 月国家市场监督管理总局发布一批医药广告违法典型案例。

案件 1. 北海××药业在互联网上发布"安宫牛黄丸"处方药广告，违反处方药只能在国务院卫生行政部门和国务院药品监督管理部门共同指定的医学、药学专业刊物上作广告的法律规定。广西壮族自治区北海市合浦县市场监管局依据《中华人民共和国广告法》有关规定，对北海××药业作出罚款 20 万元的行政处罚。

案件 2. 天津某大药房连锁分公司利用互联网发布阿苯达唑药品广告，含有"选用阿苯达唑驱虫的三大优势：阿苯达唑杀虫打卵，更高效；副反应少；两片一疗程，仅服一次。而盐酸左旋咪唑，效果：对虫卵无效；安全性：可能引起脑炎；疗程：多次服药"等将阿苯达唑药品的功效和安全性与其他药品作比较的内容。天津市北辰区市场监管局依据《中华人民共和国广告法》有关规定，对该分公司作出罚款 10 万元的行政处罚。

问题：同学们请结合医药广告的相关法规，找一找自己身边"神医""神药"的广告违法案例。

第 4 节　医药营业推广

一、医药营业推广的概念及特点

（一）医药营业推广的概念

医药营业推广又称销售推广或销售促进，是指医药企业采取的能够引起顾客强烈关注，促进短期购买数量提升的各项促销措施。例如，降价销售、医药产品陈列、医药产品展销等活动。

（二）医药营业推广的特点

同其他促销手段相比，营业推广有如下几个显著的特点。

1. 针对性强，方式灵活多样，促销效果强烈　营业推广根据产品特点、顾客心理和市场营销环境等因素，采取针对性强的促销方法，向消费者提供特殊的购买机会，方式灵活、形式多样，具有强烈的吸引力和诱惑力，能够唤起顾客的广泛关注，促成立即购买行为，在较大范围内收到立竿见影的效果。

2. 短暂性和非经常性　人员推销和广告都是连续的、常规的，而大多数营业推广则是短暂和非经常的，只能是人员推销和广告的补充措施，大多数公司多采用广告、人员推销与营业推广相结合的促销方式。

3. 易诱发顾客怀疑心理　采用营业推广方式促销，旨在以强大宣传攻势打破消费者需求动机的衰变和购买行为的惰性，进而扩大销售。但销售者急于销售产品的迫切感，容易引起顾客的疑虑，怀疑产品质量不好，或者产品定价虚高，以致贬低产品及企业形象，使销售陷入被动局面。

二、医药营业推广的方式

医药营业推广的对象主要有终端消费者、中间商和医院三类。对三类不同的对象可采取合适且灵活的推广形式。

（一）对消费者的营业推广方式

1. 演示体验　如医疗器械企业在药店专柜现场演示企业产品，同时让消费者现场试用体验，促销员现场指导产品使用，从而达到促销目的。特别适合于家庭常用医疗器械、耗材及部分医药新产品的推广。

2. 专家义诊　以组织义诊或咨询服务为形式，通过活动本身宣传和活动过程宣传来阐述医药产品的机制、疗效，树立企业形象，提高医药产品的可信度、知名度。

3. 健康知识讲座　根据推广医药产品的特点，组织专家或权威人士进行健康讲座，普及与推广医药产品相关的健康知识，在讲座中融入所推广医药产品的功效和机制，提高推广医药产品被消费者试用的机会。

4. 疗程优惠　对于疗程性用药，采用购买一个或多个疗程数量的医药产品给予价格优惠的推广促销，可刺激消费者按疗程数量消费。

5. 以旧换新　为了提醒消费者不服用过期药品，一些医药生产企业开展以旧换新的促销活动，只要本企业生产的药品未开封或使用未超过一定比例的过期药品，可按要求到指定地点以旧换新，从而提高企业的知名度和美誉度。

（二）对中间商的营业推广方式

1. 经营指导　即对销售本医药企业产品的中间商加以业务上的指导，增强其销售能力，从而助力本企业产品的销售量增加。

2. 扶持零售商　医药生产企业对药店零售商专柜的装潢予以资助，提供 POP 广告，强化零售药店网络，促使销售额增加；也可派遣企业产品专员或代培销售人员，从而提高中间商推销本企业医药产品的积极性和能力。

3. 经销竞赛　即组织所有经销本医药企业产品的中间商进行销售竞赛，对销售量大的中间商给予奖励。

4. 产品展销会　通过举办产品展销会，展示医药产品，并邀请各地的中间商参加，达到促进销售目的。

5. 购买折扣　在规定的期限内，每次购买都可以享受一定的折扣。主要鼓励中间商大量进货或购买之前不愿进货的医药产品。

6. 合作广告　医药企业资助中间商进行广告宣传，对中间商宣传本企业产品的广告费用进行补贴。

目前，营业推广促销已经引起众多医药企业的广泛重视。随着市场竞争的加剧，医药企业越来越多地运用这种效果强烈的促销方式，以达到短期内提升产品销量的目的。

三、医药营业推广方案的制订

制订医药营业推广方案，通常要考虑以下六个方面的因素。

1. 推广的规模　营业推广的实质就是对消费者、中间商和推销员予以奖励，奖励规模的确定要考虑成本与效益的关系。推广活动要获得成功，一定规模的奖励是必要的，但如果超过合适限度，规模的扩大不一定会带来效益的递增。

2. 推广的对象　哪些消费者可以参加营业推广并获得奖励，要针对顾客或经销商的特点，选择反应积极并易产生最佳推广效果的顾客或经销商作为主力参与者。

3. 推广的途径 如何把营业推广方案向目标对象传送，如折价券可以附在产品包装中，也可以通过广告媒体进行传送、分发。两种方式各有其不同的影响范围与成本。

4. 推广的时间 营业推广活动持续时间太短，许多可能的消费者还未来得及购买，无法享受推广的优惠；时间太长，则可能给消费者造成不良印象，认为是变相减价或对产品质量起疑。所以，推广时间的长短要适当。

5. 推广的时机 应该在什么时候举行营业推广活动，通常要考虑产品的生命周期、消费者的收入状况、购买心理、竞争状况等因素；同时也要考虑不同的促销手段，各部门之间的协调配合等情况。

6. 推广的预算 预估营业推广的费用支出，有两种方法：一是自下而上，先确定各种具体促销方式的费用，然后相加得出总预算；二是先确定企业促销的总费用，然后按一定的百分比来进行分配，确定各种营业推广的费用。

考点：医药营业推广的概念和营业推广的方式

举例：药店营业推广计划书示例

××药店营业推广计划书

一、**营业推广主题** 健康百分百、实惠在××。

二、**营业推广目的** 提升门店品牌影响力，提高×月份销售额，拉动全年销售额。

三、**联动门店** ××药店、××药店、××药店。

四、**营业推广活动时间** ×月×日～×月×日（建议3～7天）。

五、**营业推广方式和内容** 购物有好礼、特色活动、特价促销（西药、医疗器械、中药、保健品）。

1. 购物有好礼 凡活动期间，购物满38元，均送礼品1份（电脑小票不累计、不分解，特价商品不参与此活动）。

满38元送洗衣粉或口罩。

满88元送纸巾或高级毛巾。

满158元（会员138元）送抽纸或精美雨伞。

满298元（会员268元）送食用油或弧形锅。

满558元（会员518元）送血压计或电饭锅。

2. 特色活动 如说说您的知心话、意见小信箱、点赞最美店员等，参与活动的顾客均可获得本店提供的精美礼品1份（抽纸、口罩或鸡蛋）。

3. 特价促销 30个超值特价商品促销（西药10个、非药品10个、中药10个，附30个商品的图片及价格）。

六、**宣传方式** 宣传单+短信+微信朋友圈+电话通知会员+POP海报。

七、**促销预算** ××××元。（附预算清单）

八、**其他支持**

1. 行政部 按赠品计划准备赠品。

2. 企划部 设计宣传单，编辑微信朋友圈文案，活动前1天发会员短信，宣传物品提前一周送到门店。

3. 商品部 特价商品审核。

4. 门管部 协调增派人手。

九、**营业推广效果预估** 促销期间客流量提升××人/日，客单价提升××元/人，总销售提升××。

策划人：××
时间：××年××月××日

第5节 医药公共关系

一、医药公共关系的概念及对象

（一）医药公共关系概念

医药公共关系是医药企业为了与公众建立有利的关系，获得公众信赖、加深公众印象而进行的一系列旨在树立企业及产品形象的管理活动。公共关系促销作为一项有效的信息沟通活动，对医药企业实现营销目标具有重要的促进作用，因而日益受到医药企业的重视。

（二）医药公共关系对象

医药公共关系的对象主要是医药企业所面对的公共的、社会的关系。任何一个企业要生存和发展，就必须科学地分析和处理各种社会关系，为企业的发展创造良好的社会关系环境。企业的公共关系对象主要有顾客、经销商、供应商、社区、政府和媒介等。

此外，医药企业还应处理好与竞争对手的关系。双方既是竞争关系又是同频产品大合作的社会关系，医药企业之间的竞争已经转向更深层次的合作竞争，共同构筑良好营销大环境的赛道。

二、医药公共关系的内容

医药企业的公关部门，工作涉及面广泛，工作内容也随着对象的不同而有所差异。这些活动虽然不是在直接推销企业的产品，但对企业营销工作却起着不容忽视的作用。企业的公共关系活动内容主要有以下方面。

1. 与新闻界建立关系 通过新闻媒介传播企业的各种活动及信息，吸引消费者的注意。借以扩大企业影响，帮助医药企业在公众面前树立良好的形象。

2. 产品宣传报道 开展各种活动来宣传特定的产品，如新上市的医药产品或医药产品的新用途等。

3. 企业沟通活动 通过内部与外部的沟通活动，增加公众对企业的了解，助力企业与供应商、经销商和顾客之间的友好关系。

4. 征询 以采集信息、调查舆论、民意反馈为主，通过掌握的信息和舆论为医药企业的经营决策提供依据。

公共关系是以长期目标为主的间接性促销手段，具有长期性、可信度高、传播能力强和成本较低的特点。对于医药企业而言，塑造良好的形象是公共关系意识的核心，同时也是企业能够长远发展的重要的保证。

三、医药公共关系的协调

（一）医药企业内部公共关系协调

1. 员工关系 是组织内部的人事关系，对于一个企业来说，是最重要的公共关系。企业成功的内因来自全体员工的努力，全体员工只有处于和谐信赖之中，员工与外界接触时，才会自觉维护企业声誉。不仅向外部公众提供优质产品、优良服务，还会注意自身的容貌衣着、言行举止，给外部公众留下良好印象。协调员工关系的具体要求如下。

（1）处理好与员工的关系 一般来说，员工除了工资、奖金、福利以外，还有安全、社交、尊重及职业机会发展等需要。内部公共关系应以此为起点，把全员纳入企业的整体，激发员工的进取精神和潜在能力，发挥其积极性和创造性。

（2）建立企业和谐劳动关系　增强员工的凝聚力、向心力和归属感，使员工在愉快的环境中为企业的目标自觉自愿地努力。

（3）建设好意见沟通渠道　处理好内部正式信息交流和非正式信息交流，以及部门之间、员工之间的平行交流，破除管理部门与职工之间的隐秘、冷漠、距离，增进了解和信任。

（4）激励员工参与管理　以各种形式激励员工为企业建言献策；增强管理决策的科学性和民主性；增进员工的理解和合作。

2. 股东关系　是企业与投资者的关系，是企业的内部公共关系的重要组成部分。股东关系有三类：一是人数众多的股票持有者，一般持有的股票份额不多；二是董事会成员或社会机构，持有股票份额较多；三是专业金融舆论专家，包括证券分析家。良好的股东关系可使股东成为同舟共济的推销伙伴和忠诚度高的顾客，利于增加企业财力和提高企业经营管理水平。协调股东关系的具体要求如下。

（1）向股东介绍企业概况和发展前景，树立股东信心。

（2）帮助股东了解企业经营情况，向股东提供决算报告，透明年度报告。

（3）每年召开股东年会，向股东如实报告企业的经营状况、政策、目标、发展计划、资金流动状况、股利分配政策、盈利预测、有关企业经营的各项详尽统计数字等。

（4）及时搜集股东信息，通过电话、互联网、信访、座谈会、拜访等各种途径，搜集股东状况及其对企业的意见建议（包括股东提供的社会公众对企业的反应信息）。凡股东给企业提出合理建议并行之有效的，都应给予重奖。

（5）利用股东社会关系，建立广泛的销售网络，向股东提供推销建议，凡股东购买可给予优惠，并利用股东影响，向公众宣传企业的产品。

（二）医药企业外部公共关系协调

1. 消费者关系

（1）把消费者的需要作为企业一切活动的中心和出发点。

（2）及时向消费者提供真实的信息，引导消费。

（3）维护消费者权益。

2. 媒介关系

（1）与新闻界的接触中，要真诚相待，不弄虚作假。

（2）了解各种新闻媒介，紧跟新兴传播媒介。

（3）与新闻媒介建立良好关系。

3. 供应商关系　采购人员与供应商建立良好关系，进行多渠道信息交流，从而推动医药企业与供应商的密切合作。

4. 经销商关系

（1）向经销商介绍企业及产品布局的战略目标，使经销商对企业更有信心。

（2）虚心听取经销商的意见和建议。

（3）向经销商提供优良的经销条件和服务。

（4）与经销商建立良好的合作关系。

（三）公共关系危机的处理

公共关系危机是指突然发生的、严重损害组织形象、给组织造成重大损失的事件，如恶性事故、顾客的投诉、员工冲突等。

1. 危机处理的基本原则

（1）实事求是原则　组织在处理危机的过程中，无论是对内部职工，还是对新闻记者、受害者、上级领导都要实事求是，不能隐瞒事实真相。

（2）及时原则　危机一旦发生能及时给予控制。危机突发时，可能会造成一定程度的混乱，各种谣言也最易流传。应快速反应，果决行动，与媒介和公众进行沟通，迅速控制事态，避免危机的扩大。

（3）承担责任原则　危机发生后，公众会关心两方面的问题，一是利益问题，二是感情问题。应主动承担对应责任，安抚好异议方，站在异议方的立场上表示同情和慰问，并通过新闻媒介向公众致歉，赢得公众的理解和信任。

2. 危机处理的程序

（1）成立处理危机事件的专门机构　成立处理危机事件的专门机构是有效处理危机事件的组织保障。机构的组成人员应包括组织负责人、公共关系部门负责人和经过培训的危机处理人员。

（2）控制损失　危机发生后，一定要按照拟定的应急处理方案，全力采取措施，控制事态的进一步发展，把损失控制在最低限度，尤其要珍视组织的声誉和形象。

（3）深入现场，了解事实　通过走访、观察等方式，迅速弄清危机事件发生的原因、相关人员状态等情况，掌握事态的发展并控制不良舆情。

（4）分析情况，确定对策　在掌握危机真实情况的基础上，深入研究和确定应采取的对策和措施。对策和措施不仅仅要考虑危机本身的处理，还要处理好涉及的各方面关系，如新闻媒体、消费者、上级部门。

（5）总结评估，重塑形象　危机处理组织机构应对危机处理情况进行全面检查、评估，并将检查结果向企业管理层、公众和媒介公布，要敢于承担责任，从公众利益出发，认真做好善后工作，才能恢复和重新塑造组织形象。

四、医药公共关系活动的形式

1. 发现和创造新闻　公关人员的一个主要任务是善于发现或创造对企业及产品有利的新闻，以吸引新闻界和公众的注意，增加新闻报道的频率，扩大企业及其产品的影响和知名度。

2. 参与社会活动　医药企业积极参与社会活动和支持公益事业，如赞助文化体育活动、捐资助学扶贫、救灾等，向公众表明自己的社会责任感，从而赢得公众的好感和信任。

3. 策划特殊事件　医药企业可以通过安排一些特殊的事件来吸引公众对自己和产品的注意，如开新闻发布会、研讨会或展览会，或者举行庆典活动，主办有奖竞赛等。除此以外，还可通过展销会、博览会等向公众推荐产品、介绍有关知识，增进了解。

4. 导入企业识别系统（corporate identify system，CIS）　就是综合运用现代设计和企业管理的理论和方法，将企业的经营理念、行为方式及个性特征等信息加以系统化、规范化和视觉化，以塑造具体的可感受的企业形象。医药企业可以通过媒体传播这种视觉化的形象，如将代表其形象的视觉符号（色彩、字体、图案等），印制在企业的建筑物、车辆、制服、业务名片、办公用品、产品包装物、文件、招牌等上面。通过导入CIS，可以促进社会公众认同企业形象，进而接受企业的产品。

5. 散发宣传资料　医药企业可以制作各种宣传资料广为散发或传播，向公众传递有关企业及其产品的信息，宣传资料可以是印刷资料，如企业宣传册、年度报告、企业刊物等；也可以是音像资料，如企业宣传片、公益宣传片、健康科普视频等。

6. 设立热线电话　通过设立热线电话，可以在消费者与企业之间建立一条方便、快捷的信息沟通渠道。消费者可以通过这条渠道咨询、投诉、提建议等；而企业则可借助这条渠道处理消费者提出的问题，听取消费者的建议，提供消费者所需的信息和服务等。这样既能提高消费者的满意度，又能加强企业与公众的关系。

考点：公共关系的内容，公共关系的协调及危机处理

案例 9-2

G药集团是国内最大的中成药生产基地，作为全国龙头制药企业，集团加强布局，顺应市场的变

化趋势，积极整合营销平台，提高营销效率，实现业绩快速增长。

G药集团重视专业营销团队建设，积极构建销售网络。截至2019年9月，集团销售公司已在全国各地建立了119个办事处，拥有专业营销团队2000余人，与超过1400家企业建立了合作关系，市场网络覆盖全国各地。加强与主流连锁药店的构建活动。集团在全国各省启动了"品牌·发展·共赢"连锁深度洽谈会，与各省主流连锁形成利益共同体。通过精准定位，专业培训，制订合理优惠方案，提供专业促销员支持，药企与连锁药店齐心协力，实现了多次影响面广、客流量大、覆盖品种多、专业程度高以及盈利率可观的大型促销，发挥出"1+1＞2"的效果。集团还积极与国内专业媒体对重点合作的大连锁进行共同的品牌宣传。

融合公益深化营销维度，集团和媒体联合打造"时政+公益+文化"的医药营销模式。旗下产品小柴胡以"传承好古方，传承好家风"为主题，自2018年起以地方电视台为主传播阵地，开展体现中国家庭文化情感的系列活动。2023年10月某广播电视台综艺频道在"寻找好家风"活动中，联合官方抖音账号、快手账号全程直播，直播观看人次再创新高。"寻找好家风"活动至今涉足多个省市，超过200个感人至深的好家风故事，让人们在品味千年古方的同时，也能感受到家风文化的温暖与力量。

注重社会责任，投身精准扶贫、捐资助学、抗震救灾等领域。集团先后向国内外捐赠抗疫物资累计超1000万元、捐资创办百色市"文秀班"、开展甘肃乡村振兴项目等，都体现了集团积极的社会责任理念。

问题：1. G药集团在市场营销上运用了哪些促销策略，有何特点？
　　　2. 阅读以上案例，你有哪些启发？

技 能 实 训

【实训主题】
设计医药促销活动。

【实训的目的和要求】
通过产品促销设计训练，熟悉医药促销策略的核心要素，掌握医药促销的常用方法，能够设计出较为合理的促销策略，制订切实可行的促销活动方案。

【实训情景】
如今医药促销的方法愈加丰富多样，对企业品牌的价值提升、品牌的个性塑造、产品的销量提高更为快速直接，所以促销活动方案的制订，具有不可替代的作用。一份完善的促销方案一般包括以下内容，见表9-2。

表9-2　医药促销方案

序号	项目	项目内容
1	活动目的	对市场现状进行明确阐述，提出促销活动的目的。如提升销量、处理库存、打击竞争对手、新品上市、提升品牌认知度及美誉度等
2	活动对象	明确活动针对的对象（哪类人群）、活动区域范围、促销的主要和次要目标
3	活动主题	促销方案的核心部分，应该有新意、有个性特点，常见有降价、价格折扣、抽奖、礼券、服务促销、演示促销、积分兑换等内容
4	活动方式	单独开展促销活动，或与其他厂家联合开展
5	活动时间和地点	选择消费者较为空闲的时间和便利舒适的地点，活动时长应因时因事因人群而定
6	宣传方式	宣传方式与受众抵达率和费用投入有较强线性关联，在合适范围内，打造全方位的宣传，营造较强的氛围感

序号	项目	项目内容
7	人员安排	任务分工应明确、具体、合理
8	物资准备	建议列明细清单,如名称、数量、是否回收、注意事项
9	费用预算	对促销活动的费用投入做出大概预算
10	效果预估	预测活动会达到的效果,与活动结束后的实际情况进行比较,利于总结成功点和不足点
11	突发情况防范	如场面秩序混乱、消费者的投诉、赠品不足

【实训步骤】

1. 将学生分成若干组,每组4～6人,每组选1名负责人。在制订促销方案前再次学习《中华人民共和国广告法》《中华人民共和国药品管理法》和《药品、医疗器械、保健食品、特殊医学用途配方食品广告审查管理暂行办法》,加强法律意识,不能违法宣传。

2. 学生按分组进行实训,每组选择一种常用药品(教师可划定一个范围或者联系医药供应商有针对性地合作),通过查阅资料和实地调研,发挥能动力,设计1份独特新颖的药店促销方案。

3. 按小组提交促销设计方案,如××产品的促销方案设计、××药店某节日促销方案设计。

4. 组织交流,不同小组相互讨论其他组的促销方案是否科学合理及改进建议。

5. 再次梳理促销方案,并派小组代表分享该药品促销方案的设计思路、可行性和特色优势。

6. 教师进行总结评价。

目 标 检 测

一、名词解释

1. 医药市场促销 2. 医药营业推广
3. 医药公共关系 4. 医药广告

二、单项选择题

1. 医药促销的关键和核心是( )
   A. 信息沟通 B. 广告
   C. 营业推广 D. 人员推销
2. 以中间商为主要促销对象的策略是( )
   A. 公共关系 B. 推式策略
   C. 拉式策略 D. 广告策略
3. 侧重于长期沟通是( )
   A. 人员推销 B. 营业推广
   C. 医药广告 D. 公共关系
4. 以人员推销、广告宣传为主,营业推广和公共关系为辅的促销策略适用于产品( )
   A. 导入期 B. 成长期 C. 成熟期 D. 衰退期
5. 以广告宣传为主,人员推销、营业推广及公共关系为辅的促销组合策略适用于产品( )
   A. 导入期 B. 成长期 C. 成熟期 D. 衰退期
6. 以营业推广和公共关系为主,强调非产品因素的差异化竞争,以广告及人员促销为辅的促销组合策略适用于产品( )
   A. 导入期 B. 成长期 C. 成熟期 D. 衰退期
7. 为了减少促销费用,除以营业推广为主要手段外,其他促销方式尽量减少或停止使用,这一促销策略适合于产品( )
   A. 导入期 B. 成长期 C. 成熟期 D. 衰退期
8. 下列有关人员推销的描述正确的是( )
   A. 成本低、灵活性好 B. 成本高、灵活性好
   C. 成本低、灵活性差 D. 成本高、灵活性差
9. 通过展览会有奖销售等形式开展的促销属于( )
   A. 广告 B. 营业推广 C. 公共关系 D. 人员推销
10. 从事专业性强的处方药销售的企业,首先考虑的促销方式是( )
    A. 广告 B. 营业推广 C. 公共关系 D. 人员推销

三、简答题

1. 广告的主要媒体有哪些?选择时应考虑哪些因素?
2. 如何进行广告效果的测定?
3. 营业推广的主要特点是什么?其主要形式有哪些?
4. 医药公共关系的主要内容是什么?

(聂素然)

第10章 医药营销技能与实践

> **学习目标**
> 1. **知识目标** 掌握医院终端销售的影响因素、药店终端的分类与管理、医药第三终端市场的特点。熟悉医药营销人员应具备的职业道德、业务素质与心理素质。了解医药营销团队建设的意义与原则。
> 2. **能力目标** 具备对医药营销终端客户进行分析,进行终端市场开发与营销的能力。
> 3. **素质目标** 理解医药营销工作的价值和意义,提升自身修养和专业素质,培养良好的职业道德。

第1节 医药营销终端客户分析

医药营销终端市场是指医药产品销售渠道的最末端,是医药产品从各类医药服务机构流向患者的关键环节,是消费者最终实现购买的场所,包括医院、药店、社区卫生服务中心、乡镇卫生院、村卫生室等。终端市场担负着承上启下的角色,上联厂家、批发商,下联消费者。现代企业营销的一个基本法则就是谁掌握了销售终端,谁就是市场赢家。

当前,根据医药营销终端客户的性质,主要将其划分为三大终端,即医院终端客户(第一终端客户)、药店终端客户(第二终端客户)和第三终端客户。

一、医院终端客户

医院终端市场主要指县级及以上医院,包括城市公立医院和县级公立医院市场。医药产品作为用于人体医疗和保健的特殊商品,其销售受到医药市场二元性的影响,特别是处方药,具有在医生指导下完成消费过程的特点,因此医院终端市场是医药产品销售的主战场。目前,医药产品销售市场中70%以上的销量产生在医院终端市场,医院终端是医药企业的必争之地,由此引起的激烈竞争,也给医药企业在运作医院市场时带来了较大的难度。

(一)医院终端客户类型分析

医院终端客户包括药剂科、临床科室和医务科三类。作为一名医药产品营销人员,只有分清不同类型医院内的客户类型、各科室的职能以及对营销工作的影响程度等,才能更好地开展工作。

1. 药剂科 主要职能是临床用药的选购、储存、调配,以及临床药学的研究和药物咨询等工作。药剂科由科主任、采购员、库管员和药师组成。

(1)科主任 主要负责药剂科日常工作安排,如人员职责分配、进入医院的药品的初步评审、药品的质量管理等。药剂科主任监控医院药品的流通,保证临床用药的整体水平。

(2)采购员 负责商业进药渠道,根据每月药品销售的品种、数量等编制采购计划。

(3)库管员 负责药库的日常管理,进行药品的储藏、管理与养护工作,并统计每月用药情况,记录药品入库、出库和流向。

(4)药师 在药剂科主任的指导下,参与药品的采购、管理、调配、临床用药等日常业务。随着社会的发展,药师的职能和作用越来越重要,目前已延伸到临床治疗上,药师为医生和患者提供药学信息,参与患者治疗方案的拟定等。

2. 临床科室 是医院的主体，直接肩负着对患者的接收、诊断、治疗等任务。临床科室由科主任、主治医师、住院医师、护理人员组成。

（1）科主任 主持科室的日常工作，负责医疗、科研甚至教学等多方面的工作，对临床用药有直接指导作用。

（2）主治医师 是住院患者的直接负责者，在科室中承担具体的工作，为技术骨干，是科室主任治疗方案的执行者与修订者。

（3）住院医师 是患者的直接负责人，具体执行上级医生的诊疗方案，对患者的病情进行一线观察，对药物的疗效、不良反应随时做出评估。

（4）护理人员 是各级医生医嘱的执行者，监护患者的诊治过程，观察患者的疾病情况和患者用药后的反应，对用药的疗效有直接建议权。

3. 医务科 是医院的重要的职能部门，在院长、主管副院长的领导下，具体组织实施全院的医疗工作。对全院医疗业务、医疗质量、医疗技术实施科学的组织管理，检查、督促院方的方针、政策及各项规章制度的落实和实施，以保障全院医疗工作的正常运行。医药信息沟通专员代表企业与医院的各项合作均要通过医务科统一协调。

（二）药品学术推广的影响因素

1. 医生初次使用药品 由于临床治疗的需要，医生总会有试用新药的机会，而医生试用一个从未使用过的新药时一般考虑药品和医药营销人员两方面因素。

（1）药品因素 医生必须确定临床上对该药品有治疗需求，如对现有药品不满意、现有药品不能缓解或消除患者的症状、现有药品不能针对病因进行治疗等。医药营销人员必须使医生相信新的药品疗效优于现有药品，或者是使用方便、安全性强，或者从药物经济学的角度看新药品的性价比更合适，这样医生才会接受使用新药品的建议。

（2）医药营销人员因素 医药营销人员是代表医药生产企业从事药品信息传递、沟通、反馈的专业人员。医药营销人员需确保对药品信息的传递获得医生认可，涵盖药理特性、充分临床试验证据等，以有力证明药品契合临床治疗需求。同时，加深医生对药品生产企业的了解与信任，通过构建稳固的合作关系，提升医生对产品的信赖度。鉴于医生接纳新药需经历认知过程，营销人员应定期拜访，树立正面信誉与专业形象，促进医生对新药疗效及安全性的深入理解与尝试意愿。简而言之，医生在确信新药能有效解决临床难题且对营销人员持有高度信任时，方会采纳新药。

2. 医生反复使用药品 并不是所有的医生通过尝试使用新药获得初步经验后都会主动继续使用，但是医药营销人员都期望推动药品的反复使用，因此医药营销人员还需要聚焦两个方面。

（1）药品效能 医生需确认新药疗效显著，安全性与便捷性均契合临床需求，整体满意度高，才愿意继续使用药品。同时，患者的正面反馈与持续用药意愿也能激励医生重复使用新药。

（2）医药营销人员表现 在医生试用新药期间，医药营销人员的专业表现至关重要。定期、规律地拜访，树立良好的信誉、诚恳的态度及专业化的形象，均是促成医生新用药习惯形成的关键。

二、药店终端客户

药店终端市场包括实体药店和网上药店两大市场。近年来实体药店市场加剧细化，目前市场细分衍生出三大功能板块：单体药店、连锁药店和DTP药房。

（一）药店终端市场的分类

1. 根据经营模式分类 药店终端市场分为医药零售连锁店、单体药店、医药产品专柜。

（1）医药零售连锁店 指在同一总部的管理下，使用同一个名称的若干个门店，采取统一采购配送、统一质量标准、采购与销售分离、实现规模化经营的一种组织形式。

（2）单体药店　指以独立企业法人形式存在的药店终端。其营业场所及经营规模相对较小，服务对象是药店周围的居民。

（3）医药产品专柜　指在百货商店、超市、宾馆等终端市场设立的专用柜台，以经营乙类非处方药、保健食品等为主。

2. 根据药店终端的功能分类　分为硬终端和软终端。

（1）硬终端　指终端的硬件设施，即一定时间内不会改变的宣传包装设施。如商品、包装、配件、附件、售卖形式（隔柜售卖、开架自选、体验销售、人员推销等）、陈列位置与陈列方式、宣传品（说明书、小报等）、促销物、辅助展示物（展柜、冷柜、专用货架等），以及与其他品牌的同类商品（竞品）的显著区别等。

（2）软终端　与零售场所相关人员的人际交流关系。如人员着装、容貌与举止、人员素养与谈话方式、待客态度、对企业情况及产品知识的了解情况以及首推率、对企业的忠诚度、对行业及竞品的了解、察言观色与随机应变的能力、与竞品导购人员的区别等。

（二）药店终端营销的特点

目前，由于医疗水平的提高，自我药疗已成为卫生保健的重要组成部分。自我药疗的医药产品销售基本上都是通过药店终端实现的。药店终端营销具有以下特点。

1. 药店终端营销是以"消费者为中心"直接面对消费者　消费者的购买决定至关重要，他们特别关注医药产品的价格、疗效和适应证，因此药店终端营销要特别注重医药产品的功能、适应证、用法用量及注意事项等医药产品信息的传递，这通常需要生产企业配合大量的广告宣传。

2. 药店终端营销的医药产品主要为家庭常备医药产品　如感冒药、解热镇痛药、消炎药等，消费者购买频率较高，购买数量较少。

3. 药店终端营销中药店店员的推荐至关重要　尽管OTC药无须医生的处方，消费者可在药店自行选择购买，但是医药产品毕竟是特殊商品，专业性较强，所以消费者在选择购买时，会非常关注专业人员如坐堂医生、药师、店员等的意见。

（三）药店终端的建设与管理

1. 药店终端渠道的建立　药店终端渠道不同于其他终端渠道，药店终端更加注重覆盖面对于医药产品销量的作用。因此建立药店终端渠道应注意以下三个方面。

（1）强化消费者导向确保购药便捷性　当消费者受医药产品信息吸引产生购买意向时，能够非常方便地购买到医药产品，而且购买渠道是可靠的。

（2）平衡市场覆盖与成本效益　扩大市场覆盖面虽能提升品牌影响力，但伴随营销成本的增加，需审慎规划终端布局，以实现覆盖面与成本的最优配比。

（3）精准管理药店终端库存　避免过量存货造成的资金负担及信心动摇，同时防范缺货风险，通过合理库存量保持零售商的供货稳定与销售积极性。

2. 药店终端渠道的完善　随着市场的变化，企业既有的终端渠道体系需要持续迭代升级。完善此体系核心聚焦于两大关键任务。

（1）深化药店终端洞察　通过详尽的调查与分析，精准掌握药店终端的财务表现（如营业额、利润率）、人力资源质量（人员素质）、信誉评级、运营流程等核心要素，奠定坚实的管理决策基础。

（2）构建高效管理架构　设立专门的终端渠道管理部门，由专业团队负责，确保与药店终端的常态化沟通机制，持续提供全方位、高品质的服务支持。通过强化互动与协作，深化信任基础，共同构建稳固的战略合作伙伴关系，携手应对市场挑战，共创双赢局面。

3. 药店终端渠道的整顿　药店终端渠道的改造、调整与重新规划是企业的一项基本任务。药店终端的商业管理出现问题的时候,企业需主动实施整顿与重构。核心策略涵盖三大方面。

（1）精选并优化终端布局　在特定区域内精减药店终端数量,聚焦于高效运营与管理,同时为精选终端提供更多专属优惠,强化战略合作关系。此过程虽艰难,但必要时需果断淘汰信用不佳、业绩低迷的终端,集中资源扶持潜力大、实力强的合作伙伴。

（2）深化合作,共创双赢　医药产品生产企业与药店终端之间是战略合作关系,双方应该在价格政策、销售条件、铺货水平、广告促销计划等方面达成协议,其目的是提高药店终端的经营效率,实现共同的营销目标,并建立长期稳定的合作关系。

（3）持续探索,拓展新伙伴　企业应紧跟市场步伐,积极搜寻并培育新合作伙伴,以拓宽产品市场渗透力,提升终端铺货广度与深度,最终驱动销量持续增长。

4. 药店终端的管理

（1）医药产品核心地位　药店运营的核心在于医药产品,其所有活动均需紧密围绕医药产品展开,确保医药产品的突出地位是药店竞争力的源泉与生存之本。

（2）全面覆盖与精准组合　药店应致力于成为消费者治疗轻症与保健的一站式解决方案提供者,汇集药品、保健品及医疗器械,确保品类齐全且覆盖广泛治疗领域。通过精心策划的医药产品组合,精准对接消费者健康需求,提升服务品质。

（3）差异化经营与资源优化配置　药店经营的各种医药产品均为药店作出不同的贡献,有的医药产品为药店实现资金周转,有的医药产品可获得可观的利润,有的医药产品则产生吸引顾客眼球的效果。因此,药店内医药产品应依据其贡献度实施差异化管理,包括陈列位置、资金配置及促销支持等方面的优化调整。旨在通过合理配置资源,促进资金高效周转,提升盈利能力,并借助特色商品吸引顾客,增强市场吸引力。

（四）药店终端的促销

广告宣传能拉动市场,终端促销同样也能创造需求。药店终端的促销方式主要是卖场促销,包括营业推广促销、POP广告促销和人性化促销。

1. 营业推广促销　主要是利用医药产品配置、医药产品陈列、医药产品指示牌促销,其中指示牌促销是营业场所促销的一个重要方式。当医药产品配置发生改变以后,要及时修改医药产品指示牌;经过修改的指示牌应放在醒目的位置上;在较小的药店一般不需要专门设立指示牌,但是必须在货架上标示清楚。

2. POP广告促销　在销售终端,消费者不仅希望买到称心如意的商品,而且对购物环境的要求也不断提高。而POP广告正是满足了消费者这一要求。POP广告是指卖场中能够促进销售的广告,凡是在药店终端提供医药产品与服务信息的广告、指示牌、引导等标志均包括在内。一般分为两类:店外POP广告和店内POP广告。店外POP广告形式有橱窗广告、户外灯箱、招牌等;店内POP广告的形式有海报、陈列架、宣传册、展板等。

POP广告的促销作用是全方位的。对消费者来说,POP广告可告知医药产品信息。在消费者对该医药产品了解的情况下,POP广告还能强化其购买动机,尽快完成购买行为。POP广告还可促使消费者产生购买冲动,提高医药产品终端销售量。因此,低成本、直接而有效的POP广告是销售终端的主要促销媒介。

3. 人性化促销　药店是一个特殊的商业空间,所售医药产品与消费者的生命健康息息相关。因此,医药产品终端市场营销有必要在人性化促销上多做工作。如很多药店增加免费测量血压、血糖等服务。

考点:药店终端的管理和促销方式

三、第三终端客户

医药第三终端市场指除医院药房、药店之外的，直接面向消费者开展医药产品、保健食品销售的所有零售终端，具体包括城市、城乡接合部，以及农村地区的小诊所、社区卫生服务站（中心）、社区门诊、民营小医院、防疫站、乡镇卫生院（所、中心医院）、乡村个体药店等。随着医药卫生体制改革，新型农村合作医疗制度和城镇社区医疗政策相继出台，城市医院等医药第一终端市场已经出现发展减慢趋势，医药第二、第三终端市场将在政策引导下加速发展，特别是农村市场和社区市场孕育着大量机会。

> **链接** 促进乡村医疗卫生体系健康发展
>
> 中共中央办公厅、国务院办公厅印发《关于进一步深化改革促进乡村医疗卫生体系健康发展的意见》（以下简称《意见》），要求把乡村医疗卫生工作摆在乡村振兴的重要位置，健全适应乡村特点、优质高效的乡村医疗卫生体系。《意见》明确，强化医疗卫生资源县域统筹，从注重机构全覆盖转向更加注重服务全覆盖，因地制宜合理配置乡村两级医疗资源，提高乡村医疗卫生体系综合服务、应急处置和疫情防控能力；重点支持建设一批能力较强、具有一定辐射和带动作用的中心乡镇卫生院；可在县城之外选建1~2个中心乡镇卫生院，使其基本达到县级医院服务水平；鼓励服务半径小、交通便利地区相邻行政村合建村卫生室；到2025年统筹建成县域卫生健康综合信息平台。《意见》强调，多渠道引才用才，发展壮大乡村医疗卫生人才队伍，加快构建紧密型县域医共体，提高农村地区医疗保障水平。

（一）第三终端的特点

1. 第三终端的市场特点

（1）以普药、中低价位品牌药为主。

（2）诊所、卫生室、药店尽管每次采购量比较小，但数量众多，采购频率较高，所以总的医药产品销量大。

2. 第三终端的消费者特点

（1）对医药产品品牌反应不敏感，但忠诚度较高，持续购买一种产品的时间长，不轻易转换品牌。

（2）在购买医药产品过程中自主选择意识不是很强，医疗和医药产品在同一地点消费，社区医生、乡村医生和药店店员的推荐成为影响其选购医药产品的重要因素。

（3）对"中药"信任程度大于"西药"。

（二）第三终端的市场机会

1. "两网"建设 农村医药产品"两网"建设是指在农村建立面向广大农民的医药产品监督网络和医药产品供应网络，最大限度满足农民的用药需求，确保农民用药安全有效、经济方便。

2. "三农"政策 包括农业、农村、农民在内的"三农"问题，是中国整个经济发展中关系全局的一个突出问题。努力减轻农民的负担，调整农村产业结构，确保粮食安全和让农民增收，已成为我国长期以来经济工作的重中之重。

3. "新农合"政策 即新型农村合作医疗，简称"新农合"，是指由政府组织、引导、支持，农民自愿参加，个人、集体和政府多方筹资，以大病统筹为主的农民医疗互助共济制度。采取个人缴费、集体扶持和政府资助的方式筹集资金。

4. 社区卫生建设 大力加强公共卫生、农村卫生和城市社区卫生建设，为群众提供安全、有效、方便、价廉的公共卫生和基本医疗服务，控制疾病流行，减少疾病发生。

在上述国家政策背景下，医药第三终端显现出巨大的市场潜力，给医药企业拓展新的市场带来许多机会，如竞争少、品牌要求低、营销门槛较低、进药环节少、渠道控制相对容易、消费需求强。

（三）第三终端市场的开发与促销

医药企业开发第三终端市场，首先应做好战略规划（选择区域、选择产品、工商合作与建立销售人员队伍），制订适宜的产品价格，建立渠道，充分做好宣传、促销活动。

医药第三终端市场的促销活动，一般有以下几种方式。

1. 促销会议　即订货会，寻找特定顾客，通过亲情服务和产品说明会的方式销售产品的销售方式。

2. 驻场促销　选择驻场促销的商业公司要有区域终端覆盖能力和完善的配送体系。

3. 广告促销　例如，批发点户外广告促销、POP 广告促销、商业订货网站广告促销、产品目录促销、电话促销、短信促销等。

4. 三员促销　医药公司采购员、开票员、配送员可以帮助企业向医药第三终端传递产品知识和促销信息，从而起到促销的作用。

5. 客户培训　针对广大农村地区医疗水平相对较低，社区医生、乡村医生对提高诊疗知识和技术的渴望，医药企业协助各级基层政府部门为当地医生提供医药学知识培训，帮助他们提高工作能力，是医药企业开发第三终端市场、建立企业品牌形象、培养市场对企业品牌忠诚度进而扩大企业产品销售的好方法。

考点：医药第三终端市场的特点

案例 10-1

某药业集团生产的康柏西普眼用注射液，在研发阶段即与营销有机结合，从始至终坚持专业化推广路线：①成立"LS 光明"公益基金患者援助项目，先后在北京、上海、广州、成都等地的项目医院启动，对符合援助条件的患者提供药品慈善援助；②开展"关爱抗战老兵"公益活动，发起公益捐赠活动，为保家卫国的罹患湿性黄斑视网膜病变、白内障等眼疾的老兵免费医治；③设置"BL 中青年眼科科研基金"，围绕治疗眼底基本临床应用的新理论、新技术、新方法，为眼科专业人才医学科研提供资金资助和技术支持。借助一系列营销活动，通过优秀营销团队的执行运作，该公司及产品在市场上迅速建立了良好的品牌形象和强大的学术影响力，获得了良好的社会效益和经济效益。

问题：该公司采取了怎样的市场营销策略？营销优势有哪些？

第 2 节　医药营销人员分析

一、医药营销人员的职业道德与业务素质

一个优秀的营销人员，应该具备学者的头脑、艺术家的心、技术者的手、劳动者的脚。医药产品是一种关乎生命健康的特殊商品，对从事医药产品营销活动的人员有严格的要求，不仅要求其掌握相关的医药学专业基础知识和具备相应的实际操作能力，还从职业道德、人文修养和心理健康水平等多方面提出更高的要求。

（一）医药营销人员的职业道德

职业道德作为职业活动中不可或缺的行为规范，其重要性跨越各行各业。医药营销人员职业道德的基本原则被概括为"提高医药产品质量，保证医药产品安全有效，实行社会主义、人道主义，全心全意地为人民健康服务"，这是调整医药营销人员与患者之间、医药营销人员与社会之间、医药营销人员相互之间的关系必须遵循的根本指导原则。

1. 遵纪守法，爱岗敬业　医药营销人员是医药企业和医药产品消费者沟通的桥梁，是医药产品、

信息和相关服务的提供者,其必须充分认识到自己工作的价值和意义。

(1) 合法经营　医药营销人员需深刻理解《中华人民共和国药品管理法》《药品经营质量管理规范》(简称GSP)和《药品流通监督管理办法》等,明确其对合法经营的基石作用,并持续研习职业道德与药事法规,紧跟法规更新步伐,提升法律素养。在职业活动中,严守道德法律底线,自觉维护医药产品生产、经营、流通等领域的正常秩序,坚决抵制假冒伪劣医药产品,杜绝行贿与不当营销手段,确保医药产品安全与行业纯净。

(2) 忠于职守　医药营销人员在职业活动中,应践行"忠诚"理念,强化事业心与责任感,培养职业使命感、幸福感和荣誉感。秉持"客户至上,服务为先"的营销理念,以卓越的职业追求和不懈钻研的精神,塑造优良的职业风貌,致力于提升公众健康与生命质量,全心全意服务医药消费者。

2. 质量为本,诚信为先　诚信是医药营销人员职业道德的核心,在医药营销人员的职业活动中,涉及医药产品质量和服务质量两大维度,鉴于医药产品关乎生命安全,确保两者质量尤为关键。而真诚守信是做人、做事的基本准则,虚假失信行为将会损害集体、个人的荣誉及利益。

(1) 质量意识　"药系生命,质量至上",医药营销人员务必坚守质量为先的理念,严守医药产品流通各环节的质量防线,积极预防并应对可能影响医药产品质量的因素,仅销售符合国家质量标准的医药产品,以保障公众用药安全有效。此外,医药营销人员应认识到,消费者所求不仅是产品本身,更蕴含对心理满足的期待。因此,提升服务质量,增强顾客满意度,已成为企业与营销人员生存发展的必由之路。

(2) 实事求是　实事求是就是遵循客观事实进行思考与行动。在医药产品营销活动中,应依据专业知识真实、全面地介绍医药产品,不夸大医药产品的功效或作用,不缩小或掩饰医药产品的不良反应及缺陷,力求做到真、诚、实。同时,还要实事求是地处理消费者的意见、抱怨及投诉。中国历史上,众多药商均凭借"诚信无欺""虽无人监督,良心自鉴"的经营哲学,赢得了长久的声誉与尊重,证明了实事求是对于产品与企业成功的至关重要性。

3. 急人所难,救死扶伤　医药营销人员从事的是维护人们生命健康的服务性职业,服务的对象是病患群体。在职业实践中,应秉持"以人为本,以人为中心"的原则,急他人之所急,想他人之所想,以平等之心尊重、关怀、照料每一位患者,积极投身助人解困之中,彰显救死扶伤与全心服务的崇高精神,于服务他人中实现职业价值。对待消费者,应无差别关怀,将其利益置于首位,确保每位顾客都能享受到热情细致的服务。此外,医药营销人员还需精进业务,不断充实医药知识与专业技能,以卓越服务践行职业使命,不负所托。

4. 文明经商,注重礼仪　明道经商、重礼尚仪,是社会主义经济体系下对经营理念、经营作风及经营道德的基本要求。认真执行价格政策,客观对待竞争对手,恪守原则,公平销售,严禁利用工作之便谋取私利,对于紧缺医药产品要按规定供应。同时强化商务礼仪意识,不断优化服务手段,以主动、热情、耐心、周全的服务态度,满足消费者需求,树立良好职业形象。

> **链接**　"好护士"刘泉利视患者如亲人　二十余载奉献在护理岗位
>
> 患者至上,是她的人生信条;工作第一,是她的立身原则。20多年来,她将患者当亲人对待,默默无闻地奉献在护理一线。作为护士长她身先士卒,带领科室护士出色地完成了各项治疗护理任务。同事说:"要求我们做到的,她总能做得更好。"她就是新疆生产建设兵团第七师一三〇团医院护士长刘泉利,在平凡的岗位上,她用爱滋润患者的心灵,用行动弘扬"南丁格尔精神"。2016年3月,刘泉利荣登"中国好人榜"。

(二) 医药营销人员的业务素质

医药营销人员的业务素质是指掌握相关的业务知识,具备相应的实践与操作能力。丰富的业务知识和优秀的业务能力可以让医药营销人员充满自信和力量,以确保在竞争激烈的市场中占据主动。反之,如果没有充分的知识储备,营销人员在工作中很容易陷入被动。

1. 知识结构 医药营销人员既是一个营销人员同时还是医药专业技术人员,要想取得销售的成功,必须具备较强的学习能力,学习掌握丰富的专业知识。其知识结构主要包括以下几个方面的内容。

(1)基本理论 医药营销人员需掌握药剂学、药理学、药物化学及药物分析等学科的基础理论与知识,同时掌握药物与生物体相互作用、药效学评估及药物安全性检测等关键方法与技术。此外,还应熟悉医学常识、药事管理法规、政策导向及市场营销的基本原理。这样全面的知识体系,能有效增强医药营销人员的销售实力与技巧,助力其在职场中脱颖而出。

(2)医药知识 涵盖的范围非常广泛,它是指医药营销人员销售一种产品所需要具备的各种知识,包括医药产品的基础知识、医药产品的外围知识、医药产品营销的诉求点等几个方面。医药营销人员在工作中要全方位了解所经营医药产品的相关知识(图10-1),只有这样,才能够准确地向消费者进行介绍,才能正确推荐医药产品,给消费者提供科学合理的建议,保证消费者用药安全有效,取得消费者的信任。

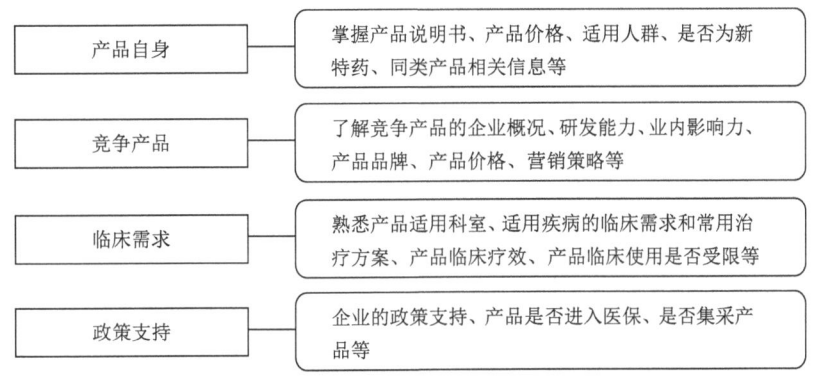

图 10-1 医药产品的相关信息

(3)消费者知识 医药营销人员要掌握一定的心理学、社会学、营销学等社会科学方面的基本理论和知识。在实际工作中必须知道面对的目标客户是谁?目标客户需要的服务是什么?满足目标客户的方法有哪些?只有善于分析和了解各类目标客户的特点,才能针对各类目标客户的不同心理状态,制订或采取不同的、恰当的医药营销策略。

(4)公司知识 营销人员代表的是公司的形象,如果有关自己公司的问题不能迅速作出明确的回答,往往会给消费者留下不好的印象。因此,掌握公司主要管理人员的资料、经营的范围和经营的产品、近期的重大举措、远期的发展目标等相关信息是现代医药营销人员需要具备的业务素质之一。

2. 知识的运用 有了知识不等于就会运用,必须将所学的知识应用于实际工作中,不断地从理论到实践,再从实践到理论反复验证、升华。发挥人的聪明才智,在实战中使知识成为销售的工具和武器,使知识变成财富和力量,这就是运用知识的能力。

3. 身体素质 医药营销工作是复杂的脑力劳动与辛苦的体力劳动的结合。医药营销人员每天在市场的最前沿与各种各样的人打交道,工作过程涉及各种推销、谈判、应酬、进货、送货等环节,活动性较大,连续工作时间也长。如果没有良好的身体素质和心理素质做保障,没有吃苦耐劳的精神,很难胜任这份具有挑战性的工作。因此,医药营销人员应养成良好的生活习惯,坚持锻炼身体,合理饮食,保持良好的心态,以健康的体魄、清醒的头脑、旺盛的精力、饱满的热情投入到销售工作中。

4. 礼仪素养 商务礼仪是在商务活动中体现相互尊重的行为准则,用来约束日常商务活动的方方面面。其核心作用是为了体现人与人之间的相互尊重,因此商务礼仪在医药营销活动中,就显得尤为重要。医药营销人员应当掌握在商务活动中的礼仪规范，培养自身的礼仪素养，以素养展现细节、以细节展现素质。商务礼仪包括形象礼仪、社交礼仪、酬宾礼仪、会议礼仪等。

二、医药营销人员的能力要求与自信心

（一）医药营销人员的能力要求

医药营销活动是一种以特殊商品为主体的营销活动，营销人员所需要的能力也是多方面的，不仅要懂得一定的医药产品知识并具备娴熟的市场运营能力，还要能够洞悉客户的特殊需求，同时要能够创造性地拓展市场、维系好客户关系。概括来说，作为工作在一线的营销人员应该具备以下能力。

1. 自我管理的能力

（1）适应能力　是优秀的营销人员生存与发展的基石，应该在心理上、生理上以及行为上做出各种适应性的改变，不断提升对内外环境的适应力。在企业内部，应该能快速融入企业文化，理解管理理念，与运营策略同频共振，内心洋溢着归属感与认同感。在企业外部，应该是市场风浪中的舵手，灵活应对市场环境的变化，尊重各地文化差异，精准把握客户需求。

（2）承压能力　市场营销是通过营销策略获得客户的认同，将产品销售出去，是一项高挑战、高收益的工作，往往也伴随着巨大的工作压力。营销人员的压力首先来自企业的硬性销售指标，其次是销售主管的要求，最后也是最重要的是客户的态度。如果不具备较强的承压能力，做不到以积极的态度面对困难，调整心态，营销工作则不可能顺利开展下去。

（3）管理能力　成功的营销人员不同于一般的业务人员，其更像一名管理人员，肩负着管理渠道、管理客户、管理团队、管理市场等使命。因此，还应具备丰富的管理知识和较强的管理能力。

2. 沟通交流的能力

（1）交际能力　营销的本质是关系，是连接，而人与人之间的连接就是交际。交际是一门艺术，需要自身的不断积累，并在与他人的交流过程中不断加以修正。营销人员交际能力的提高根本上是自身修养的提高，是自我的不断完善与发展，是人格魅力的形成与提升。营销人员在具体交际过程中，既要能以对方的利益与需求为出发点，又要能坚持自己的原则，并把握应有的尺度。

（2）沟通说服能力　是医药营销人员的核心素质。良好的沟通能力意味着能清晰、精准地传达思想，并理解对方意图，这是建立客户信任和支持的关键。在多变的市场营销环境中，医药营销人员需频繁接触各类客户，有效沟通能助力解决各类问题。而说服能力则关乎营销沟通的最终目标——达成共识并完成销售。面对客户的不信任，具备说服力至关重要。优秀的医药营销人员需掌握高超的说服技巧，引导客户认同观点，促成购买行为，实现双方共赢。

（3）控制能力　对客户以及营销过程的监控和把握是营销人员控制能力的主要体现。"过程决定结果"，为了实现预期的营销目标，营销人员必须在营销流程中对各项影响营销活动的因素进行监控。只有对流程进行有效的控制，才能做到"规定的人在规定的时间完成规定的事"，才能做到"出了问题知道问题出在什么时间、什么地方和什么人身上"，这样才能为营销责任体制建立有效的基础。

3. 市场分析的能力

（1）观察能力　在交易活动中，双方均以特定利益为出发点，交易过程本质上是一种相互满足需求的交换，出于自我保护的本能，交易各方往往会刻意隐藏其真实需求和意图，以维护自身利益最大化。这就要求医药营销人员具备穿透表象、洞察本质的能力，以交流沟通为起点，结合细致的观察，深入挖掘并准确识别客户的真实利益诉求点。这一过程不仅是谈判策略的关键所在，也是实现"知己知彼，百战不殆"的重要途径，确保在医药营销中能够精准施策，赢得市场先机。

（2）分析能力　在拥有敏锐观察力的基础上，营销人员还需锤炼出色的分析判断能力，这在医药营销领域尤为重要。鉴于医药营销人员常常与在医疗行业深耕多年、精通业务且临床经验丰富的客户

打交道，他们必须善于在交流互动中，持续剖析并准确解读对方的观点与真实意图，进而制订出更加贴合客户需求的策略，有效引导对话走向，使对方认同并接受自己的观点，从而促成合作的顺利达成。

（3）计划能力　"凡事预则立，不预则废"。营销人员在工作中应该做好两项计划：一是职业规划；二是工作计划。营销工作的性质，往往使工作带有很大的随意性和突发性，营销人员如果没有计划性，往往会造成每天忙个不停，但重要工作被无限期拖延的结果。

（4）组织能力　医药营销人员的组织能力主要体现在组织会议的能力和组织相关活动的能力两个方面。营销人员需具备卓越的策划、组织与执行能力，以高效推动各类活动的顺利开展，需积极争取并整合活动所需的各种资源，确保资源的优化配置与有效利用，进而通过整合所掌握的资源，精准落实活动方案，实现活动效果的最大化。

（5）决策能力　方向正确优于方法精确，在营销管理领域，特别强调"未雨绸缪的前瞻性管理超越亡羊补牢的补救性措施"，这凸显了决策能力的核心价值。面对当今瞬息万变的市场环境，营销人员必须能够迅速捕捉市场的新动态、新特征，并基于这些变化果断做出决策，灵活调整营销策略，以适应市场的快速发展与变化。

4. 学习领悟的能力

（1）学习能力　时代不断在变化，在这个日新月异的时代，唯一不变的就是变化本身。因此，学习成为营销人员了解外部世界、紧跟客户步伐的最有效途径。优秀的营销人员总能凭借其出色的学习能力，最大限度地把握社会与客户的发展变化，以知识为后盾不断地提高自身各方面的能力和素质，为企业不断地提供新的营销策略。

（2）领悟能力　良好的"悟性"是一名优秀的营销人员所必具的特质，他们不仅能够敏锐地观察并深入分析问题，更具备一种将挑战转化为机遇的非凡能力。凭借这种悟性，他们能够洞察问题的本质，从中发现潜藏的商机，并迅速采取行动，精准捕捉这些稍纵即逝的机会，最终在激烈的市场竞争中脱颖而出。

（二）医药营销人员的自信心

医药营销人员的自信心源于对公司前景的无限信赖、对营销职业的坚定信念、对产品质量的绝对认可和对个人能力的充分自信四个方面。他们深信企业是后盾、营销岗位是舞台、医药产品品质是根本，这份自信激励他们追求卓越，满怀激情地工作，赢得客户信赖。同时，提升能力也是增强自信、在营销中游刃有余的重要途径。

三、医药营销人员所应具备的心理素质

在市场营销的实战领域，众多成功的营销专家展现出了多样化的个性特质与心理风貌，难以简单归类于内向或外向性格。营销的本质是深度沟通与互动，其成效受诸多复杂变量的影响。对于医药营销人员的心理素质要求主要包括以下几个方面。

（一）稳定的情绪

医药营销领域，市场环境错综复杂，瞬息万变。交易成功的喜悦与遭遇误解或指责的挫败感交织其中，营销人员的情绪随之起伏，这种微妙的变化往往不经意间传递给消费者，形成情绪共鸣，可能对营销活动产生负面效应，削弱其积极性。因此，对于医药营销人员而言，维持一种积极且稳定的情绪状态至关重要，这是有效应对市场挑战的关键。理解与包容是建立共识的桥梁，不卑不亢的态度则是一种策略智慧，既能积极争取，又能适时退让，为自身留下足够的应对空间，确保营销活动的顺利进行。

（二）坚强的意志

医药营销工作是辛苦、曲折的，在与客户打交道的过程中，可能会因为各种主观或客观的因素，

在工作中遇到困难和障碍,而要想在复杂多变的营销环境中实现与客户的有效沟通,完成医药营销的工作和任务,就必须具备坚强的意志。一个优秀的医药营销人员应当努力挖掘自身的潜能,从内心对工作拥有强烈的责任感和自信心,才能保持工作的动力,也能够享受到成功的快乐。

(三)豁达的性格

在医药推广的历程中,遭遇客户的婉拒与排斥,几乎是家常便饭。优秀的医药营销人员,往往展现出谦逊、热情、真挚与宽容的性格风貌,他们始终秉持对客户的深切尊重,聚焦于清除沟通障碍,洞悉障碍背后隐藏的真实需求,并巧妙地将这些潜在需求转化为实际的购买动力,最终促成交易。正因如此,他们视客户的拒绝为通往成交的必经之路,一种必然的前奏。

(四)完美的气质

气质本身不直接决定营销业绩的高低,却微妙地影响着营销人员的情感反应与行为模式,进而对营销活动的效率产生作用。因此,营销人员需要基于职业规范,主动调整并优化自身先天赋予的气质特征,积极发扬正面特质,同时努力克服潜在的消极面。例如,对于胆汁质类型的营销人员而言,关键在于驾驭情绪波动大、易怒难控的倾向,转而展现其外向开朗、直率热情的积极面;对于黏液质类型的医药营销人员,应继续发挥其沉稳平和、思路清晰、行事稳健的优势,同时留意并改善可能存在的灵活性不足、反应迟缓等问题,以展现出更加契合职业需求的完美气质风貌。

(五)活跃的创新思维

创新是永恒不变的主题,对于医药营销人员而言创新也是必不可少的。创新过程首先是自我斗争的过程,要以公正客观的角度看问题,善于透过绝望看到希望,在胜利中发现危机。活跃的创新思维主要体现在以下几个方面。

1. 迎接挑战 迈入21世纪,科技浪潮席卷全球,新理念、新业态、新工具层出不穷,为医药营销领域带来了前所未有的变革。营销人员身处其间,不仅要直面日新月异的环境与陌生面孔,还需应对复杂多变甚至突发而至的市场动态。在此背景下,拥有敏捷的应变能力成了应对市场挑战的必备素质。优秀的营销人员,须在不偏离职业准则的基础上,灵活调整策略,针对瞬息万变的市场形势,迅速而精准地制订并执行有效的营销举措。

2. 突破自我 营销战场是自我较量的舞台,最大的敌人往往隐于内心。因此,营销人员应当勇于直面自我挑战,深刻洞察自我内心需求,通过持续的自我激励与不懈追求,练就面对变故时的从容不迫,更敢于挣脱传统框架的束缚,勇于探索并开创独树一帜的营销新路径。

3. 创新开发能力 任何一种营销方案和营销策略都不可能满足所有的现实需求。实践可以使任何先进的、独特的营销理念成为过去。因此,要求营销人员需要不断更新营销理念,清晰地了解现代营销的发展方向,还要掌握一些销售技巧,并且不断去实践,形成自己的特点,走出自己的路子,才能在激烈的市场竞争中出奇制胜。

善于把握销售中的一切机会,也是一种创新。机会不是突然降临的,不是现成的收获,机会属于有准备、有头脑的人。销售过程中的准备包括动机的准备、观念的准备和才能的准备。创新开发能力还表现在信息反馈上,及时反馈市场变化的新信息,为制订营销规划,实施新的市场战略、推销战略奠定基础。

四、医药营销人员的考核

医药行业作为中国国民经济的重要组成部分,其营销人员不仅是该领域不可或缺的构成要素,更是医药企业宝贵的资源,直接关联着企业的经济效益与长远发展动力。针对医药营销团队实施绩效考核,是强化其工作效能、推动企业整体绩效提升的关键策略。

绩效考核的客体是绩效，聚焦于员工工作成果的评估，旨在激发员工的积极性与创造力，以期实现个人职业成长与企业经济效益的和谐共进。要充分发挥绩效考核的积极效应，关键在于紧密围绕影响绩效的关键因素，科学设计考核指标体系，确保绩效考核体系能够精准对接实际需求，真正发挥其引导、激励与约束的作用，从而促进医药营销人员的工作效能显著提升，为医药企业的繁荣发展贡献力量。

（一）医药营销人员绩效的主要指标

1. 考核医药营销人员推销工作的主要方面 为了对医药营销人员推销工作进行客观的评价，医药企业会制订绩效考核的标准，该标准往往体现了企业对医药营销人员工作最主要的目标期望，而这些目标期望就是用不同的指标来表示的。不同的医药企业因企业文化、管理理念等不同，在制订医药营销人员的绩效评价指标时会有所不同，但一般都会从市场信息收集、与客户关系沟通、企业形象树立或品牌维护、为客户提供服务的质量、产品销售成交量等方面考虑。

2. 医药营销人员绩效衡量考核的主要指标 主要有以下四个方面。

（1）销售量与销售收入（回款额）

1）销售量：是指医药营销人员在某一时期内将企业的产品推销给自己责任区域内的客户的数量，这是评价医药营销人员绩效的主要内容之一。

2）销售收入（回款额）：是指医药营销人员在某一时期内收回的已推销产品的货款金额。

（2）销售利润与销售费用

1）销售利润：是指某一时期内销售收入减去成本和销售费用的余额。销售利润集中反映了医药营销人员对企业的贡献。

2）销售费用：是医药营销人员工作期间所支出的各种费用总和。包括交通费、通信费、差旅费、招待费、组织会议的会务费等费用。

3. 工作行为规范

（1）及时准确地填写工作表格 医药营销人员及时准确地填写各种工作表格，有利于企业上层管理人员对医药营销人员的工作过程指导和把握，以及对医药营销人员负责的区域市场各种信息的了解。

（2）及时完成工作计划和报告 通过医药营销人员的工作计划和报告，企业上层管理人员可以了解医药营销人员的工作进展情况、市场相关信息，便于企业管理层面预测市场需求趋势变化、规划企业总体经营发展方向；另外，医药营销人员本人也能从计划和总结过程中分析自己工作得失，提高自我管理能力。

（3）认真遵守财务制度与规范 企业财务制度是企业盈利的保证，企业所有员工包括医药营销人员必须遵守。遵守财务规范是医药营销人员执行专业化的、合理规范的企业允许的销售行为的保证。

（二）医药营销人员绩效的比较方式

1. 医药营销人员绩效的考核程序 一般包括四个步骤。

（1）确定绩效评价考核指标和标准，并让医药营销人员完全了解知晓。

（2）根据绩效指标和标准进行考核评价，一般先由医药营销人员自我评价、再由上级主管或考核人对医药营销人员进行书面考核和评估面谈两种方式。

（3）绩效考核结果向医药营销人员本人反馈，医药营销人员如有不同意见可以提出异议并申请上级部门裁定。最后结果需医药营销人员签字确认。绩效考核评价常作为医药营销人员受奖罚或提升等的重要依据。

（4）绩效评价考核后，医药营销人员在上级主管指导下制订绩效改进计划并实施绩效改进。

2. 医药营销人员绩效的考核方式

（1）目标比较考核　对照企业对医药营销人员工作的目标要求（或考核指标和标准）与实际完成情况进行绩效考核。这是大多数企业对医药营销人员进行绩效评价时采取的方式。

（2）同级互相比较　将同一级医药营销人员绩效作比较，按绩效从高到低顺序排列。

（3）书面描述　绩效考核人员书面描述医药营销人员的绩效、潜力、优点、缺陷，并提出激励和改进建议。

（4）评分　依据企业对医药营销人员的考核指标和各项指标权重制订评分标准，再按该标准与医药营销人员工作绩效进行比较评分。这种方法的优点是能较为全面、客观地比较、评价、分析医药营销人员的工作，缺点是烦琐复杂。

案例 10-2

小张与小李是大学同学，毕业后并肩踏入同一家医疗器械公司的营销部门。岁月匆匆，三月已过，小张荣升新职，小李却原地踏步，心中满是不解与不甘，自觉能力与小张相当，于是鼓起勇气向总经理寻求原因。总经理以温和的笑容倾听小李的疑虑，随后提议："此事暂且搁置，我们正筹备新产品上市，你们二人需先进行市场调研，查探销售同类医疗器械的企业数量，三天后汇报。"三日转瞬即至，小张与小李共赴总经理办公室汇报成果。小李的报告仅一页纸轻描淡写；小张则呈上一份详尽的报告，内含企业数量、企业规模、地理位置、经营类别、价格战略及竞品深度剖析，信息丰富，条理清晰。总经理将两份报告置于小李面前："这就是你所要的答案。"小李见状，无言以对。

问题： 请同学们想一想，小李没有晋升的真正原因是什么？

第3节　医药营销团队建设

一、营销团队的意义

团队是由员工与管理层组成的协作体，其核心在于整合每位成员的专业知识与能力，通过协同努力，攻克难题，共筑愿景。医药营销团队是指由两个及以上为同一目标而共同合作、互补技能、相互承担责任的医药营销人员组成的一种组织形式。这样的形式强调营销手段的整体性和营销主体的整体性，尽量为最终消费者创造最大的让利价值，使最终消费者满意程度最大化，使企业从中获得长远发展和长期利润。

团队的核心价值在于协作，它促使每位成员在追求共同目标的过程中，能够借助集体的力量，最大化地施展个人才能。因此，对于医药营销人员而言，除了深厚的专业技能与全面的个人素养外，还必须具备过硬的心理素质与强烈的团队合作意识，两者缺一不可，这是成就高效医药营销团队的关键要素。

医药营销团队的主要意义如下。

（一）统一目标，团队利益一致化

医药营销团队的核心价值在于其能够构建一种机制，使个体成员的利益与团队的整体利益紧密相连，驱动所有成员朝着共同的目标齐心协力。在这样的模式下，个人的工作成果直接与团队的整体营销成效相绑定，促使每位成员都自发地关注并致力于提升团队的整体表现，而不仅仅是营销主管的单方面责任。这种共识与合力，是推动医药营销团队不断突破、实现业绩飞跃的关键所在。

(二)提高士气,充分调动积极性

引入团队营销的机制,可以充分调动企业团队所有资源和一切积极因素,群策群力,因而可以更好地实现企业的整体目标。整个团队的合作模式也会增加客户和服务对象的信任感和安全感,因而,更容易争取到比较大的客户及合作项目。效益激发动力,通过团队合作,个人不仅获得实质性利益,也会大幅提升主人翁意识和责任意识。

(三)提升能力,共同成长

在营销团队中,每个营销人员都会在团队的氛围中自觉加强自身的能力建设,提高学习水平,并努力保持和提升自己的整体业绩,因此,会大大促进团队的整体业绩提升。团队营销的模式可以强化员工专业特长,提高团队整体素质,并很快适应市场竞争需要。

对于一个医药企业而言,如果说医药类产品生产是基础,新药研发是重点,产品质量是保证,人力资源是根本的话,那么市场营销就是其发展的关键突破点。而企业营销制胜的法宝,在于团队营销思维的统一导向,即成员思想同频,行动协同。这要求全体员工在营销理念、质量认知、行为模式上达成共识,形成共同信念与标准,并基于这些共识树立崇高目标。这一共识不仅决定了企业产品和服务的品质,更引领着企业的发展方向与最终成就。因此,构建并强化这种"团队营销"文化,是企业赢得客户、市场与商机的核心所在。

二、组建营销团队的原则

一个成功的团队必定是一个目标明确、有战斗力的团队,不仅能够实现共同目标,同时也能够发挥团队成员中每个人的长处,为其提供良好的成长条件和环境。因此,在建立和管理营销团队时应遵循以下原则。

(一)彼此负责,相互信任的原则

成员之间相互信任是团队有效运作的显著特征。一个高效的团队是当今发展日新月异的社会所必需的,只有团队成员彼此负责、相互信任支持才能形成强大的团队合力,团队才能在未来的竞争中立于不败之地。信任对于团队的重要性主要体现在以下几个方面:促使团队成员之间愿意合作;有助于相互间信息共享程度的进一步提高;有助于组织给予团队更多的支持和更大的自主权;有助于提高个体成员工作满意度,从而有助于提高个体对团队、组织的忠诚度;有助于团队绩效的提高和团队工作的顺利开展及成功。

(二)明确职能,合理分配的原则

由于营销目标市场的细分越来越专业,专业化分工也对营销管理提出了更高更细化的要求。明确岗位职能可避免工作盲目无序,明确个人目标与责任,促进工作深入。同时,团队需根据实际情况优化资源配置,如人力资源上老中青、新老营销人员合理搭配等,形成协调统一的团队默契,相互了解、取长补短。这样,营销团队才能凝聚出超越个人的智慧,创造惊人的表现和业绩。

(三)目标一致,共同协作的原则

在营销团队的构建与管理中,一个普遍共识浮现:团队成员最为渴望的是团队领导能够清晰地设定并指明方向与目标;相应地,团队领导则普遍期望成员们能够齐心协力,向着这些既定目标奋力前行。这一现象深刻揭示了目标在营销团队建设中的核心地位,它不仅是引领团队破浪前行的明灯,也是凝聚团队力量、明确责任归属的磁石。

团队目标不仅为每位成员提供了共同努力的焦点,还构成了衡量团队成长与进步的可量化标尺,为团队在日常运营中作出决策提供了坚实的依据,更从根本上诠释了营销团队存在的价值与使命。因此，确立明确的目标，是构建与管理高效营销团队的基石。同时，团队营销的理念强调集体利益高于一切，倡导高度的团队凝聚力与协作精神，团队成员之间需打破壁垒，开放沟通，相互支持与配合，以共同实现团队目标为最高追求。

（四）心理健康的原则

在当今社会，经济与科技的迅猛进步，极大地加速了生活与工作的步伐，随之而来的是日益沉重的压力负担。心理疾病，这一隐形"杀手"，不仅对个人身心健康构成重大威胁，也成为侵蚀组织效能、阻碍发展的关键因素。当团队成员心理健康亮起红灯，不仅个人的工作动力和热情会消退，其工作成效与满意度亦会显著下滑，更可能触发团队内部的人际紧张，加剧人员流失的风险。尤为值得警惕的是，管理者若陷入心理困境，其决策过程可能偏离正轨，进而招致不可估量的经济损失，对整个团队的持续成长构成严重挑战。唯有确保每位成员内心健康、积极向上，才能构筑起团队间和谐协作的坚实基础，促进成员间的默契配合，营造出一个充满活力与正能量的组织环境，为团队的整体发展注入不竭动力。

三、团队凝聚力的培养

团队凝聚力是指团队对成员的吸引力，成员对团队的向心力，以及团队成员之间的相互吸引。团队凝聚力不仅是维持团队存在的必要条件，而且对团队潜能的发挥有很重要的作用。它是无形的精神力量，是团队精神的最高体现。一个团队如果失去了凝聚力，就不可能完成营销任务，本身也就失去了存在的意义。

（一）提升团队观念

团队凝聚力是一个将团队成员紧密联系在一起的隐形纽带，来自团队成员自觉的内心动力，来自共有的价值观。因此，培养团队凝聚力首先可通过宣讲、培训等手段提高成员对于团队意义和功能的认识，树立全局观念和集体意识。

（二）设定团队目标

团队目标来自团队的发展方向和团队成员的共同追求。它是全体成员奋斗的方向和动力，也是感召全体成员精诚合作的一面旗帜。一个合理的团队目标能够激励成员勇往直前的斗志。通过努力，目标实现后，团队成员会提高对自己和对团队前景的信心，从而提升团队凝聚力。

（三）充分发挥领导的作用

优秀的团队领导能够以身作则，成为团队成员的榜样，同时把握好团队的发展方向，处理好成员间的矛盾，是整个团队的灵魂人物。因此，作为团队领导，不仅要在专业知识储备上不断积累和补充，而且应该在个人德行上严于律己，切实发挥好团队领导的作用。

（四）促进团队成员成长

一个团队不仅是成员们的奋斗场，还应是他们挖掘潜力、施展才华的舞台。团队在实现目标的同时，要积极为成员们创造学习、锻炼、成长的机会，使其不断提升自身能力和自我效能感。这样团队成员才会觉得自己有发展前景，才会对这个团队有更强的归属感，团队的凝聚力自然就增强了。

（五）组织团队活动

团队的凝聚力很大程度上取决于成员之间的联系度和和谐度。通过参加户外拓展训练、团队心理训练，或一些量身打造的体验式活动，一方面可以联络团队成员的感情，另一方面可以让大家了解彼此的性格特长，更有利于工作中的配合。在积极愉悦的环境下，团队凝聚力在无形中得到提升。

案例 10-3

某医药公司要招聘一位销售经理，下面是几个应聘人选：

宋某，某医学高校药学专业本科学历，熟悉医药领域，有医药产品销售经验，形象较好，个人销售能力较强，缺点是以自我为中心，乐于单打独斗，喜欢展示个人能力多于与他人合作。

李某，某师范类院校经济类专业毕业，具备市场营销策划能力，曾在某康复治疗器械公司销售部工作、积累了一定的销售经验。但经了解，李某在职期间的销售业绩主要靠使用销售开支招待客户进行娱乐活动。

周某，某医学专科学校临床医学专业大专学历，做过5年的医药营销，销售业绩一直名列前茅，具备较强的人际交往和语言表达能力，善于团结他人，成熟稳重，有顽强的进取精神、百折不挠。

问题：如果你是人力资源主管，要建立一个团结、高效的销售团队，请问你会如何选择？

第4节 医药营销实践

在医药营销的过程中营销人员会遇到各种各样的挑战，如果掌握一些医药营销的基础技巧，就可从容对待各种挑战和困难。

一、医药营销目标设定的技巧

（一）设定营销目标的意义

成功不仅要有远大的目标，还要付诸实践。对于医药营销人员而言，通过设定一系列的目标来提醒自己、激励自己，是十分必要的。

设定目标可以帮助提升工作效率，会起到事半功倍的效果。目标就像风向标一样，能够调动人内心的积极性，为了目标而努力奋斗。

（二）设定营销目标的原则

SMART 原则是广泛应用于目标设定的原则，即设定目标必须是具体的（specific）、可衡量的（measurable）、可实现的（achievable）、切合实际的（realistic）和有时间性的（time）。

1. 具体的　目标必须是具体的和明确的，可以引导行为，可以指导行动。例如，"我今天要到惠民药店去调整产品的陈列"，这就不是一个具体的目标，应该修改为"我今天要到惠民药店去调整陈列，把医药产品的陈列面从目前的1个调整到3个"，这样的目标才是具体明确的。

2. 可衡量的　目标必须是可以衡量的。例如，上述要把产品陈列面从1个调整到3个，这就是一个可以衡量的目标。这样的目标，才能够衡量目标到底实现了没有，才可以成为行动的指南。

3. 可实现的　只有设定可以实现的目标，才能够保持医药营销人员积极进取的心态。可实现的目标有两个方面的意思，一方面是指目标应该在能力范围之内；另一方面是指目标应该有挑战性，通过努力才能实现。

4. 切合实际的　目标必须是切合实际的。如果目标太低，就没有任何意义，没有挑战性就不能发挥人的潜能；但如果目标太高，往往不能达成。在设定目标过程中，要量力而行，应该循序渐进。这样就会不断接近最终的目标。

5. 有时间性的　设定目标一定要有时间性。如果没有时间的约束，无限期拖延行动，就不能实现目标。应该按照制订的时间表，脚踏实地完成预定的任务，目标才能实现。

(三)拟定行动计划

目标的实现主要取决于制订完善的计划。所有的大目标都是由小目标累积而来的,那么计划也应该包括远期计划、中期计划和短期计划。每一天的计划一般是在前一天的晚上制订,合理规划第二天的行动。任何一件事情,都会受到一些客观因素的影响,如果执行 A 方案有困难时,就可以启动 B 方案。

(四)执行计划

目标设定得再完美,如果不去执行,那只能算是停留在纸上的目标,永远不可能有实现的一天。应该努力地不断去执行每一天的计划,只有保质保量地实现短期计划,才能实现远期计划,最终实现营销目标。

二、处方药营销实践

医药营销人员在拜访的过程中,应该巧妙地融合口头表达与肢体语言,精准运用市场策略展示企业产品的优势与服务,满足医生临床正确使用药品的需求,实现营销目标。

医药营销人员营销实践的过程包括开场白、询问聆听寻找需求、药品介绍、处理异议及达成协议几个步骤。

(一)开场白

每一次拜访客户都应该有明确的理由,应该用有效的方式向客户表达出来,使其感兴趣,愿意花费时间继续会谈下去。开场白是营造舒适气氛、建立良好融洽关系的基础,同时也是实现营销目的的开端。完整的、目的明确的开场白应当体现出三个要点:①设定拜访目标;②侧重于药品的某一个特性;③以医生的需求为导向。良好的开场白应具有以下特点:

1. 简洁 传统推销技巧理论中强调拜访的关键在于营造良好的沟通气氛,可以先同医生聊聊一般性社会话题,如家庭、孩子、兴趣爱好等,有助于与医生建立良好的社会关系。但是由于医生的工作时间相当紧张,而且每天要接待好几位医药营销人员,采用这种开场白容易使医生感到营销人员在耽误他的时间,所以对于面对面拜访而言,开场白应尽量简洁。

2. 从需求入手,目的明确,引起共鸣 有效的开场白包括两步:第一步,提出一个消费者的需求;第二步,指出药品的某个特性会满足消费者的这个需求。这种开场白的好处是目的明确。医药营销的核心就是满足消费者的某种需求,好的开场白要能够直接提出客户想要解决的问题,在需求上形成与客户的共鸣后,再来提供解决问题之道。

3. 迎合客户的心理 很多医药营销人员是以自我为主的思维模式,习惯性语言表达:"我想证明给你……""我的理解……",但客户的心里却希望你能发现他的需求。优秀的医药营销人员则往往就一个问题描述一种有关疾病特点的情形,引起医生的兴趣;或者总结医生在治疗疾病过程中可能遇到的具体问题,并阐明药品的特性可以解决这些问题。例如,抑酸过度与抑酸不足均不能理想解决溃疡治疗问题,公司刚上市的某新药适度抑酸,是医生可以选择的理想的抑酸剂。

(二)询问聆听寻找需求

在医药营销中快速了解医生需求是十分重要的。只有快速明确医生感兴趣的药品特性,才能有的放矢地介绍药品,这样医生才可能使用该药品。但大多数医生似乎并不愿意直截了当地告诉营销人员他的兴趣点,或者是不了解这种新药。无论怎样,只要没有发现医生的真正需求,就无法说服其使用所推销的药品。在拜访医生的过程中快速挖掘出医生的真正需求尤为重要,这就需要有效运用询问与聆听的技巧发现医生的需求。

1. 询问的方法 询问就是问题,问题通常有两种形式:封闭式问题和开放式问题。

（1）封闭式问题　指事先给定了备选答案，回答者可以在所提供的答案中进行选择的问题。封闭式问题常用的表述：是不是、哪一个、有没有、是否、对吗等。封闭式问题由于只能使对方提供有限的信息，且易使医生产生紧张情绪，显得缺乏双向沟通的气氛，一般多用于重要事项的确认，如协议、合同等。医药营销人员在拜访中使用封闭式问题要慎重。

（2）开放式问题　指回答者用自己的话来自由回答的问题。开放式问题让医生了解询问的目的，允许医生有思考的余地，并且诱发其进行详细说明，而不是迅速以一句话来回答医药营销人员的问题，其目的是要鼓励医生主动介绍其需求。开放式问题常包括"5W"和"1H"。"5W"是指谁（who）、什么时候（when）、什么（what）、为什么（why）和在什么地方（where）。"1H"是指怎么使用（how）。

2. 聆听的技巧　医药营销人员与客户沟通的目的就在于了解他的需求，而客户谈论自己的观点就是在说明需求，医药营销人员要善于聆听，掌握聆听的技巧。

（1）让医生充分表达自己的意见，适时地鼓励，设身处地地分析医生关心的利益点，及时支持、肯定医生的建议会让医生感到受尊重、沟通愉快且有价值。

（2）鉴别客户表达的需求中哪些是重要的，哪些不太重要。

（3）表达真诚为客户服务的态度。优秀的聆听者要让客户感到在用心为他服务，让客户愿意敞开心扉交流。

（三）药品介绍

药品介绍是销售过程中最重要的一环，也是最能体现医药营销人员的专业能力的环节。纯熟的药品知识是医药销售成功的关键。专业的药品介绍分为三种形式：药品简介、药品的特性与利益介绍、有关药品的临床报告和佐证文献的使用。

1. 药品简介　医药营销人员应该首先对药品的基本信息进行简单介绍。其内容包括药品的商品名、通用名、规格、作用及机制、适应证及用法用量、价格、是否纳入医保等。介绍这些基本信息，应努力简明扼要向医生说明清楚，并且给其留下较为深刻的印象。

2. 药品的特性与利益介绍　对药品进行简介之后，医药营销人员要通过详细介绍药品的特性。对于药品而言，特性就是药物本身的治疗优势，利益就是患者能够从产品及其服务中的获益。医生需要的不只是了解药物的特性，更重要的是了解这些特性将为临床治疗解决什么问题，这才是药品的价值所在。往往医生对于药品的认识比较模糊，这就需要医药营销人员帮助其分析、整理药品的特性。

（四）处理异议

医生对药品产生异议有两种基本原因，一是对药品信息缺乏全面的了解，二是认为药品或服务不能满足其需求。成功处理异议是医药营销人员工作的重要部分，医生提出异议，往往是其准备使用药品的前奏。医药营销人员应分析医生产生异议的原因，及时有效地处理异议。处理异议的基本步骤为缓冲、探询、聆听、答复。

1. 缓冲　是医药营销人员对客户要求关注的愿望表示理解的沟通技巧，这是处理异议关键的一步。分析医生产生异议的原因，对医生表达需求的愿望充分理解。防止医生产生防御心理，导致激化矛盾。

2. 探询　运用恰当的缓冲技巧缓和谈话气氛之后，要开始探询医生对于药品的真正需求。

3. 聆听　认真倾听客户的诉说，设身处地地为客户着想。通过探询聆听，获取信息，理解、分析客户提出的异议，为答复客户提出的异议做好准备。

4. 答复　通过缓冲、探询和聆听就会发现异议的真正根源，了解医生的真实需求，运用药品特性转化利益的技巧满足医生的需求，圆满地处理异议。

（五）达成协议

医药营销人员通过前面的努力，如果医生已经接受该药品，那么就应采取行动促使其开始试用，并形成处方习惯。医药营销人员应适时把握成交的机会，并签署协议。

考点：处方药营销实践的过程

三、非处方药营销实践

医药产品进入药店后，如何能够在短时间内提升销售量呢？从以下三个方面着手，在每个环节执行到位，有助于在众多竞争产品中脱颖而出。

（一）医药产品陈列

1. 医药产品实物陈列 争取黄金陈列位置、尽可能多的陈列面。

（1）陈列位 指医药产品在药店的销售过程中实际摆放的位置。根据摆放地方不同分为柜台陈列、背柜陈列、开架陈列。摆放在主货架（卧柜/背柜/开架）A 段，为最佳陈列位置；摆放在 B 段，为普通陈列位置，如表 10-1 所示。

表 10-1 陈列位

陈列位置	A 段	B 段
柜台（卧柜）	首层	二层
背柜/开架（端架）	1.35m<位置（距地面高度）<1.7m 或视平线及上/下1层	1m<位置（距地面高度）<1.35m 或视平线下第2层

（2）陈列面 指医药产品在零售药店的销售过程中摆放的横向的药盒正面（显示产品中文名，最长或最宽的那一面）100%暴露，单盒陈列计作 1 个陈列面，2 盒及 2 盒以上须横向连续排列。

> **链接** 集中陈列与特殊陈列
>
> 集中陈列指将某种药品集中陈列于一个地方的方法，是零售药店最常用和使用最广泛的陈列方法，也是规划店铺陈列区布局的基础。以目前普遍使用的高度为 165cm 的货架为例，药品的陈列段位可划分为四个区：①黄金陈列段，高度在 80～120cm，是消费者最容易看到、手最容易拿取药品的陈列位置。一般陈列高利润的药品、自有品牌药品、独家代理或经销的药品。②上段，货架的最上层，高度在 120cm 以上，通常陈列一些推荐药品，或者有意培养市场接受度的药品。③中段，货架的第三层，高度为 50～80cm，主要陈列一些低利润的药品，或者为了保证药品齐全性和顾客需求不得不出售的药品，或已进入衰退期的药品。④下段，货架的最下层，高度为距离地面 10～50cm，常陈列一些体积较大、较重、易碎、毛利较低，但周转相对较快的药品，也可以陈列消费者认可的品牌或消费弹性低的药品。
>
> 特殊陈列是在集中陈列的基础上创新，如整齐堆积展现量感；岛式陈列突出推荐商品；窄缝陈列聚焦新品或高利润药品；突出陈列利用延伸板增强视觉冲击力；悬挂式陈列增添空间感等，通过创意陈列手法激发消费者购买欲望。
>
> 需要注意的是，药品陈列需要灵活应对市场变化，根据药品需求与顾客行为动态适时调整，确保陈列既符合逻辑又富有吸引力，有效促进销售增长。

2. 经销商销售辅助材料（point of sales materials，POSM）陈列 包括陈列产品信息、促销信息，消费者进店处处可见、吸引眼球。

POSM 包括海报、挂条、品牌宣传品等。除统一印刷的 POSM 外，还包含店内手写的 POSM，或当地销售商自己制作的 POSM。还可以使用实物的空盒进行创意陈列，通过创意的组合陈列可以迅速吸引客户和消费者的眼球，让他们迅速关注目标药品。在消费者被吸引之后的下一步就是制订促销方案，需要能够吸引消费者的注意力。

3. 药品陈列的原则

（1）确保药品品种规格齐全、数量充足。

（2）获取良好的陈列位置。

（3）争取最大陈列面。

（4）确保价格统一、标识清晰。

（5）定期清理柜台。

（6）通过POP广告强化产品系列。

（7）保证与客户的良好合作。

（二）医药产品营销教育

1. 医药产品营销教育主要解决问题

（1）是否愿意推荐　指的是目标医药产品是否符合客户的经营策略、是否安全有效、是否可以放心推荐。

（2）是否会推荐　指的是店员对目标医药产品的产品信息如适应证等，是否熟练掌握。

2. 医药产品营销教育的分类

（1）按照教育的对象　可以分为店员教育和消费者教育，这里主要指的是店员教育。

（2）按照教育的方式　可分为课堂式、拜访1对1式、创意教育方式。①课堂式：类似医院营销的学术会议，安排好会场、授课老师，集体介绍疾病病理及医药产品的基本情况；②拜访1对1式：药店代表在每次拜访的过程中，利用教育资料给店员介绍医药产品的情况；③创意教育方式：为了让目标客户更好地接受医药产品知识，在传统课堂式及拜访1对1教育之后，迫切需要开发出创意的教育方式，如演讲比赛、实战模拟、情景小品等，让客户在游戏的过程中，顺其自然地接受医药产品知识，顺利、保质保量地达到教育目的。

（三）医药产品助销

医药产品助销，顾名思义是帮助医药产品的销售，是指在完成了医药产品的陈列和营销教育之后，还要加强与客户总部的联系和合作，这样才能快速提升销量。可通过系列的促销方案和活动来迅速提高医药产品的销量。

1. 与客户总部的合作　通过和客户总部的全面深化合作，制订相关的促销方案和活动，进一步明确目标医药产品为客户的重点商品，从而取得总部重点的关注和对待。

2. 与客户门店的合作　作为与总部的深度合作的延伸，将相关促销方案和活动信息准确地传达给相关门店，继而进一步确定目标医药产品为终端门店的重点商品，唤起店长和店员的重点关注与对待。

做好医药产品陈列工作，解决医药产品营销教育问题，通过与客户总部及门店的深度合作，明确医药产品在客户总部和门店的重点位置，通过自上而下的高度配合，准确执行促销方案，则目标医药产品的销售可以达到事半功倍的效果。

考点：非处方药营销的实践内容

案例 10-4

F医药集团是中药行业著名的企业，其产品以配方独特，疗效显著，而享誉海内外。目前，F医药集团已经形成了在集团整体框架下发展现代制药业、零售商业和医疗服务三大板块，其中零售门店800余家，海外合资公司28家，遍布15个国家和地区。F医药集团计划未来五年，将强化自己的销售终端，以中心城市为主，逐渐覆盖周边城市，并大力地发展二、三线城市与海外市场。集团还将利用医改的机会进入医疗市场和社区市场，建立医院和社区医疗中心的院中店，并继续扩大原有的OTC药市场份额；除院中店外，未来F医药集团的销售终端还有另外两种主要模式，分别是综合店和设在大型超市商店的店中店；该公司的店中店目前已近1000家，未来5年有望实现翻番。店中店的特点是由公司直营，取消了所有的中间环节。

问题：分析F医药集团的营销策略。

技 能 实 训

【实训主题】

策划OTC药营销活动。

【实训的目的和要求】

掌握OTC药市场调研的方法和步骤。掌握医药产品营销计划的制订和实施。通过组织OTC药营销活动，培养分析问题、解决问题的能力，增强团队协作能力。

【实训情景】

目前的OTC药零售市场竞争相当激烈，对同一个客户往往有很多的医药厂家在开展各种营销活动，目的是想提升本企业医药产品的销售量。促销活动往往大同小异，长期如此，客户对此类活动便失去热情和兴趣。药店代表应策划一个系统性的OTC药营销活动。该活动应具有新颖性，对各类客户都有吸引力，最终能使营销人员与各类客户达成共赢的目标。

【训练步骤】

1. 制订此次OTC药营销活动的目标和计划。
2. 该活动分为三个过程，包括活动前、活动中和活动后。
3. 活动前主要是OTC药市场调研。
4. 活动中主要是活动谈判，寻找各方的利益点。
5. 活动后主要是活动总结，各方的信息反馈。

目 标 检 测

一、名词解释

1. 医药第三终端市场　2. 医药营销团队
3. 销售收入　4. 销售利润

二、单项选择题

1. 以下不属于药店终端的促销方式的是（　　）
   A. 营业推广促销　B. 学术推广会
   C. POP广告　D. 人性化促销
2. 以下不属于医药第三终端市场的是（　　）
   A. 县级人民医院　B. 社区卫生服务中心
   C. 乡镇卫生院　D. 个体诊所
3. 以下哪个部门的主要职能是负责临床用药的选购、储存、调配，以及临床药学的研究和药物咨询等工作（　　）
   A. 总务科　B. 药剂科
   C. 临床科室　D. 医务科
4. 医药市场营销人员应具备多种能力，下面哪种能力不属于市场分析能力（　　）
   A. 观察能力　B. 计划能力
   C. 组织能力　D. 说服能力
5. 不属于非处方药营销实践内容的是（　　）
   A. 医药产品陈列　B. 医药产品营销教育
   C. 医药产品助销　D. 公共关系
6. 根据医药营销终端客户的性质分类，以下不属于医药营销终端客户的是（　　）
   A. 医院终端客户　B. 药店终端客户
   C. 第三终端客户　D. 第四终端客户
7. 医生试用一个从未使用过的新药时一般考虑营销人员因素和以下哪种因素（　　）
   A. 库存因素　B. 采购因素
   C. 药品因素　D. 宣传因素
8. 根据《中华人民共和国药品管理法》的规定以及经营模式，以下不属于药店终端市场的是（　　）
   A. 医药零售连锁店　B. 药房
   C. 单体药店　D. 药品专柜
9. 医药营销人员应设定营销目标，设定营销目标一般采用SMART原则，以下不属于SMART原则的是（　　）
   A. 可选择的　B. 具体的
   C. 可实现的　D. 有时间性的

10. 医药营销人员应当具有的最基本的心理素质不包括
（　）
   A. 自负力 B. 共情力
   C. 内在驱动力 D. 说服力

三、简答题
1. 药品学术推广的影响因素有哪些？
2. 设定医药营销目标的原则有哪些？
3. 医药营销人员绩效考核的指标有哪些？

（唐敏芳）

参考文献

陈玉文，2022. 医药市场营销学. 2版. 北京：人民卫生出版社.
丛淑芹，杨海涛，2021. 医药市场营销实务. 北京：中国医药科技出版社.
冯变玲，2022. 药事管理学. 7版. 北京：人民卫生出版社.
甘湘宁，周凤莲，2021. 医药市场营销实务. 4版. 北京：中国医药科技出版社.
李伟，孔祥金，2017. 医药市场营销. 北京：科学出版社.
林瑾文，2018. 药品市场营销技术. 2版. 南京：江苏凤凰教育出版社.
沈志平，2021. 医药市场营销学. 4版. 北京：科学出版社.
汤少梁，2017. 医药市场营销学. 北京：科学出版社.
汤少梁，何强，2024. 药品市场营销学. 3版. 北京：人民卫生出版社.
王冬丽，2016. 医药市场营销技术. 2版. 北京：中国医药科技出版社.
严立浩，严振，2021. 药品市场营销技术. 4版. 北京：化学工业出版社.
张丽，2018. 药品市场营销学. 3版. 北京：人民卫生出版社.

目标检测单项选择题参考答案

第1章
1. A 2. A 3. C 4. D 5. C 6. C 7. D 8. A 9. A 10. B

第2章
1. D 2. C 3. B 4. A 5. D 6. B 7. C 8. A 9. C 10. A

第3章
1. A 2. A 3. B 4. B 5. C 6. C 7. C 8. C 9. D 10. B

第4章
1. B 2. D 3. D 4. A 5. D 6. C 7. C 8. D 9. C 10. B

第5章
1. B 2. C 3. C 4. B 5. C 6. B 7. B 8. B 9. C 10. C

第6章
1. C 2. C 3. A 4. B 5. A 6. D 7. A 8. D 9. B 10. D

第7章
1. D 2. A 3. B 4. A 5. C 6. B 7. D 8. B 9. D 10. C

第8章
1. D 2. B 3. B 4. C 5. C 6. B 7. C 8. A 9. D 10. D

第9章
1. A 2. B 3. C 4. A 5. B 6. C 7. D 8. B 9. B 10. D

第10章
1. B 2. A 3. B 4. D 5. D 6. D 7. C 8. B 9. A 10. A